停车场项目
投资决策财务管理与运营实践

杨 晓 贾瑞涛 王 毅 李 星 贾仲航 著

中国建筑工业出版社

图书在版编目（CIP）数据

停车场项目投资决策财务管理与运营实践 / 杨晓等著 . -- 北京：中国建筑工业出版社，2024.6. -- ISBN 978-7-112-30007-5

Ⅰ . U491.7；F830.593

中国国家版本馆 CIP 数据核字第 2024T640R2 号

责任编辑：刘瑞霞　李静伟
责任校对：李美娜

停车场项目投资决策财务管理与运营实践
杨　晓　贾瑞涛　王　毅　李　星　贾仲航　著

*

中国建筑工业出版社出版、发行（北京海淀三里河路9号）
各地新华书店、建筑书店经销
国排高科（北京）信息技术有限公司制版
建工社（河北）印刷有限公司印刷

*

开本：787毫米×1092毫米　1/16　印张：14　字数：328千字
2024年7月第一版　　2024年7月第一次印刷
定价：**60.00**元
<u>ISBN 978-7-112-30007-5</u>
（43050）

版权所有　翻印必究
如有内容及印装质量问题，请与本社读者服务中心联系
电话：（010）58337283　　QQ：2885381756
（地址：北京海淀三里河路9号中国建筑工业出版社604室　邮政编码：100037）

序 一

近年来,随着我国经济的快速发展,人们收入水平的不断提高,私人小轿车拥有量快速增加。据统计,截至 2022 年底,全国约有 2.8 亿辆私家车,这些私家车保有量主要集中在城市。例如,根据 2021 年全国汽车普及率排名显示,位居第一的苏州市每 2.42 人就拥有一辆私家车。与此同时,我国城市化率快速提升,城市人口快速增长。国家统计局最新数据显示,截至 2023 年底,我国常住人口城镇化率为 66.16%,其中深圳、乌鲁木齐、佛山、东莞、珠海和厦门的城镇化率甚至超过了 90%。另据我国第七次全国人口普查数据显示,2020 年我国市域人口超过 500 万的城市已多达 91 个,人口超千万的城市有 18 个。于是,在上面两个因素的合力挤压下,城市土地与空间成为非常重要的稀缺资源,城市停车难成为严峻的现实问题。建设与完善公共停车场,建设与完善高水平的智慧停车场,亟待从理论与实践两方面予以研究解决。但由于城市停车场建设涉及因素复杂,相关研究在国内外尚不多,而有关停车场项目投资与营运的系统研究相对更少。现有研究主要集中于停车场选址、开发模式、定价以及解决车位过饱和等问题。专著《停车场项目投资决策财务管理与运营实践》的出版,无疑具有十分重要的理论与实践意义。

全书分为 4 篇 11 章。第 1 篇导论之后,其余 3 篇分别紧扣停车场建设与营运中的 3 个重要问题顺序展开,即:投资管理决策、财务管理决策与运营管理决策。每一篇都既有理论剖析又辅以实践案例实证,深入浅出、系统全面地探讨了停车场建设与运营中面临的投资管理决策问题,极具实操性。本书的新意或特色主要有以下几方面。

1. 全局性。停车场是专门用于停放车辆的服务场所,是现代城市交通管理中不可或缺的一部分，但相比于第三产业的其他服务业而言，人们对它的地位与作用的认识还很不够。作者在先导篇第 1 章就开宗明义提出，停车场是一个产业，并剖析了停车场的特征与类型，停车场作为产业的地位与作用。这不仅有助于提升人们对这一新兴服务产业的科学认知，还为本书提供了一个高屋建瓴的站位，为本书的内容框架设计提供了一个全局性的纲领。因为停车场不仅是一个产业，而且是以提供现代化停车服务设施为特征的现代化服务产业，其必然有投入与产出、有供给与需求问题。因而，一个停车场项目的建设与运营将必然面临以下三个实践课题：一是该产业（该项目）是否值得投资？二是若投资，如何筹措资本？三是建成后，如何让其营利？为圆满回答以上三个在逻辑上密切相关的问题，本书作者分别以"投资实践""财务实践""运营实践"3 篇共 10 章内容，进行了系统深入地探讨。这 3 篇 10 章的内容框架设计，本身就为投资者以及有关管理部门思考停车场项目，提供了一个全局性的一般理论框架。

2. 实操性。停车场项目投资与营运问题是一个实践性很强的话题，需要为读者提供"刀下见菜"的真东西，本书做到了。本书主打的就是实践。在投资实践篇，从投资准备、投资决策再到投资后的项目评价，环环相扣循序渐进，运用理论与实践相结合的方法，详细剖析了停车场项目投资的全过程，包括应经过的环节、应做的工作以及应注意的问题，细致周密，强调事前的运筹帷幄。在财务实践篇，从成本控制到资金筹措，再到财务评价的指标与方法，对财务管理中的三个重要问题分别进行了探讨，并指出财务管理的核心目标是开源节流。在运营实践篇，强调在停车场营销中研究分析各种影响因素的重要性，贵在"兵马未动粮草先行"。在此基础上，还需加强对运营单位自身的管理，要做到"提纲挈领、一应俱全"。如此等等，在全书的每一篇每一章中都不仅有理论剖析，更有案例的实践解读。书中所用案例皆为作者亲身实战的案例，内容丰富，数据翔实，解读深入浅出，使之成为全书一大亮点。

3. 前瞻性。就我国城市停车场目前发展现状来看，突出存在以下问题：一是结构多元，种类繁多。据有关方面统计，各种建筑配套类停车场占比超过 80%，包括居住类、办公类、商业类，而商业类又包括商场、超市、餐饮娱乐等；公共服务类停车场占比不足 15%，包括医院、公园、学校、博物馆、展馆等；路侧类停车场占比不足 5%。二是行业管理分散，参与管理的公司众多。目前，各种配套类停车场以业主自营和专业物业管理公司兼营为主，停车业务附属于物业，缺乏专业性；路侧停车场及路外公共停车场以专业停车管理公司承包为主，收费标准不一，缺乏统一管理。三是智慧停车的发展水平较低，车位供求在空间上失衡。一方面有大量车位闲置，另一方面又一个车位难求。因此，急需发展与完善以人工智能技术为基础的智慧停车系统，通过统筹调度、调剂余缺，以解决城市停车难问题。关于这一点，本书在第 11 章专门进行了展望与探讨，探讨了充电桩管理问题、车位共享问题等，具有前瞻性。当然这只是初步。可以预见，随着智慧停车系统的发展，实时查询、远程预订车位将会大范围落地，人们的出行和停车将更加高效。那么，一个满足智慧停车系统的停车场项目投资建设与运营问题，就需要作者予以进一步专门深入地研究。

总之，这是一本站位高、实操性强并具有一定前瞻性的专业书籍，它是以作者长期的学习与实战经验为基础的，书中所提供的研究思路、方案与方法可信、可行。本书作者是一个长期从事停车场项目设计、建设以及运营管理策划的专业团队。项目负责人杨晓是我的一位在职博士研究生，是一位勤奋好学、注重知识成果转化、创新意识很强的年轻人。杨晓本科学习财务会计专业，硕士就读于英国拉夫堡大学，学习商业分析。2016 年又在职攻读西安交通大学应用经济学博士学位。近年来，杨晓与他的团队先后承担了多个大型项目的投资管理工作，具有丰富的实战经验。与此同时，杨晓还善于将实战经验予以总结提升，先后撰写并发表论文多篇，其中有 8 篇分别获得了省部级和行业协会的奖励，比如成果"西安现代服务网络引领的产业聚集协调效应研究"，获西安市政府西安市科技进步二等奖（2018）。成果"基于 PPP 项目特征的我国投资环境研究"，获西北院第六届青年论坛一等奖（2021）等。这些都说明，本书作者是一个既有理论支撑又有丰富实战经验的专业团队。由他们撰写的这本专著，不失为停车场项目投资运营的一本实战手册。其不仅对从事停车场项目投资的企业或投资人有着十分重要的参考借鉴价值，同时对于相关政府管理部门也有着重要的决策参考意义。另外，也可供高校有关经济管理类专业学生参阅学习。

西安交通大学经济与金融学院教授、博士生导师　樊秀峰

2024 年 5 月于西安

序 二

改革开放以来,我国进入了发展的快车道,社会面貌日新月异,城市建设不断加快,不论是二线以上的大城市还是中小城镇都像"摊烧饼"一样一圈圈扩大,新的开发区不断涌现,城市人口数量快速增加,预计到2030年我国城市化率将达到65%以上。伴随着城市建设的快速发展,道路越建越宽、路网越织越密,然而交通难的问题却日益凸显并受到社会和政府的广泛关注。究其原因主要是机动车保有量不断增加并有快速发展的趋势,道路容量不足,即使管理者以发展城市道路为中心但仍跟不上交通量年均20%以上的增长速度;其次是路网布局不合理、交通指挥管理效率低下等诸多因素,但还有一个不可忽视的因素那就是停车与行车的矛盾。由于停车难的问题日益凸显,为解决这一难题,相当多的道路被程度不同的规划成了停车区挤占了有限的道路通行空间,使得道路设计通行能力大大降低;居住小区的周边道路、人行道、公共活动区等都被机动车无序占领,严重影响人行安全及车辆通行和城市形象,甚至造成不少的社会矛盾。因此合理设置停车场所就成了解决交通问题、提高道路通行能力的非常重要一环,也是解决停车难的必由之路。

目前停车场的建设在技术上日趋成熟,既可以"上天"(向地面以上发展建设高层)也可以"入地"(向地下要空间),已建成的项目表明运行安全可靠。停车场工程技术上成熟、社会需求大、发展空间广、收益有保证。但发展速度远远跟不上交通发展的需求,仅靠政府投资建设是不够的,需要社会资本不断进入带动这一产业的融合发展,利国利民。

然而公共停车场的建设并非易事,它涉及城市建设的方方面面,笔者在职期间曾主持西安市某区停车场的全域选点规划以及对投资建设进行了研究,对这一产业有较深刻体会。从规划、选址、建设到运营管理审批层次多，手续复杂，建设时序长，也没有现成的建设指南可供利用，特别是投资效益、财务管理以及建成后的运营管理更无成熟的模式可供参考，而这些问题更是影响投资决策和项目可持续发展的关键所在。因此我向大家推荐《停车场项目投资决策财务管理与运营实践》这本专著，本书主要内容在序一中樊秀峰教授已作了充分总结和提炼我这里不再赘述。本书作者对停车场从概念、产业、建设、投资模式、财务以及运营管理全过程进行了系统梳理总结，并结合自身对停车场项目的全过程实盘操作，提炼出可供投资者参考借鉴的实用资料，它既是一本对停车场产业的理论研究成果，又是一本实战应用手册，可供有关人员研究和有投资停车场产业意向的人员参阅，一定会使你事半功倍。

国家一级注册工程师正高级工程师　杨建武

2024.5

前　言

本书从三个角度（投资、财务、运营）系统地阐述了停车场相关的一系列问题，并着重对使用者关心的问题进行了理论探讨和实践实操指导。

书中提供了很多可供读者借鉴的思路和方法，但并非全部停车场相关的问题都能在本书找到答案。大概是因为科技每天都在进步，运营管理思路在不断更新，商业生活如此，世界也是如此。"苟日新，日日新，又日新"就像这句启人心智的儒家经典佳句，这也正是激励我们继续前进的动力。

新项目出现了，新问题也出现了，项目进入了新阶段，我们找到了新答案。实际上，我们在电建西北院工作的这些年学到的东西不比在学生时代学到的少，可能更多，准确地说是更贴近实践更具融合性。当然不可否认学生阶段肯定是以知识的学习和积累为主，工作阶段则更重视实际应用和实践产出。

今天之所以会有本书和大家见面是因为我们在 2021 年出版《城市公共停车场项目投资研究》后收到了许多高质量的反馈，对于每一条意见和建议编者团队都一一记录，这让我们觉得之前的努力积累总结和思考提炼都是值得的，是能在读者存在困惑时给予启发的，是能在读者举棋不定时指明方向的。身为作者我们从读者的反馈中同样收获颇丰，每个人提出的新问题都引导着我们去探索新的知识。

从某种程度上来讲，与读者互动直接促成了《停车场项目投资决策财务管理与运营实践》能如此顺利地和大家见面。

目 录

先导篇 | 停车场项目导论

第 1 章 停车场与停车产业 ... 3
1.1 停车场概念、特征及类型 ... 3
1.2 停车产业的含义、模式及政策 ... 4
1.3 停车场项目相关参与方 ... 6
1.4 内容体系和研究方法 ... 8

上 篇 | 投资实践——运筹帷幄，决胜千里

第 2 章 投资准备：厉兵秣马，蓄势待发 ... 11
2.1 投资环境分析 ... 11
2.2 停车场项目投资环境要素 ... 12
2.3 停车场市场需求、定位、产品策划 ... 17
2.4 停车需求预测 ... 41
2.5 投资风险分析 ... 52

第 3 章 投资决策：审时度势，断决如流 ... 63
3.1 投资决策概念 ... 63
3.2 投资决策方法模型 ... 66
3.3 投资决策管理优化 ... 74
3.4 投资决策中的问题 ... 75

第 4 章　投资后评价：温故知新，厚积薄发 79

4.1　投资后评价管理 79

4.2　ESG 影响分析 83

中　篇 ｜ 财务实践——开源节流，水到渠成

第 5 章　成本控制：量入为出，统筹兼顾 89

5.1　成本构成 89

5.2　影响因素 90

5.3　总体控制 93

5.4　成本策划 94

5.5　全生命周期成本管理 98

第 6 章　资金筹措：源头活水，孜孜以求 113

6.1　资金筹措概述 113

6.2　先导期融资工具 114

6.3　建设期融资工具 130

6.4　运营期融资工具 141

第 7 章　财务评价：蹈矩践墨，遇物持平 146

7.1　财务评价的目的、作用、原则和程序 146

7.2　财务评价指标 147

7.3　财务评价方法 148

下　篇 ｜ 运营实践——精益求精，从容不迫

第 8 章　停车场引流：多措并举，门庭若市 163

8.1　引流界定、特征与模式 164

8.2　O2O 电子商务模式价值网的因素阐述 166

8.3 客户关系理论 ··· 167

8.4 客户引流的主要做法 ··· 169

第9章 停车场运营全景剖析：提纲挈领，一应俱全 ············· 171

9.1 运营单位进场 ··· 171

9.2 管理制度建立 ··· 173

9.3 人员管理 ··· 176

9.4 财务费用管理 ··· 178

9.5 科技赋能管理 ··· 180

9.6 标准化服务管理 ··· 181

9.7 停车场应急管理 ··· 183

第10章 运营成本的管理：春风化雨，润物无声 ···················· 188

10.1 运营成本的构成 ··· 188

10.2 运营体系标准化建设 ··· 189

10.3 运营成本的管理模式 ··· 190

10.4 运营成本管理存在的问题 ··· 191

10.5 成本管理控制措施 ··· 191

第11章 新能源汽车那些事：谋局布篇，展望未来 ················ 193

11.1 充电桩管理 ··· 193

11.2 电动汽车充电调度与车位共享 ··································· 198

11.3 电动汽车接入智能电网概述 ······································· 204

结　　语 ·· 207

参考文献 ·· 209

先导篇

停车场项目导论

  停车难，城市之疾。停车场建设，弥足珍贵。汽车日产千万，泊位难寻，见缝插针。投资兴建停车场，大势所趋。停车场规划、设计、施工、投资、营运，学问广博，非几人一书所能穷尽。从导论开始，书中结合实践案例，梳理停车场全生命周期的投资决策、成本控制、财务管理、市场营销等问题，试图分明路径，清晰条理，填补空白。

第 1 章

停车场与停车产业

本书讨论的是停车场及停车产业领域的内容，总体上属于产业经济学方面的内容，停车场项目具有自身的特征和独特的运行规律，因此整套理论体系以及实践方式都相对独立。本章为全书的导论部分，共分为4节，对基础概念以及体系、方法进行探讨。

1.1 停车场概念、特征及类型

广义上来说具备停放车辆功能的场所都可以称为停车场。本书针对城市公共停车场进行相关研究探讨。本书所指的城市不是《规划法》中界定的人口规模，而是泛指我国城市人口 100 万以上的城市。本书探讨的停车场研究范围是机动车社会公共停车场、配建停车场。

公共停车场指的是专供机动车停放的场所，是城市交通设施的一个重要构成要件。社会公共停车场具有营利性质，所以社会公共停车场的投资建设具有产业内涵。但由于其投资巨大、回收期长、当前较高的土地价格，继而产生社会公共停车场建设难和运营难，为了解决这个问题，各大城市纷纷推出了奖励支持政策，例如停车场建设基金，以鼓励社会资本参与停车设施的建设和运营。

公共停车场可以简单分为以下几类。

1.1.1 自力式停车场

车辆不借助外力自行上下坡道出入停车场，称自力式停车场。其形式有平面停车场，指占据若干平面面积，在平面场地内施划标线，将平面地块分为若干的泊位，再配以方向箭头、标牌等装置的停车场。划线的方式有垂直式（与通道呈直角）、平行式（与通道呈平行）、斜列式和交错式四种。实践中普遍采用垂直式划线，占地面积较少。而斜列式划线的优势是车辆出入便捷，斜角可以根据现场情况确定，周转快且不易碰撞。

坡道停车场，一般分为地下坡道停车场和楼宇坡道停车场两种。地下坡道停车场，多利用商场、住宅、广场、绿地等地下空间，车辆行驶坡道进出停车场。它的优势是节约用地，但投资是地上建筑的双倍，甚至更多。楼宇坡道停车场，就是停车楼，一般为多层地上建筑配合坡道进出的停车场。其优点是造价便宜、易于设计。

1.1.2 机械式停车场

借助机械设备，车辆不需要行驶就能停放在固定的泊位，这种停车场被称为机械式停车场。依据我国机械停车设备行业标准的规定，机械停车装置的操作形式可分为升降、横移、循环三大类别。升降类又可具体分为简易升降类停车装置和垂直升降类（也称塔式）停车装置；横移类可分为升降横移类停车装置、平面移动类停车装置、巷道堆垛类（也称仓储式）停车装置；循环类可分为垂直循环类停车装置、水平循环类停车装置、多层循环类停车装置。目前，我国使用较多的设施是升降类和横移类。

1.1.3 混合式停车场

采用上述两种类型的混合型停车场称为混合式停车场。如果按停车场结构划分，可以分为平面停车场和立体停车场。平面停车场包括路边停车场、林荫停车场等。立体停车场是指利用空间资源对车辆进行立体停放节约土地并最大化利用的停车场。立体停车场就其结构性能大体上分为机械式、自走式及半机械式三种。根据立体停车场停车方式的不同，又可细分为升降横移式、简易升降式、巷道堆垛式、垂直升降式、垂直循环式、井筒式等。

1.2 停车产业的含义、模式及政策

产业是具有某种同类属性的经济活动集合体；行业是具有高度相似性和竞争性的企业群体产业。在英语里产业和行业都称为 Industry，所以在本书里认为产业即指行业。一般认为产业是从事物资生产或提供服务的一种行业。将停车产业定义为停车场的投资和经营企业所提供停车服务的一种行业。按照三大产业分类，即农业为第一产业，工业和建筑业为第二产业，服务业为第三产业。停车实际上是一个交易过程，是租用停车位和停车安全停放服务的行为，投资经营者获取利润，停车者获取服务，所以停车产业可以被归类为第三产业；而停车场建设、停车设备的生产应该归属于工业，也就是第二产业。本书的讨论脉络也是沿着这条主线，即从停车场的投资到运营的全生命周期。

1.2.1 投资模式

社会公共停车场多元化投资方式大致可以分为以下 4 种。

1. 政府投资—业务委托经营

由政府投资路外的新建公共停车场，完成招标后托管企业开展经营管理，以市场化为商业经营模式。政府不再经营停车场，且不干预企业的经营方式，但对停车收费和管理费用仍具有宏观调控权。政府用支付企业管理费以外的全额收益再次投建更多的路外公共停车场。

2. 政府企业投资模式

由政府免费提供国有土地使用权以及特许权给国有独资资产管理公司。资产管理公司出地并向企业融资，企业租用土地使用权，联合场建设和管理公共停车场。停车场获得收

益后，按各方投资份额比例分配抵补融资费用后剩下的利润。

3. BOT 投资模式

政府通过契约授予企业以一定期限的特许经营权，许可其融资建设和经营特定的公用基础设施，并准许其通过向停车者收费以清偿贷款，回收投资并赚取利润；等专营期满后，企业再将停车场以前期约定好的对价或者无偿返还给政府。

4. 企业投资经营模式

企业投资经营模式是指以企业作为项目的投资主体，投入设施建设所需资金，并进行经营的一种公共停车设施建设投融资模式。此种投资经营模式可以长期使用土地。

1.2.2 停车场运营合作模式

1. 劳务派遣（劳务输出）

业主向停车管理公司提供一定的费用，由停车管理公司派遣人员向业主提供停车管理服务，人员交由业主管理，盈亏由业主独立承担，对业主来说是最便宜的一种运营管理模式。劳务派遣减少业主由于专业问题所产生的运营困扰，降低人员管理风险，增强运营管理知识。由于业主承担所有运营成本并且自负盈亏，因此人员成本及其他发生成本较不易掌控。

2. 委托管理

此种模式也称为服务合同模式。业主聘用企业以市场化形式经营管理公共停车场，按合同支付企业服务管理费用，同时还可以向停车管理公司支付一定的管理酬金，剩余所得归业主所有。委托管理展现了业主对停车管理公司专业化程度的认可，同时也是业主提升自身品质的一种做法，是一种在停车管理界认可度较高的停车管理模式。由于业主独立承担所有运营管理成本及风险，同时停车管理公司未与绩效挂钩，不易提升停车场的运营效益。

3. 承包经营

此种模式类似于特许经营模式，企业一次性支付给政府停车场的经营费用，获得一定期限的专营权，在期限内企业自行维修、保养并经营管理公共停车场，政府负责对其进行监管。专营期满后，企业再将停车场返还给政府。停车管理公司自主经营、管理、收费，并自负盈亏，是一种利润率较大、风险较低、成熟度较高的停车管理模式。业主收取固定租金不负盈亏，可减少业主方的管理成本。

4. 盈余分配

停车管理公司独立运营停车场，期间经营收入扣除成本费用，剩余利润由业主及停车管理公司按商议比例进行分配；如果亏损，同样等比例分配。盈余分配有利于带动停车管理公司的积极性，提高管理绩效，有效减少业主管理成本支出。业主与停车管理公司双方共负盈亏，并共同承担运营风险，业主风险相对较大。

1.2.3 停车场经营模式

1. 按区域停车收费

将城市划分为不同的停车区域，不同的停车区域采取不同的停车收费政策。一般来讲，市区中心区域停车收费最为昂贵,从中心区向外依次调低收费标准。主要为了通过价格引导进行交通疏导,引导出行方式。

2. 按时段停车收费

为了提高停车场的泊位使用率,有效利用停车资源,白天停车费用的收取一般采用累进计时制方式计算。计费单位时间一般规定为15min、0.5h或1h,依据区域的车位紧张程度而定。夜间的停车收费方式一般为包月或按次收费,费率按照城市的经济发展水平及停车场具体停车需求而定。

3. 按车型停车收费

在不同车型换算成标准小汽车的过程中,一般大型车的换算系数为2。因此,各个城市在初始收费阶段大型车的停车费率为小型车的2倍左右。后续的收费时段再加收不同的金额,加收金额由城市的经济状况、停车场所在的区位及大型车所要控制的比例决定。

4. 招租停车收费

可以按照招租的时间不同分为时租、月租、季租、半年租和年租。一般办公性质和住宅性质的配建建筑采取此类收费方式。

1.3　停车场项目相关参与方

单体的停车场项目在基础设施类项目里面算是体量较小的种类,但利益相关方却一点都不少,所谓"麻雀虽小五脏俱全",下面进行逐一解析。

1.3.1　政府

政府为核心型利益相关者,在停车场项目里,一方面其通过吸引社会投资者参与项目建设,解决资金紧缺的财政问题,获得额外的基础设施产品和服务;希望能提升政府形象、改善政府执政能力评价,以"社会福利最大化为目的";确保工程项目的规范操作;提高公众和社会效益,促进地区的经济发展和繁荣,增加地方财力,改善地方形象。另一方面,其本身可以作为投资主体、业主单位对项目进行投资。

1.3.2　设计单位

设计单位作为最初接触项目的推进主体之一,对项目走向有着引领作用,其追求降低成本,设计规范;如期完成合同,得到合同全部设计工程款;项目设计成果得到业主公司的认可;满足环境保护、健康安全标准。

1.3.3　建设单位

建设施工单位对项目进程有着很大的影响力,其追求降低成本,施工利润最大;建设过程干扰因素少、困难小;如期完成合同,得到合同全部工程款;项目施工成果得到业主公司认可,施工成果评价高;无安全事故;完成施工建设任务的质量、工期、安全和费用目标;满足环境保护、健康安全标准。

1.3.4 监理单位

监理是独立的第三方,是具有法人资格的机构,与被监理项目的施工单位以及材料供应单位不得存有隶属关系和其他利害关系。其职责是依据事实、客观、及时、有效地提出建议和解决方案。

1.3.5 设备厂商

设备厂商对项目推进有着一定的影响但影响有限。其在提供相应设备后期望如期获得回款;项目公司能按时支付货款以及履行订货合同的能力,以期以较高的销售价格获得高额的利润或希望能够与其他项目建设主体优化合作;稳定客户资源,以期建立长期的合作关系。

1.3.6 金融机构

金融机构对项目的推进有着重要的影响。其希望项目建设过程顺利,以期获取贷款利润;控制项目建设风险,期待合理收益;尽快回收投资并取得利润;与相关公司建立长期合作关系。

1.3.7 咨询公司

咨询机构对项目的落地起到较大影响。与政府和项目的其他利益主体建立良好的合作关系,长期合作,提供咨询服务,获得相应的咨询利润,但并不承担项目风险。

1.3.8 保险公司

保险公司对项目的施工建设有一定影响力。项目在建设期和进入运营期后都需要购买相应保险,保险公司期望项目不出现安全事故,获得相应的收益,并建立长期合作关系。

1.3.9 运营公司

目前国内的停车运营企业还处于初创期,通过为业主提供专业化、规范化、标准化、系统化的专业运营服务赚取服务费。

1.3.10 最终用户

最终用户在后期运营阶段有着重要的影响力,是外围型利益相关者。其希望获得高效率、更便捷、更优惠的停车产品和服务;便捷、美观、环保、效益好;无安全事故;不损害自己的相关利益等。

1.3.11 纳税人

纳税人对项目的影响力较小,是外围型利益相关者。其希望整个项目周期内的负面效应（污染、破坏）最小，享受项目最终产品和服务时少缴税。

1.4 内容体系和研究方法

停车场及停车产业主要应用经济学的理论和方法，研究停车市场的运行规律和资源配置效率。本书结合项目落地实践主要包括三个部分。第一部分：投资实践，以投资决策全过程为逻辑思路对投资准备、投资决策、投资评价进行详细论述。第二部分：财务实践，从成本控制和资金筹措一进一出两个维度讨论项目操作最佳实践，最后再以财务评价对项目或公司主体进行深入剖析总结，并为后续项目提供宝贵经验。第三部分：运营实践，一个设计建设优秀的停车场，没有良好的运营管理，前期的投资决策将面临很大的风险。因为运营管理占有重要地位，所以此部分将从五个方面展开论述，分别是运营管理的意义、运营管理模式、运营收益管理、运营成本管理，以及项目运营实践案例，使读者更好地理解项目如何具体落地。

研究方法是人们在进行科学研究过程中进行不断总结、提炼出来的研究工具和手段，本书的研究方法主要体现在以下两个方面。

1.4.1 定性分析与定量分析相结合

定性分析要在占有大量第一手材料的基础上，运用辩证逻辑的形式、逻辑的思维方法，通过归纳、演绎、比较进行分析与综合，从而把握事物的属性与特征。定量分析引申为用数学方法从量的分析中把握事物的质的方法。在自然科学中定量分析是主要方法，社会科学研究中也逐渐采用定量分析，但由于社会现象千变万化，定量比较困难，在形式化的过程中丧失了事物丰富多彩的动态性。在社会科学中常用的定量分析是社会统计。通过分析政治、经济、文化等社会现象的数量，用运算推导社会现象的规律和特征，如经济统计、人口统计、工业统计、农业统计、商业统计等。质与量是辩证的统一关系，一定的质表现为一定的量，一定的量又反映一定的质，因此最可靠的是把定性分析与定量分析结合起来，防止认识的片面性。

1.4.2 理论与实践相结合

本书力求回答"事物的本质是什么""内在原因是什么"的问题，在分析问题的同时更需要在实践中去解决问题。因此，我们以尽量多的篇幅对实践中的真实案例进行深度还原与呈现，让读者在阅读过程中将理论与实践联系，从而在工作中能更好地理解相关理论并且帮助项目落地。

上 篇
投资实践
运筹帷幄，决胜千里

  投资需要思虑周密，方可运筹帷幄之中，决胜千里之外。投资者准确研判市场、科学定位产品，从而博取先机。项目投资过程纷繁复杂，从准备、决策、执行到评价，环环相扣。准备期厉兵秣马，投资环境和需求分析为投资定调。决策期审时度势，构建决策体系提高质效。评价时温故知新，事后跟踪和反思化投资经验为知识财富。

  任何投资皆预示着风险，唯有细致分析方能应对自如。实践案例为点睛之笔，让投资经验、教训生动活现，可汇作投资明灯，照亮投资者前行之路。

第 2 章

投资准备：厉兵秣马，蓄势待发

好的开始是成功的一半，能否在风险可控的前提下获得满意的投资收益很大程度上取决于投资之前是否做好了充足的准备工作。本章从停车场项目的投资准备入手，宏观上探讨对于投资环境的认识；微观上深入停车场市场需求、产品定位以及产品策划；同时在准备阶段充分认知投资风险，帮助投资者做好全方位准备。

2.1 投资环境分析

2.1.1 概述

投资环境是指在一定时期内，对某一地区的投资产生影响的内部和外部要素的综合，包括自然地理环境、经济、法律、人文和基础设施等各种因素。根据研究特点，对投资环境的分析分为投资风险评估、国际治理能力评估、国家竞争力评估等；也有针对特定行业及特定地区的投资环境进行评估等。对投资环境进行评估，一般是通过对比找到特定行业及地区自身投资环境存在的不足，如基础设施落后、经济水平不高及经济政策无效等；然后调整产业结构和经济政策，改善投资环境，促进本地经济的增长或区域经济的协调发展。

2.1.2 投资环境的分类

投资环境是制约投资行为的客观条件，是投资者在进行投资时所面临的境况等，也有学者将其定义为：投资环境是指在投资的一定区域内对投资所要达到的目标产生有利和不利影响的外部条件，或者说投资环境是在一定的时间和空间内，一国或地区所拥有的，能够决定投资主体投资决策并影响其投资运行及收益的各种因素的总和。

投资环境因素的分类受到投资动机、投资类型、投资行业和投资规模的影响，不同投资动机、不同投资类型、不同投资行业和不同投资规模对投资环境的要求是比较大的。按照投资动机分类，分为资源寻求型投资环境、市场寻求型投资环境、效率寻求型投资环境和战略资本寻求型投资环境。按照投资类型分类，分为第一产业投资环境、第二产业投资环境和第三产业投资环境。按照投资规模分类，可分为大型企业投资环境、中型企业投资环境和小型企业投资环境。以上这些投资环境的分类并不唯一，各类型的项目根据投资活动的需要进行更准确的定义和划分，尽管同一因素对不同投资活动的影响不一样，但投资活动的内容一旦确定，影响投资活动的因素一般比较容易界定。所以，投资环境的分类划分虽然复杂，但是针对特定投资活动的投资环境因素的界定相对容易。

世界银行的报告通过对十种投资环境要素的量化对主要经济体的投资环境进行了评价。这十种投资要素包括创业、施工许可、电力获取、获得信贷、中小投资者利益保护、税率、跨境贸易、合同执行力、破产程序、产权登记。项目有大有小，项目的性质也千差万别，并不是任何投资项目的研究都要涉及以上环境的所有内容。策划者应根据项目的具体情况，针对会对项目投资方案、投资效益及投资决策产生影响的环境进行分析。

2.2 停车场项目投资环境要素

2.2.1 政策法律环境

国家目前的诸多发展政策是制定城市停车发展战略的重要指导思想。按照科学发展观和构建社会主义和谐社会的总体要求，对城市交通提出了新的要求，概括起来主要包括：第一，公共交通为主导的交通发展模式；第二，适度发展和引导小汽车交通。

整理这些年陆续出台的国家层面及地方层面的相关政策后不难发现，随着城市化进程加速，政府部门对于智慧停车，数字运营，以及社会资本参与投资建设逐步升温并保持积极鼓励态度。进而一系列的关联行业逐渐成为新兴的投资风口，包括智能停车场、云停车、立体停车和共享停车，停车物联网则是投资建设的主要方向。2015 年，国家发改委发布的《关于加强城市停车设施建设的指导意见》中指出，将放开社会资本全额投资停车设施收费，逐步缩小政府定价范围，在智能化停车建设方面，大力推动智慧停车系统、自动识别车牌等高新技术的应用，积极引导车位自动查询、电子自动收费通行等新型管理形态的发展，提高停车资源的使用效率。随后相关政策密集出台。

在停车相关政策的发展过程中，由于各种原因，存在着一些问题，阻碍着停车政策的推行和发展。由于停车管理涉及多个部门，而在我国很多部门各自所属的主管部门又经常不一致，所以政策缺乏有效的执行力。随着国民经济的增长，城市机动车的保有量呈现逐年递增的趋势，随着我国城市化率不断提高，现有的停车设施依旧无法满足人民的停车需求。

2.2.2 市场经济环境

我国经过多年快速发展已经成为全球最重要的汽车国家，自 2009 年我国汽车产销量超过美国、排名全球第一之后，我国不断巩固这种地位和优势。据公安部统计，2023 年全国机动车保有量达 4.35 亿辆，其中汽车 3.36 亿辆。2023 年新领证驾驶人 2429 万人，目前机动车驾驶人达 5.23 亿人，其中汽车驾驶人 4.86 亿人。

2023 年，全国有 94 个城市的汽车保有量超过百万辆，与 2022 年相比增加 10 个城市，其中 43 个城市超 200 万辆，25 个城市超 300 万辆，中国已经正式进入汽车社会。

我国新能源汽车产业发展态势良好，据中国汽车工业协会统计数据显示，2022 年全年我国新能源汽车产销累计分别完成 705.8 万辆和 688.7 万辆，累计分别增长 96.9%和 93.4%，市场占有率达到 25.6%。截至 2023 年 12 月中国新能源汽车产销完成 117.2 万辆和 119.1 万辆，环比分别增长 9.1%和 16.1%，同比分别增长 47.5%和 46.4%，市场占有率达到 37.7%。

在中国由于停车场建设长期属于政府行为，私人或企业经营停车场的情况之前比较少见，所以很难对停车场项目建设开发的市场环境进行评价。随着中国机动车数量的井喷式增长，在 2015 年停车产业政策红利集中爆发，我国居民汽车保有量的不断攀升，催生了庞大车位需求，但因土地资源刚性约束、停车位配建标准滞后、投资回报率低等，车位供给严重不足。不仅一、二线城市车位的供需不平衡，停车难问题甚至已经蔓延到三、四线城市。我国停车供需矛盾严峻，全国停车位缺口巨大。

此类项目的投资环境评价主要考虑的因素包括：

（1）居民人口与收入

项目的市场表现与附近地区人口的数量、结构、收入、流动性和现有居住状况等密切相关。

（2）所处区位的商业积聚度

在商业信息日益重要和竞争日趋激烈的现代商场上，商业办公的积聚效应不断凸显。因此，周边的商业氛围会对停车场使用者或投资者的吸引力产生极大的影响。

（3）周边土地利用和环境

如果停车场项目所处的位置周围建筑密度大，势必会有很大的停车需求需要释放。

（4）易达性

停车场往往容纳成百上千个车位，需要有更加快捷顺畅的道路进出。因此，停车场的投资环境评价还应该重视其易达性。

（5）停车收费

停车收费是停车场收入的主要来源，停车收费价格机制首先需要在停车收费定价上引入市场机制，让价格杠杆发挥作用，从而既调控供需，又保障建设经营者和消费者的利益。但是，停车要占用一定的城市空间和时间公共资源，并对交通及周围环境产生影响，带有极大的外部性，停车位在国内许多城市是短缺资源，这就决定了停车收费的定价政府不能完全放开。与发达国家相比中国各城市停车收费价格总体偏低。根据最新的调查报告，全球各大城市的停车费用有了一些变化。以北京为例，2023 年北京 CBD 非固定停车位的日均停车费已经上涨到 70~80 元，在全球主要城市中排名位居前列。总体上，中国一线城市的停车费用水平已经接近甚至超过了部分发达国家城市的水平，而二、三线城市则相对便宜一些。

这种变化主要是由于近年来中国城市人口不断增长，汽车保有量快速上升，停车位供不应求的矛盾日益突出。为了缓解拥堵和资源紧缺问题，各大城市纷纷上调停车费用，以此来控制车辆数量。同时，停车费收入也成为地方政府重要的经济来源之一。

除了提高费率外，一些城市还在尝试采取差异化定价、建设停车楼、鼓励公共交通等多种措施来优化停车环境。未来停车问题仍将是城市规划和管理的一大挑战，需要多方位的配套政策来解决。

2.2.3 战略发展环境

停车产业具有良好的发展前景，截至 2023 年 3 月，中国机动车保有量预计达 4.2 亿辆，其中汽车 3.15 亿辆；机动车驾驶人超过 5 亿人，其中汽车驾驶人 4.7 亿人。82 个城市汽车保有量超过 100 万辆，18 个城市汽车保有量超过 300 万辆。北京汽车保有量超过 650 万辆，成都、重庆汽车保有量超过 550 万辆，苏州、上海、郑州汽车保有量超过 450 万辆。

对比 2021 年 3.3 亿个停车位需求量，预计到 2023 年我国停车位需求量将达到 3.6 亿个，整体停车位供给率仍不足 50%。城市汽车与停车位的平均比例维持在 1∶0.8 左右，仍远低于发达国家水平。但随着中国私家车保有量的持续快速增长，停车位的供需缺口将进一步加大，停车产业发展空间巨大。由此可见，需求拉动效应是必然的。另外，一些发达国家和地区停车产业已成为年产值数十亿美元的大产业。中国香港一个停车位的售价在二三十万港币至五六十万港币，中心区公共停车位每小时收费 100 港币；美国停车产业每年大约收益 260 亿美元，提供约 100 万个就业岗位；泰国 1998 年房地产萧条时，投资者把过剩的公寓改建为停车楼，很快收回投资，不景气的房地产市场转化为火爆的停车市场；北京、上海、青岛、西安等大城市已经更新停车收费标准。从这些城市的发展经验看，停车产业的价格体系正在逐步建立，停车正在从社会福利事业走向产业化发展的渠道。

2.2.4 科学技术环境

智能交通技术（ITS），是利用高科技，特别是信息技术对传统的交通运输系统进行改造，从而形成一种以信息化为基础，以现代通信和计算机为手段，以安全、高效、服务为目标的新型现代化交通运输系统。目前智能交通技术的应用已成为城市交通发展的方向，停车诱导系统也成为智能交通的重要组成部分。国家质量监督检验检疫总局颁布的《特种设备目录》中，把机械式停车设备共分为九大类，即：升降横移类、垂直循环类、多层循环类、平面移动类、巷道堆垛类、水平循环类、垂直升降类、简易升降类、汽车专用升降机类，代码 4D10～4D90。立体停车技术的应用可以有效减少泊位的平均占地面积，节省用地和空间。停车场自动收费管理系统可以广泛应用在路外停车场，管理模式有中央全自动缴费和简易型无人化收费，可以根据不同规模和建设形式进行合理选择。二维码收费系统可以应用在路内停车场收费，具有方便、可靠、实用的特点，自动收费技术的应用，可以减少人为因素对停车收费的影响，同时通过网络可以对停车状况和收费情况进行实时监控，规范管理和运行。

2.2.5 社会发展环境

我国改革开放后，在一定程度上，社会出现了"二元化"结构的倾向，主要体现在分配的公平性上。小汽车的私人化过度拥有和使用，必将造成一些社会难以弥补的问题。小汽车的使用占用了大量的公共空间，如城市道路和停车空间，造成空气污染、交通事故等，资源分配的不均衡导致社会公平受到挑战，能源的耗费大大增加，政府的财政难以承受大量城市道路和公共停车场的建设等。目前，普遍存在的情况为：一是车辆使用者将其车辆使用的一部分成本转化到社会上，使得机动车使用的成本外部化；二是政府发展公共交通，其效益主要不在公交运营企业的经济效益，更主要的是反映在社会效益、环境效益和全社会的国民经济效益上，即公共交通的效益外部化。这些是资源和利益分配不公的主要原因。因此必须对小汽车的拥有和使用从多个维度加以合理的引导和管理，逐步实现机动车使用的成本内部化，形成公共交通的补偿机制，合理引入智慧交通、绿色交通概念，从而达到社会发展环境的整体和谐。

实践案例：

各地停车政策汇总

1. 国家有关停车场（库）建设政策

（1）《关于加强城市停车设施建设的指导意见》（发改基础〔2015〕1788号）

（2）《住房城乡建设部关于印发城市停车设施建设指南的通知》（建城〔2015〕142号）

（3）国家发展改革委关于印发《加快城市停车场建设近期工作要点与任务分工》的通知（发改基础〔2016〕159号）

（4）《住房城乡建设部关于加强城市停车设施管理的通知》（建城〔2015〕141号）

（5）《住房城乡建设部国土资源部关于进一步完善城市停车场规划建设及用地政策的通知》（建城〔2016〕193号）

（6）《加快城市停车场建设工作内容》（2016）

（7）《关于推动交通提质增效提升供给服务能力的实施方案》（2016）

（8）2015年12月，《关于进一步完善机动车停放服务收费政策的指导意见》（发改价格〔2015〕2975号）

（9）国家发改委《加快城市停车场建设近期工作要点与任务分工》（发改基础〔2016〕159号）

（10）《关于进一步完善城市停车场规划建设及用地政策的通知》（建城〔2016〕193号）

（11）《关于促进小微型客车租赁健康发展的指导意见》（交运发〔2017〕110号）

（12）2019年9月国务院发布《交通强国建设纲要》

（13）2020年1月《2020年交通运输更贴近民生实事》

（14）2021年2月《关于开展ETC智慧停车城市建设试点工作的通知》

（15）《关于推动城市停车设施发展的意见》（国办函〔2021〕46号）

2. 部分地市有关停车场（库）建设优惠政策

（1）《西安市停车场建设管理优惠政策实施细则》

（2）《西安利用边角地块建立体停车场免缴城市配套费》

（3）《西安市人民政府办公厅关于印发西安市公共停车场建设三年行动方案（2016—2018年）的通知》（市政办发〔2016〕65号）

（4）《南京市政府关于印发南京市鼓励公共停车设施建设优惠政策若干规定的通知》

（宁政规字〔2014〕12号）

（5）沈阳市人民政府办公厅转发市建委《关于鼓励利用自有用地设置机械式立体停车设备办法的通知》（沈政办发〔2016〕109号）

（6）天津市《加快我市城市停车场建设近期工作要点与任务分工》

（7）青岛市《机动车停车场建设和管理暂行办法》

（8）《大连市人民政府办公厅关于印发大连市市区停车场建设用地管理实施办法的通知》（大政办发〔2016〕85号）

（9）《泉州市人民政府关于进一步鼓励社会力量参与建设中心市区公共停车场所的若干意见（试行）》

（10）《杭州市富阳区人民政府办公室关于印发杭州市富阳区机动车停车场（库）建设及收费管理实施办法的通知》（富政办〔2016〕12号）

（11）《重庆市人民政府办公厅关于鼓励投资建设公共停车场的指导意见》（渝府办〔2014〕45号）

（12）《郑州市人民政府关于印发投资建设公共停车场优惠政策实施细则的通知》

（13）《福建省人民政府关于加快城市公共停车设施建设的若干意见》（闽政〔2016〕6号）

（14）《关于进一步加强福建省城市停车场规划建设管理的意见》（闽建〔2014〕9号）

（15）《福建省关于简化公共停车设施建设审批的通知》（闽建城〔2016〕6号）

（16）关于印发《武汉市停车设施建设管理办法》的通知（武土资规〔2015〕4号）

（17）北京市《关于鼓励社会资本参与机动车停车设施建设的意见》

（18）《杭州市鼓励社会力量投资建设公共停车场（库）资金补助办法》（杭建计〔2016〕42号，杭财建会〔2015〕319号）

（19）《广州市越秀区促进楼宇经济发展办法》

（20）《万宁市人民政府办公室关于印发万宁市主城区机动车停车场（库）建设补贴暂行办法的通知》

（21）《厦门市人民政府关于加强停车场建设和管理的实施意见》

（22）《宁波市停车场规划建设和管理条例》（第十三届市人大常委会第三十号）

（23）长沙市人民政府办公厅关于印发《长沙市城区停车设施建设管理实施方案》的通知（长政办函〔2014〕145号）

（24）《温州市人民政府关于鼓励社会力量投资建设公共停车场的若干意见》

（25）《兰州市鼓励社会投资建设公共停车场优惠政策的若干规定》

（26）《济南市鼓励公共停车场建设暂行规定》

（27）《临沂市城市停车设施管理办法》

（28）《合肥市鼓励公共停车场建设暂行办法》（合政办〔2014〕21号）

（29）《福州市关于鼓励社会资本投资城市公共停车场PPP工程包的实施方案》

（30）《南昌市新建公共停车场若干优惠政策》

（31）住房和城乡建设部《城市停车设施指南》

（32）《济宁市城区公共停车场投资建设优惠政策》
（33）2021年5月《福建省加强城市地下市政基础设施建设工作方案》
（34）2021年6月《云南省智慧交通行动计划（2021—2022年）》

2.3 停车场市场需求、定位、产品策划

2.3.1 城市公共停车场项目需求预测

私家车出行率一定程度也上体现了一个地区的城市化水平，同时对城市交通环境提出了更高的要求。在城市中心商业区，土地紧张，停车需求大，交通环境紧张，为避免交通拥挤问题的发生，需要合理预测特定区域停车需求，对区域停车位进行合理规划与布局。目前，国内外停车需求预测的主要模型有用地分析模型、交通量停车需求模型、多元回归分析模型、停车生长率模型等。不同模型之间并无好坏之分，找到最适合的才最为重要。

1. 城市公共停车场项目市场调查

1）城市公共停车场项目市场调查概述

对于城市人来说，停车位的"一位难求"已成为目前许多生活在国内大城市人们的痛点，但这并不能表示对于公共停车场的投资就可以盲目，就一定能取得可观的收益；投资者必须通过市场调查，了解消费者对停车位的需求，以及对当前停车状况的意见，从而优化停车场设计，不断开拓市场，提高停车位使用率和市场占有率。

公共停车场项目市场调查是以停车场为调查对象，对相关的市场信息进行系统性的收集、整理、记录和分析，进而对停车场建成后的需求进行研究与预测。为投资者了解停车场未来需求变动趋势，制定公司运营计划，拟订经营策略提供参考与建议。通俗一点地说，停车场项目市场调查就是停车场投资者的"千里眼"和"顺风耳"。

由于区位不同，客户需求特点也不同，所以调查的广度和深度有所不同，侧重点也有差异。但对于城市公共停车领域的市场调查，切入点是相同的，习惯上依据地域形态，由点（单个停车场）到线、面（一定半径内的平面区域），再由线、面到体（地上地下全空间），进行全面、客观的系统性调查。以事实和数据进行分析说明和提炼，以科学的方法进行需求预测。

2）城市公共停车场项目市场调查流程及方法

确定调查目的→收集信息资料→初步调查→调查设计→选定区域→现场调查→资料分析→撰写停车需求预测报告

（1）确定调查目的

公共停车场项目市场调查的目的主要是进行需求预测，停车需求预测的准确性决定了未来停车场投资的收益情况。

（2）收集信息资料

资料可以分为两类：原始（一手）资料指专为某项计划而收集或试验而得的资料；二手资料，指原始资料经过整理后所形成的可为他人利用的资料。如有适当的二手资料并加

以利用，可以节省大量人力、财力。

①原始资料的来源

a.访谈法。直接与项目周边潜在客户、项目设备供应商、周边商户、金融部门、行业协会、社会有关机构以及竞争对手进行正式或者非正式的访谈。

b.问卷法。首先要把咨询了解的问题编制成问卷、填写。下询调查要注意对象的选择性，要合理选择各阶层不同年龄、文化、收入层次、被访人员，使调查具有代表性。这种方法也可以在项目周边随机访问或利用网络精准投放作问卷调查。

c.现场测量法。现场测量是对项目周边道路状况、一定范围的车流状况、现有停车场停车状况及违规停车状况进行定量化的统计。

②二手资料的来源

各级政府公报、文件，统计年鉴；

同业公会、行业协会公布的资料；

市场研究机构、公益组织或公民营企业所公布的资料，如各经济研究所、规划研究院等；

各种广告媒体所发布的资料；

国内外出版物；

国内外公共图书馆、数据库所公布的资料。

（3）初步调查

①研究搜集的相关材料；

②与利益相关者进行非正式谈话；

③现场了解周边情况。

（4）调查设计

①明确调查目的并将其具体化到指标；

②确定调查对象和观察主体；

③确定并选择调查方法；

根据调查目的和要求确定并选择调查方法，有以下几种：

普查（overall survey），抽样调查（sampling survey），典型调查（typical survey）亦称案例调查。

④确定样本含量；

⑤确定指标；

结合调查的实际问题，将调查目的转化为具体的调查指标。

⑥拟定调查表；

⑦制定调查的组织计划；

包括人员组织、时间进度、分工与联系、经费预算等。

⑧整理、分析计划的制定。

（5）选定区域

根据调查区域特点以调查主体为中心，确定周围重点调查区域、次重点调查区域以及了解走访区域。

（6）现场调查

现场调查即按调查计划通过各种方式到调查现场获取原始资料和次级资料主要包括现场测量、现场统计、现场观察、现场访谈等。现场调查工作的好坏，直接影响到调查结果的正确性。

（7）资料分析

依据所获取的所有资料，选择适合的方法进行科学分析。

（8）撰写停车需求预测报告

停车需求预测报告将就具体停车场的优劣势进行分析，以及给出未来年份停车需求的预测和停车场的未来停车特征分析。

实 践　　调查表设计模板

表 1　连续调查表

调查地点_____　　调查员_____　　调查日期_____　　天气_____　　第____页

编号	车型	车辆牌照（后三位）	时间（24h 制）	到达 1/离开 2

车辆类型：01 小客车；02 小货车；03 大客车；04 大货车。

调查时间为 7:00—18:30，具体的调查过程是，7:00 前，调查人员到达停车场，熟悉停车场情况，并记录下停放在停车场内所有车辆的车牌号、车型，并把到达时间填为 7:00 之前；然后调查人员分布于停车场的各个出入口，记录下所观测出入口所有进入停车场的车辆车牌号、车型和到达时刻，以及离开停车场的车辆车牌号、车型和离开时刻。这个观测过程不间断地持续到 18:30。之后，调查人员还必须记录下当时停放在停车场内所有车辆的车牌号、车型，并在离开时间一栏填入 18:30 之后。

表2　间断式调查表

调查地点_____　调查员_____　调查日期_____　天气_____　第____页

每个调查时段开始前分车型停车数量（单位辆）：

小客车：____　小货车：____　大客车：____　大货车：____　非机动车：____

编号	车型	车辆牌照（后三位）	时间（24h制）	到达1/离开2	到达非机动车	离开非机动车

车辆类型：01 小客车；02 小货车；03 大客车；04 大货车。

间断停车特征调查时段为早高峰（7:00—8:30）、平峰（12:00—13:00）及晚高峰（16:30—18:30）。调查人员需在每个阶段开始前调查总体停车数量，然后在调查阶段内记录下所观测出入口所有进入停车场的车辆车牌号、车型和到达时刻，以及离开停车场的车辆车牌号、车型和离开时刻。最后一次调查总体停车数量时间为22:00。

表3 非机动车停车调查表

调查地点_____　　　调查员_____　　调查日期_____　　天气_____　　第____页

时间段	非机动车数量	三轮车
7:00—7:30		
7:30—8:00		
8:00—8:30		
8:30—9:00		
9:00—9:30		
9:30—10:00		
10:00—10:30		
10:30—11:00		
14:00—14:30		
14:30—15:00		
15:00—15:30		
15:30—16:00		
16:00—16:30		
16:30—17:00		
17:00—17:30		
17:30—18:00		
18:00—18:30		

调查时段为7:00—11:00，持续4h，14:00—18:30，持续4.5h。每个调查时段开始的时刻，记录调查范围内的非机动车数量，如7:00—7:30这个时段，调查员应该在7:00这一时刻迅速地巡视整个调查区域，并记录下非机动车和三轮车数量。做完此项调查后，迅速进行该调查区域内的非机动车问询调查。

表 4　某市配建停车场问卷调查表

亲爱的市民，您好！为了在××更好地为您提供停车服务，相关部门拟对××进行新一轮的停车规划，为此我们现在对您进行问卷调查。为了让我们更好地为您服务，请您协助我们如实回答下列问题。此次调查的数据保证不会给您带来任何麻烦。谢谢您的通力合作。

您需要回答以下问题（请直接勾选或填写）：

（1）您的性别：1. 男；2. 女。
（2）驾驶的车型：1. 小客车；2. 小货车；3. 大客车；4. 大货车。
（3）您的机动车所在地：1. ××；2. 其他。
（4）您本次来访的目的：1. 上班；2. 上学；3. 接送；4. 业务；5. 生活购物、看病；6. 探亲访友；7. 文娱体育；8. 回家；9. 其他。
（5）您停车后的目的地建筑为（　　　　）。
（6）您预计需要停车（　　小时　　分钟）。
（7）您的夜间停车场所：1. 小区配建停车位；2. 单位车库；3. 公共停车场库；4. 路边停车。

我们的问题到此为止，谢谢您的合作。

表5　某市非机动车停车问卷调查表

亲爱的市民，您好！为了在××更好地为您提供停车服务，相关部门拟对××进行新一轮的停车规划，为此我们现在对您进行问卷调查。为了让我们更好地为您服务，请您协助我们如实回答下列问题。此次调查的数据保证不会给您带来任何麻烦。谢谢您的通力合作。

您需要回答以下问题（请直接勾选或填写）：

（1）您的性别：1. 男；2. 女。

（2）您本次来访的目的：1. 上班；2. 上学；3. 接送；4. 业务；5. 生活购物、看病；6. 探亲访友；7. 文娱体育；8. 回家；9. 其他。

（3）您停车后的目的地建筑为（　　　）。

（4）您停车后至目的地的步行时间为（　　分钟）。

（5）您预计需要停车（　　小时　　分钟）。

我们的问题到此为止，谢谢您的合作。

3）城市公共停车场项目市场调查主要内容

市场调查是项目投资前的重要环节，是获取市场信息和一手资料的重要手段，是进行需求预测的前提和基础性工作。市场调查的主要内容可以大致分为两个方向进行宏观调查和微观调查。

（1）宏观调查

①经济环境：包括停车场所在城市及所在区域的经济发展水平、速度及趋势、交通发展状况、车辆保有量、停车场的产业结构及变化趋势、人均收入及消费水平等。

②政策环境：主要指投资环境及运营环境，具体包括治安环境、周边停车收费价格、土地政策及税收政策。

（2）微观调查

①区位调查：具体了解项目所处的位置及周边环境，包括项目周边用地土地性质、现有用地使用情况以及项目片区业态布局、分布等情况。

②周边道路及车流量调查：具体了解道路宽度、人行道宽度、不同时段车流量状况等数据。

③周边同类项目调查：具体了解半径 500m 范围内停车场的运营情况，包括停车位使用率、停车周转率、夜间停车率、客户使用习惯以及收费情况。

④建设可行性调查：具体了解项目用地性质，可供建设用地范围，与周边建筑关系以及地下管道、线缆、是否存在地裂缝等因素。

2. 城市公共停车场项目停车需求分类和影响因素

1）停车需求分类

停车需求可以分为三类，分别是居住型、工作型、生活娱乐型（表 2.3-1）。居住型停车需求主要依据小区自有车位数和小区机动车保有量的情况及外访车单次收费的白天及夜间停放情况来综合确定，这种类型的需求在理论层面上应当与私家车保有总量相当。工作型停车需求在一天当中的不同时间段具有不同的需求特性，可以分为上班需求和夜间需求两种。上班停车需求具有变动小、周转率低、停放时间长的特点。上班停车需求供应数量与上班出行所选择的交通方式和停车收费相关，如果提供车位过多，会吸引员工选用私家车出行，如果收费偏低也会使得一部分原本使用公共交通的车主改用私家车出行，间接降低公共交通出行率和高峰期路网效率。生活娱乐型停车需求由生活购物、文体娱乐、探亲访友等出行产生，特征为停车需求发生时段不固定，且持续时间不固定。

另一种分类方法将城市停车需求分为车辆保有需求和车辆出行停放需求两部分，前者通过相关统计数据可以推算，而后者的停车情况较为复杂，国内诸多文献对其分类不一。

停车需求分类 表 2.3-1

	居住型	工作型	生活娱乐型
产生原因	居民自有车辆	单位、员工车辆及公务出行	生活娱乐、文化体育、走亲访友等
位置	居民区附近	工作地附近	商业区、文体场所、医院等地
停放时间	下班时间（18:00—8:00）	上班时间（8:00—18:00）	不固定；周末节假日较多
需求稳定性	稳定	稳定	不稳定

2）停车需求影响因素

停车需求是停车场周边土地开发利用强度、当地机动车保有量、停车成本、交通状况、出行习惯以及交通政策等各种因素影响的结果，这些影响因素可以总结为：

（1）城市经济实力

一般而言，城市的经济发展水平越高，土地利用越充分、城市人均机动车保有量以及机动车出行率更高，所产生的停车需求也越大。但随着城市管理者对停车问题管理思路的改变以及人们出行理念的改变，目前有些大城市已经从单纯的满足市民的停车需求转向引导需求，特别是重点区域利用公共交通以及收费杠杆控制停车需求。城市人口、人均收入、人均消费等都和城市的经济发展水平息息相关，这些都与城市停车需求量有着密切联系。

（2）区域内当前以及未来土地利用情况

土地性质不同，单位面积所产生的停车需求也不同；相同土地面积下，开发强度不同，停车需求可能大不相同。例如，容积率3.0和1.5，将产生不同的停车需求，而且这种差别随着用地面积的增加将更加明显。通常，容积率越大（开发强度越大），停车需求量越大。

（3）区域内机动车保有量

在一辆车的全生命周期里，大部分时间处于停放状态。而且每辆车需要的停车泊位不止一处，统计结果表明每增加1辆汽车，将产生1.2～1.5个停车泊位的需求。

（4）区域内的人口情况

人口及就业情况的变化意味着消费量的变化和使用交通工具的机会变化，停车需求量也会随着改变。

（5）城市交通规划及相关政策

城市静态交通系统由人、车、停车设施组成，静态交通管理政策是其约束条件，深刻影响着停车设施的规划、布局、规模和利用效率等。汽车产业发展政策、交通发展引导性策略以及城市交通整体规划都影响着停车需求。例如，如果考虑城市的可持续发展，应该控制城市机动车数量、鼓励发展公共交通、通过提高私家车使用成本抑制停车需求的增长。这些政策都会对停车需求产生直接影响。

（6）特定停车场停车需求影响因素

停车场距离目的地的步行距离、收费费率、停车场形式、周边道路的交通状况等因素都会影响用户对停车场的选择，从而影响停车需求；停车诱导信息、配套服务是否完善等因素也会影响停车者对停车场的选择，从而影响停车需求。

3. 城市公共停车场项目需求预测方法

准确地进行停车需求预测是城市停车设施投资建设的前提和基础，选择适合的停车需求预测方法，对于需求预测的准确性有着根本性的作用。

1）土地利用预测模型

基于土地利用的预测模型主要包括停车生成率模型和商业用地预测模型两大类。在停车生成率模型的基础上又发展了用地与交通影响分析模型。

（1）停车生成率模型

该类模型将各种具有不同土地利用性质的用地看作停车发生源和吸引源，将规划区域内不同土地利用性质的单位指标作为所吸引停车需求量的基础指标，将区域内的总停车需求量看作每个地块的停车需求量的总和。

$$y_i = \sum_{j=1}^{n} a_{ij} \times R_{ij} (i = 1,2,3,\cdots,n) \tag{2.3-1}$$

式中：y_i——i区高峰时段停车需求量；

a_{ij}——i区域内j类性质单位用地面积（单位雇员数）停车需求量；

R_{ij}——i区j类性质用地面积（雇员数的数量）。

（2）商业用地预测模型

商业用地预测模型是美国的H. S. Levinson于1984年提出的，该方法应用于New Haven城区的停车需求预测。商业用地预测模型是利用用地特性、雇员数量来预测停车需求，模型将停车需求分为长时间停车需求和短时间停车需求，并假设在以商业为主的地区长时间停车需求是由雇员上班出行而引起的，短时间停车需求是由在该地区进行的商业活动引起的。由此得出停车需求的计算公式为：

$$d_i = A_L \times \frac{e_i}{\sum_{i=1}^{n} e_i} + A_s \times \frac{F_i}{\sum_{i=1}^{n} F_i} \tag{2.3-2}$$

式中：d_i——第i区的停车需求；

A_L——长时间停车的停车数；

A_s——短时间停车的停车数；

e_i——第i区的雇员数；

F_i——第i区零售与服务业的建筑面积。

（3）用地与交通影响分析模型

用地与交通影响分析模型是考虑城市区域经济活动和交通特性对停车需求的影响后建立的模型，是停车生成率模型的延伸。

$$P(t) = f(x_i) \times f(y_0) \tag{2.3-3}$$

式中：$P(t)$——城市区域内年度的日停车需求；

$f(x_i)$——日停车需求的地区特征函数，反映预测区域内土地利用的性质、规模与日停车需求之间的关系；

$f(y_0)$——日停车需求的交通影响函数，反映交通量的不断增长对停车需求的影响情况；

x_i——土地利用规模，常采用不同类型用地的面积表示；

y_0——交通量年平均增长率。

2）基于出行的预测模型

此类模型以停车和车辆出行关系为核心。

（1）交通量停车需求模型

交通量停车需求模型的基本思路是：停车需求是城市不同功能的土地对车辆吸引的结果，因此停车需求量必定与该地区车流量呈比例关系。该模型适合对用地功能较为均衡、稳定的地区做宏观的停车需求分析，预测结果较为可靠，且通常用于验证其他预测模型的计算结果。

（2）一元对数回归模型

$$\ln p_i = A + B \times \ln V_i \tag{2.3-4}$$

式中：p_i——预测年第i区机动车实际日停车需求量；

V_i——预测年第i区的出行吸引量；

A、B——回归系数。

（3）多元归模型

$$P_i = A_0 + A_1 X_{1i} + A_2 X_{2i} + A_3 X_{3i} + A_4 X_{4i} + A_5 X_{5i} + \cdots + A_n X_{ni} \tag{2.3-5}$$

式中：P_i——第i区的高峰停车需求量；

X_{1i}——第i区的工作岗位数；

X_{2i}——第i区的人口数；

X_{3i}——第i区的建筑面积；

X_{4i}——第i区的零售服务业人数；

X_{5i}——第i区的小汽车注册数；

X_{ni}——第i区与停车需求有关的第n个因素；

A_i——回归系数。

（4）出行吸引预测模型

出行吸引预测模型考虑了区域停车泊位需求量与该区域机动车吸引量之间具有较高的相关性，两变量间仅需通过停车周转率和利用率进行换算。模型建立的基础条件是开展城市综合交通规划调查，有完整的 OD（Origin-Destination）数据，但目前国内大部分城市还不具备研究基础。

3）基于社会经济活动的预测模型

经济活动特性的预测模型即多元回归分析模型，是依据停车需求、城市经济活动、城市土地使用这三个因素之间的函数关系建立的回归模型。相关分析模型的基本思想是：根据若干年相关变量的历史资料，用系数回归分析法确定相关变量的回归系数并统计检验，然后将系数回归公式，寻求停车需求与社会经济活动的关系。该模型所需要的数据大多为社会经济数据，但我国许多城市历史数据欠缺，不能广泛使用；而且该模型基于各因素的预测数据，容易造成预测误差扩大。

多元回归分析模型：

$$P_i = A_0 + A_1 X_{1i} + A_2 X_{2i} + A_3 X_{3i} + \cdots + A_n + X_{ni} \tag{2.3-6}$$

式中：P_i——预测年第i区的高峰停车需求量；

X_{1i}——预测年第i区的工作岗位数；

X_{2i}——预测年第i区的人口数；

X_{3i}——预测年第i区的建筑面积；

X_{ni}——预测年第i区与停车需求有关的第n个因素；

A_n——回归系数。

4）方法比选（表2.3-2）

方法比选表 表2.3-2

模型	需要资料	优点	局限性	使用条件
用地生成率模型	1. 各类土地停车需求产生率； 2. 未来各类	由停车需求产生率推算停车需求较为精确、简单实用	模型所需的各地区未来土地使用资料取得不易，数据缺乏共识	空间上：适用于整体预测； 时间上：适用于近期预测
用地与交通影响分析模型	1. 各类土地使用的停车需求产生率； 2. 未来各类土地适用的发展状况； 3. 未来年交通量及机动车保有量	将停车生成率与道路交通量相结合，预测结果可信度更高	模型中的交通影响函数较难确定，影响预测精度	空间上：既可用于分区预测，也可用于整体预测； 时间上：适用于近期预测
OD预测模型	1. 未来OD资料；分时段OD资料 2. 停车特性	模型以车辆出行作为停车需求生成的基础，较好地考虑了停车的交通特性	需求数据调查量大；停车生成与车辆出行之间关系的现状和未来会有很大不同	空间上：既可用于分区预测，也可用于整体预测； 时间上：适用于近期和中、长期预测
交通量需求模型	1. 区域停车特性； 2. 到达交通量的历史数据	基本思路和出行模型相似。但对OD数据的要求低于出行模型	适合于区域用地功能较为均衡和稳定的情况	适用于预测近期停车需求
基于社会经济活动特性	1. 停车需求、人口、机动车保有量； 2. 就业岗位数、建筑面积等	模型使用简便，由统计分析可了解模型的精确性	很难收集到精确的指标数据，模型的精确性较差	空间上：适用于较大范围的整体预测； 时间上：近期预测

5）停车需求预测方法展望

从20世纪90年代开始我国汽车产业有了长足的发展，私人汽车出行逐渐成为主流。随之而来的停车需求量也急剧增加，停车需求决定车位供给，决定政府的停车供给配套政策。为满足停车需求，需要准确预测停车需求，以适当的停车供给满足停车需求，同时避免局部投资过度所引发的浪费。

停车预测方法多种多样，从趋势上可以看出，停车需求预测方法已由传统回归法向多学科交叉预测发展；从单纯以停车调查和停车生成率为基础到以分析出行特征如何影响出行行为为基础，预测个体的出行行为，进而由个人的出行行为规律推及总体的出行行为规律预测停车需求。停车需求研究未来的发展方向是多元化、智能化的、交互化，集成化并使预测更符合实际情况。

2.3.2 城市公共停车场项目市场定位

1. 城市公共停车场项目定位的含义

《新华词典》中对定位一词的解释是：第一，动词概念，用仪器来确定物体所在的位置；第二，名词概念，经测量后确定的物体的位置；第三，给某事物以适当的地位并做出某种评价。上述"定位"的含义无论是动词还是名词，首先是对客观事物的定位，是确定物体的位置，即定位必有对象；其次是要确定一个物体的具体位置必然存在一个区位。

市场定位的概念来源于市场营销学。定位一词最早是在 1972 年由美国两个广告经理艾尔·里斯和杰克·屈劳特在《广告时代》杂志上发表文章《定位时代》时提出并逐渐流行起来。之后他们在《定位：为了得到你的注意而战斗》一文中指出："定位起始于一件产品、一种商品、一次服务、一家公司、一个机构、甚至一个人。然而定位并不是你对一件产品本身做什么，而是你在有可能成为顾客的人的心目中确定一个适当的位置"。城市公共停车场项目的市场定位就是在详细的停车场市场调研和分析的基础上，选定目标市场、确定使用人群、明确项目档次、确定设计建设标准等。

1）按服务对象定位

依据停车场服务半径内的所有消费者的生活习惯和出行方式进行统计分析，根据所得结果进行定位，称为使用者定位。成功地运用使用者定位，可以帮助停车场的设计更为合理，提高停车场运行效率，增加停车场的使用者满意度。

停车场类别按服务对象分类，大致可分为社会公共停车场与建筑配建停车场以及专用停车场 3 种。（1）公共停车场也被称为公共停车设施，从事各种活动、提供旅游服务，通常设置在城市商业区，城市出入口道路过境车辆停车区以及需求集中在公共交通枢纽附近的停车场车位。（2）配建停车场：指建造的大型公用设施或配套建设停车场，用于本地出行服务或者旅游服务等。（3）专用停车场：是指专门的交通运输主管部门或企业自备停车场，单位内自有车位。

2）按产品类型定位

不同类型的停车场，所适应的客户、选址、建筑类型和管理做法都是不同的。只有充分了解各类停车场的类别划分，特别是在城市交通中的作用，才能够科学合理地规划城市的停车区。

根据建筑类型，停车场可分为地面停车场、地下车库、地上车库、多用车库、机械式立体停车库 5 类。（1）地面停车场：停车场是正方形，具有布局灵活、停车方便、管理简单、成本低的特点，是最常见的停车位类型。（2）地下车库：建在地下的停车位有一层或多层。它可以缓解土地的短缺，提高土地利用价值，明显降低土地成本，但需要额外的照明、空调、供水和排水系统的维护成本较高。（3）地上车库：设计一个固定的建筑。由于成本高、车位利用率较低、这种单一用途的车库已被越来越多地被多用车库取代。（4）多用车库：是指一个多用途的建筑，但它主要是用于停车，但也有相当一部分建筑面积为商、金融、电信、娱乐和办公。正是因为它的多用途，多用车库的吸引力大大提高，停车位利用率较高。（5）机械式立体停车库：多在城市中心或土地使用较为紧张的区域，地上或地下建设多层半固定式钢结构车库，使用电梯或升降机自动停泊的车辆将需要运行向上和向下或水平，从而运送到适当位置停车。这样的停车场节省空间，降低建设成本，是解决目前城市中心停车难的有效途径。

3）按场地位置定位

按场地位置定位根据停车场和城市道路系统的相对位置，可分为路上停车、路边停车、路外停车场。（1）路上停车场：是指城市道路两侧或一侧划出若干段带色路面，供车辆停车。路上停车对动态交通的干扰较大，必须保持足够宽的道路供车辆通行。（2）路边停车：指的是一些城市道路两侧或一侧安排了一些带停车场外的路边。虽然道路上的干扰少，但路边停车对行人交通顺畅和安全有较大影响。（3）路外停车场：位于城外的道路系统，通过专用通道与城市道路系统的各种停车场，对动态交通的影响较小。

2. 城市公共停车场项目市场定位的基本原则

1）一致性

总体上要与企业发展战略相一致。这里的企业发展战略包括品牌战略、经营战略和管理战略等。在企业发展战略的框架下进行项目的市场定位，充分体现企业的竞争优势，发挥企业的核心竞争力，构建企业品牌和产品品牌，使得企业的产品具有延续性和创新性，实现企业的发展目标。

2）经济性

市场定位的经济原则首先是指停车场定位应具有较高的性价比，在满足必要的使用功能的前提下，定价合理；其次从企业角度出发，在成本控制的基础上，做到效益最大化；最后，在成本和费用测算、效益测算各项经济评价指标基本上达到社会平均水平的基础上，确定项目营利预期的可能性和风险性，明确项目经济利益实施的可行性。

3）适应性

市场定位的适应性原则包含以下几层含义：第一应与当地或区域的社会经济发展水平和消费者收入水平相适应；第二应与所在区域周边同类停车场的档次、标准、品质相适应；第三与市场调查分析确定的目标客户群的消费特点和消费能力相匹配；第四与企业的运营技术和管理水平相适应。

4）可行性

市场定位的可行性原则包括项目实施的可行性和经济评价的可行性两方面。由于停车市场随着汽车工业和建筑行业的不断变化和发展，市场定位必须考虑项目实施的可行性，避免出现"死库、空库"的现象，要根据项目规模、地块特征和本项目的优势来分析入市时机，准确设计项目的实施进度。同时，要运用微观效益分析与宏观效益分析相结合、定量分析与定性分析相结合、动态分析与静态分析相结合的方法，对项目进行经济评价，分析各经济评价指标是否可行。项目规模、开发模式和项目进度受到经济实力、融资能力和企业管理能力等因素的限制，它们容易定性却难以定量，在市场定位时如何"量力而行"，在市场定位时就应该纳入考虑范围。

3. 城市公共停车场项目定位的出发点

1）价格

价格定位是最常见的一类市场定位，是依据品牌在消费者心目中的价值高低定出不同的档次。品牌价值是产品质量、消费者的心理感受及各种社会因素如价值观、文化传统等的综合反映。如果品牌定位于高档次，则应具有实物以外的附加价值，例如给消费者带来自尊和优越感等的心理满足。如果定位于中低档次的细分市场，则需满足追求实惠和廉价的低收入者。城市公共停车场因其具有一定的公共物品属性，所以其价格定位有别于其他商品。除了结合停车场本身建造成本、品牌定位、服务水平以外，还需要考虑当地政府相关的收费管理办法，以及供求关系综合决策。

2）数量

停车位的数量直接影响着投资规模，选择合适的停车位数量对停车场的投资成败有着举足轻重的作用。停车场车位的供给数量是根据服务半径内的需求情况决定的。城市公共停车场的服务半径根据《城市停车规划规范》GB/T 51149—2016 一般在 300m 范围内，住房和城乡建设部发布的《城市停车设施规划导则》建议城市公共停车场的数量最好控制在 300 个以内。目前行业规范及相关标准没有将停车位数量作为定义停车场类别的标准，一般来说 50 个车位以内的为微型停车场；50～100 个车位的为小型停车场；100～300 个车位的为中型停车场；300 个车位以上的为大型停车场。

3）投资主体

投资主体亦称"投资人"或"投资者"。投资主体对投资方向、投资数额有决策权；有足够的投资资金来源；对其投资所形成的资产享有所有权和支配权，并能自主地或委托他人进行经营。投资主体应是法人或自然人，如中央政府投资主体、地方政府投资主体、企业投资主体、个人投资主体等。按投资者是否进入直接投资过程又可分为：（1）直接投资主体。指直接运用资金执行资产投资职能的经济主体（法人或自然人），如从事直接投资的公司、企业、政府和个人。（2）间接投资主体。指运用货币资金购买股票、债券，间接从事投资活动的投资者。

对于停车类投资项目大致可分为如下几类投资主体：（1）以地方政府为主体或者政府平台公司为主体的城市公共停车场。此种投资的资金来源主要为财政资金。（2）以 PPP（公私合营）为合作模式的停车场项目，此类项目投资主体为企业和政府两方，政府方持股比例一般在 30% 以内，也可不持股。（3）以企业或个人为主体的停车场投资，此类停车项目是完全的市场化行为，有的地方政府会配套给予一定的鼓励政策和奖励补贴，投资人根据自身情况自行决定投资规模、投资区位等投资相关因素，并且自负盈亏。

4）城市公共停车场项目定位的方法和注意的问题

市场定位不仅仅是纸上谈兵，在实践中需要专业的方法使用专业的工具使之操作具体化。这里介绍两种停车场项目的定位方法，分别为定位图法和排比图法。

（1）定位图法

传统的定位图主要是利用二维坐标图进行品牌识别、产品认知等状况，以解决定位问题。对于停车场项目的定位，选取的定位因子最好为价格、存取效率。图 2.3-1 为西安南大街某停车场定位图。

图 2.3-1　西安南大街某停车场定位图

制作定位图的关键是确定关键的特征因子，制作了定位图就可以根据位置，准确进行市场定位，及时认清自身，寻找市场机会。

（2）排比图法

对于停车场项目的市场定位来说，排比图就是将特征因子都排列出来，在每一个因子上分别比较在同一区域的各个停车场的各自表现，最后确定市场定位。如图2.3-2所示。

图 2.3-2　排比图法

图2.3-2中纵向排列的要素是停车场的特征因子，其重要程度自上而下依次递减；图中各点代表项目周边区域其他停车场（ABCDE）在某一特征因子上的相对表现，强弱程度自左向右依次递增。排列图的特征因子多于定位图，便于从更多维度分析比较，找准定位范围。

2.3.3　城市公共停车场项目策划

1. 城市公共停车场项目策划概述

策划是人的一种脑力活动或智力活动。"策划"一词，在古汉语中亦作"策画"，最早出现于公元2世纪前后。东晋学者干宝在《晋纪总论》中引《晋纪》注云："魏武帝为丞相，命高祖（司马懿）为文学掾，每与谋策画，多善。"南朝学者范晔所撰《后汉书·隗嚣传》中有句："是以功名终申，策画复得。"

停车场的策划是在投资建设之前对项目从社会经济的发展规律、城市化进程、居民生活习惯等多面来探索、寻找项目研发定位的科学依据，从而达到项目定位、产品开发、投资决策的科学性。

2. 城市公共停车场项目策划含义

随着我国城市化进程快速推进，机动车数量呈现爆发式增长。停车场作为城市交通的重要一环也在整体形势的影响下迅猛发展。特别是近年来各地不断推出鼓励投资建设停车场的各种新政，使得停车场投资成为一片新的热土。停车场的好坏将直接影响到周边使用者的生活质量和生活效率，而且随着停车场建设的发展，此类建筑已经成为城市中很重要的建筑类型之一，它不仅在功能性上有着不可替代的作用，而且同样影响着城市形象、城市环境、能源消耗、交通组织等方面。这就对停车场的投资者和开发者提出了更高的要求。

3. 城市公共停车场项目策划原则和内容

城市停车场项目的策划主要可以分为前期策划和全程策划两部分。前期策划主要是对项目周边停车市场、产品功能、整体环境、项目配套、需求调查、开发策略的研究。因为停车场项目具有运营和销售几乎同时发生的特点，全程营销就显得格外重要。全程策划是在前期策划的基础上注重市场变化，把握运营销售过程。

从停车场项目产品策划到产品设计是整个开发过程的重要阶段,是最主要的价值创造环节,也是项目实现营利和社会效益的难点。它需要策划方、设计方和投资方三方通力协作。策划方注重对市场、城市交通体系、消费者、周边同类停车场、社会及经济指标的研究;设计方注重对产品功能、效率、形态、风格品质、体验感受、产品形象的研究;而投资方应在不断地组织综合各种信息的基础上,依据投资开发模式,提升项目价值和最后决策。策划设计方一般不是投资方,他们只是参与、帮助投资者将项目做得更好。从产品策划到产品设计是复杂的系统工程,如果是机械式停车位的停车场,还会有设备厂商参与,需三方甚至四方默契配合才能做得更好。这一阶段是多方同时参与的综合工作,也是先产品策划后产品设计的前后因果关系。虽然设计方能从工程专业的角度调整、提升、促进产品策划方案,但主要还是依据产品策划方案进行设计的。产品设计是产品策划的有形表现,这一阶段具体研究交通规划、交通组织、周边环境、人与建筑、人与设备、内部功能、外部效果、环境污染等。最后,用工程语言把策划方案具体细化表现在图纸上,使其价值得以据实体现。从产品策划到产品设计是项目价值从创造到落实提升的重要阶段。

4. 城市公共停车场项目策划与城市规划

1)城市规划概念

和人们对"城市"的理解一样,人们对"城市规划"的理解也是多种多样的。不同的理解,直接或间接地影响了人们对"城市规划"的地位和作用的认识,以及参与"城市规划"的积极性。

国内对"城市规划"有一种定义是:"对城市的空间和实体发展进行的预先研判。它的对象偏重于城市物质形态的部分,涉及城市中产业的区域布局、建筑物的区域布局、道路及运输设施的设置、城市工程的安排等。"西方对"城市规划"(City Planning)的一种定义则强调城市规划是从城市和区域的角度来考虑建成环境的设计问题。国际建筑协会提出的城市功能的四个划分("居住""游憩""交通"和"工作"),以及功能区的划分,是城市规划的主要内容和工作重点。而城市公共停车场的投资建设和城市的四个功能("居住""游憩""交通"和"工作")息息相关。

2)城市公共停车场项目与城市规划

现在城市都面临着一个严峻的问题,那就是大部分停车场都未被考虑进城市原有的规划范围内。这主要是因为现今社会经济发展速度迅猛,然而城市规划的速度并未与之协调发展。早期城市规划中对城市机动车数量的发展没有合理的预判,导致停车位配建标准较低,使得现阶段的建筑已不能满足自身的停车需求而占用其他停车资源;在配建停车场项目实施过程中的监管不足,没有强制性处罚和整治条款来约束未按配建标准建设停车泊位的项目。但是,机动车辆的日益增加却是不能回避的现象,城市停车场规划已是现在城市发展中不可忽视的问题。如何在有限的土地资源中合理规划停车场,让停车场成为社会公共设施中的亮点,成为摆在每一位停车场策划者心中的一个结。

停车场的规划与建设与整个城市的规划脱节。城市停车场在规划时,往往没有考虑到它与城市之间的连带关系。不可否认的是,停车场已经是现今城市中必不可少的基础设施,它与整个城市乃至人们的生活息息相关。停车场在所有的基础设施中有着自身独有的特点,一方面停车场本身是解决车辆停放问题的场所;另一方面一旦停车场建成又具有对车辆的吸引作用。也就是说，停车场的投资建设可能是一把双刃剑，解决停车难问题的同时也在影响着一个区域现存的停车供需平衡。

5. 城市公共停车场项目展现形式策划

1）外观外形策划

地下停车场、地上停车楼、机械停车库以及平面停车场四种基本形式，不含道路红线内临时停车场。

2）智能停车系统策划

智能停车系统是建立在信息化技术基础上，缓解出行过程中的停车难问题，通过引入大量数据对用户、平台和停车场三方进行联合管理，从而做到对停车位的有序管理分配，实现剩余车位查询、车位预定、智能选位、移动支付、场内导航等功能，从而提高停车效率，减少社会成本，改善用户的使用感受。

智能停车系统总体结构如图2.3-3所示。

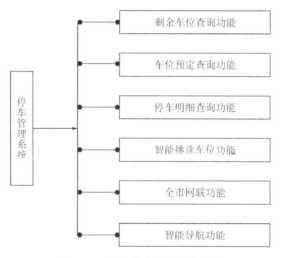

图 2.3-3　智能停车系统总体结构

6. 城市公共停车场项目交通组织策划

1）停车场交通组织范围确定

停车场交通组织范围可以分为直接影响范围和间接影响范围。直接影响范围受停车场出入口位置、停车场规模等因素影响。以路外公共停车场为圆心，以停车者可以接受的最大步行距离为半径画圆，根据《城市停车规划规范》GB/T 51149—2016选择300m作为直接影响范围半径，在此区域内部包含的一切路段、交叉口统称为路外公共停车场交通组织的直接影响范围。间接影响范围相对比较模糊，可以根据所建项目的交通影响评价范围来确定。

2）停车场出入口策划

城市公共停车场出入口对道路交通的影响主要由入口车辆驶入率、出口车辆驶出率以及出入口道长度宽度的设计、出入口间距的设计、出入口的布局等方面体现。对于停车场来说，车辆的到达、车辆的离开都会使路段上正常行驶的车辆在出入口的地方有所延误，也会增加正常行驶车的延误值，降低该路段的服务水平。出入口的策划设计将影响到车辆正常、安全、高效行驶的关键点，从这些方面看停车场出入口的优化在停车场交通组织优化中显得举足轻重。城市公共停车场出入口布置的优化原则有：（1）保证车辆能顺利驶入停车场，应有利于提高停车场的可达性。（2）确保与公共停车场衔接道路的正常通行能力。（3）确保公共停车场出入口道的通行能力，且尽量减少交通冲突点，并且分离交通冲突点，缓解出入口拥挤现象，提高出入口能够通过的车辆数。（4）减少司机的心理压力和心理负担（图 2.3-4、图 2.3-5）。

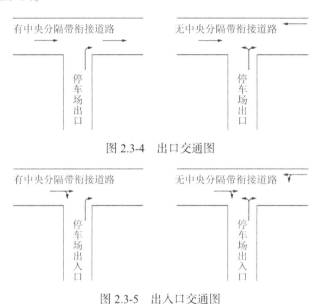

图 2.3-4　出口交通图

图 2.3-5　出入口交通图

3）内部交通组织策划

停车场内部的交通流线分为两种，即车辆路线和步行路线。车辆路线就是车辆的行驶轨迹，基本流程为：进入入口，依次为车道、泊位、车道、驶出出口结束。通常情况下，由于停车场内部的各种制约条件，包括空间限制等准则，使车辆从入口到出口之间需要绕行半圈或者一圈。另外停车场入口和出口在车辆的停放上利用率都不高，这是因为司机的便捷心理认为入口处离出口处距离较远而不愿在入口处停放。但是如果停车场内部已经没有可以利用的车位了，司机还是需要绕行回到入口处进行停车，这种情况下非常浪费时间和资源。因此，针对停车设施的这些问题，需要通过内部交通流线最好能够循环贯通并且减少车辆的进出车位来解决。

对于步行者来说，从停车设施到目的地之间所经过的步行交通流线布设连贯畅通很重要。步行交通流线的设置应该能够连贯畅通的连接人行道、停车场的出入口及其他目的地出入口。

实践案例：

西安市某城市公共停车场项目策划及设计

本项目位于永宁门内东北侧西北水电博水商务大厦院落内，紧邻南大街和永宁门，周边商业、办公、旅游以及文化娱乐用地较为丰富,再加上项目周边停车位供给量较少,项目停车场具有得天独厚的地理优势,可吸引周边大量的停车需求。项目停车场建设形式为机械式立体车库,地上九层加地下一层,沿办公楼西侧和南侧布置,同时形成大面积广场,既解决了车辆的回车问题,同时也可设置一些地面停车位。项目预建成车位156个,车库占地面积为334m²,单车存取耗时为90s,停车取车简单方便。具体情况如图1～图9所示。

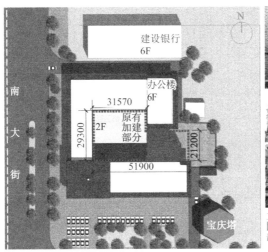

图1 项目位置

图2 场地条件

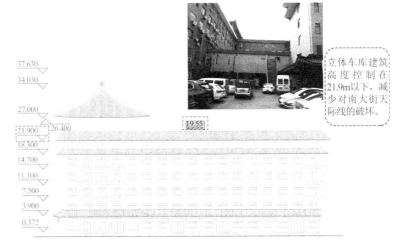

> 立体车库的建设拆除原有加建建筑一层以上部分,保留一层并在其上和东侧加建立体停车库,同时重新统一规划停车位。
> **保留+拆除+加建**

图 3　总体思路总平面

> 立体车库集中布置原有加建部分一层中部,呈一字形,并往东侧延伸设置存取车出入口。减少车辆迂回路线。停车流线顺畅便于向城市开放。出入口设置指示标牌。车库距离办公楼外墙大于4m,西侧设置防火墙。车库高度19.95m,小于四周办公楼。

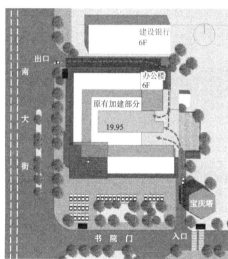

矩阵式立体车库（半地上半地下布置）	
占地面积	508m
建筑高度	19.95m
层数/层	地上8局部裙房上6
泊位/个	地上121
出入口/个	3
单车存取时间	60～150s
存取车效率	121辆/100min

图 4　总平面布置图

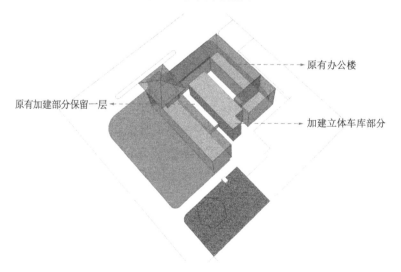

图 5　功能分区布置图

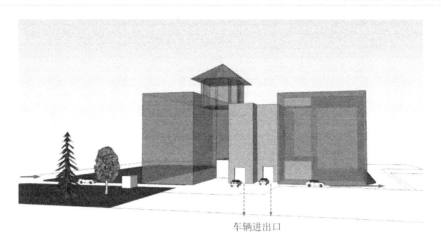

图 6　行车流线示意图

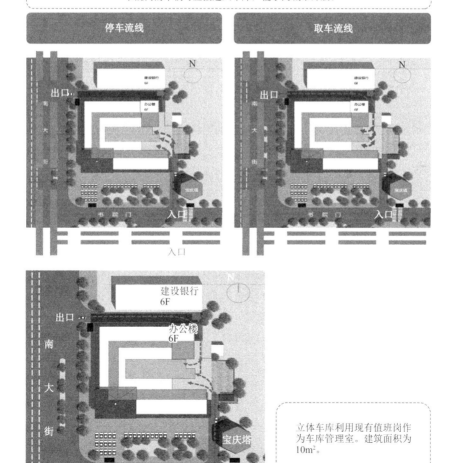

图 7　出入口交通组织

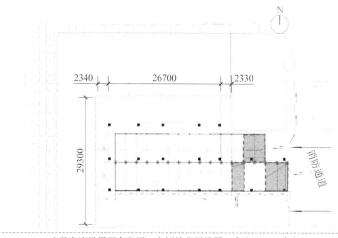

立体车库设置两个分区，南侧的分区设置一个出口、一个入口。北侧的分区设置一个出入口，提高停取效率。单车存取时间为60～150s。

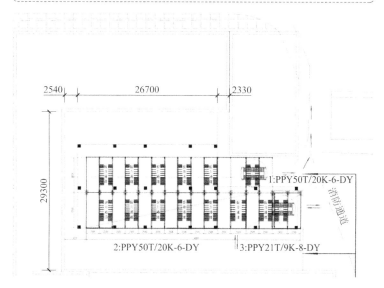

图8　停车场平面图

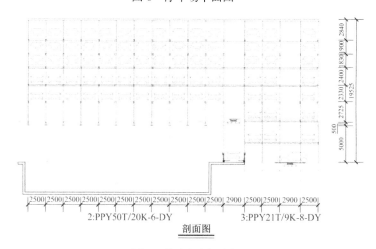

图9　停车场剖面图

2.4 停车需求预测

2.4.1 预测目的

停车需求预测是城市停车设施系统规划的重要内容,也是制定停车场设施建设方案及停车管理制度的重要基础。合理预见、科学估算规划年停车需求,能够有效解决城市静态交通问题,管理城市交通需求,缓解城市交通拥挤,减少交通事故,为停车场规划及制定停车政策提供可靠的定量依据。

2.4.2 影响停车需求的因素

停车需求是机动车出行过程中的一种派生性需求,是一个复杂多因素影响的过程,土地开发和利用强度、机动车保有量、停车成本、出行特征以及交通政策等因素都会对停车设施的增长产生影响。

1. 土地开发和利用强度

停车需求是土地开发利用的函数,不同的区位(CBD、市区和郊区),不同的土地利用(办公、商业、工业、教育、卫生和文体等)其停车吸引率不同。土地利用开发的强度越大,建筑、人口、交通就越集中,停车需求就越大。

2. 机动车保有量

机动车保有量是影响停车需求的最重要因素,从静态角度看,机动车保有量的增加直接导致了停车需求的增加,统计结果表明每增加1辆注册汽车,将增加1.2~1.5个停车泊位需求;从动态角度看,区域内平均机动车流量的大小不仅影响该地区停车设施的总需求量,而且影响停车设施的高峰小时需求量。

3. 出行特征

出行目的对停车需求的影响主要表现在驾驶员停车时间的长短、停车设施的选择、步行距离、支付意愿等方面;出行方式的选择直接影响停车需求,例如选择公共交通比例高,则停车需求就低;出行时间主要影响停车需求的时间分布和高峰停车需求量;出行费用的变化(如公共交通票价的变化、道路拥挤收费的实施和停车收费本身的变化等)会导致停车需求的变化。

4. 停车成本

停车成本影响出行行为选择,从而影响停车需求。较低的停车成本会诱增车辆使用并增加停车需求,较高的停车成本会降低车辆使用,从而达到降低停车需求的目的。停车成本与停车需求的关系如图2.4-1所示。

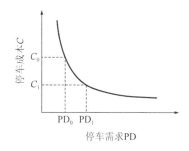

图 2.4-1 停车成本与停车需求的关系图

停车成本的构成包括货币成本与非货币成本两大部分。其中,货币成本指停车收费(包括车位空间占有费、停车保管费与其他可能的税费等);非货币成本包括停车者找寻泊位的时间、绕行时间、停车后的步行时间等时间成本。

5. 交通政策

鼓励私人交通和宽松的停车政策会刺激停车需求的增长；反之，优先发展公共交通、限制私人交通和停车控制政策将起到抑制或减缓停车需求增长的作用。

6. 其他影响因素

除了上述影响因素，城市的地理、气候条件、风俗习惯、文化等，都会对停车需求产生影响。西安市是著名的旅游城市，其旅游区的停车需求还受到季节、节假日等因素的影响。

2.4.3 停车需求预测方法及流程

1. 停车需求预测方法

停车率法是根据现有机动车的拥有水平和现行交通政策下所产生的停车需求与不同性质的建筑面积之间的关系和未来的用地发展规模，确定土地利用影响函数所产生的停车需求；同时考虑未来城市机动车的拥有水平和道路交通量的增长情况，确定高峰停车需求的交通影响函数；综合土地利用影响函数和交通影响函数，推算机动车高峰停车需求量；建立在停车特征调查和土地利用性质调查的基础上，需要完整的用地性质和建筑规模的数据，较适合于近期停车需求预测。

其模型可表示为：

$$P_j = f(L_{ij}) = \sum_i \alpha_i \cdot L_{ij} \tag{2.4-1}$$

式中：P_j——第j分区基本日停车需求量（标准车次或泊位）；

L_{ij}——第j小区i类土地利用指标（土地使用指标）；

α_i——第i类用地的停车生成率指标，标准车次/(土地使用单位指标·日)。

2. 需求预测流程图

需求预测流程见图 2.4-2。

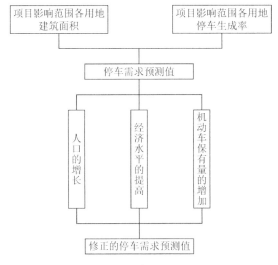

图 2.4-2　需求预测流程图

2.4.4 评价年项目周边停车需求预测分析

1. 停车生成率

根据评价范围用地规划图可得到评价范围内各地块的用地性质与用地面积。由于评价范围内用地目前没有编制控制性详细规划，故本次预测对不同性质的用地根据其区位和周边类似用地的容积率用类比法结合经验综合确定。

根据项目周边人口经济增长数据、项目影响范围内各地块用地性质、每种用地性质的面积、平均容积率、评价年限的建成率，同时结合对应用地性质的每百平方米停车生成率等信息，得到项目影响范围内的停车需求预测数据。具体计算如表 2.4-1～表 2.4-3 所示。

西安市不同用地类型停车生成率　　　　　　　　　　　表 2.4-1

建筑类型	居住	办公	商业	工业	仓储	娱乐	医疗	教育	绿地	其他
停车生成率	0.8	0.8	1.7	0.2	0.3	1.6	0.8	0.6	1.6	0.5

注：1. 计算单位均为车位/100m² 建筑面积；
　　2. 由于项目影响范围内的商业建筑档次高，消费水平较高，其消费者人数较其他商业建筑较少，因此其停车生成率较其他商业区域较低。

2018 年项目周边用地情况与建筑面积表　　　　　　　　表 2.4-2

用地性质	用地面积（hm²）	容积率	各类用地建筑面积（hm²）
商业用地	4.50	1.6	7.20
绿地	3.26	—	3.26
教育科研	3.42	0.4	1.37
医疗卫生	0.72	0.8	0.58
中小学	0.54	0.5	0.27
居住用地	1.55	1.5	2.33

注：表中的绿地主要指城墙等景区用地。

2. 停车需求预测

未来年各用地停车需求预测如表 2.4-3 所示。

2018 年影响范围内停车需求一览表　　　　　　　　　表 2.4-3

用地性质	各类用地建筑面积（hm²）	停车生成率	停车需求（车次/d）
商业用地	7.20	1.7	1224
绿地	3.26	1.6	522
教育科研	1.37	0.6	82
医疗卫生	0.58	0.8	46
中小学	0.27	0.6	16
居住用地	2.33	0.08	19
总计	—	—	1909

注：由于居住区域自配有停车场，该类用地所吸引的社会车辆停车需求主要为探亲访友和进出办事的车辆，该类车辆只占其停车生成量的 10%，因此其停车产生率取值为 0.08。

2.4.5 项目停车场优劣势分析及停车需求预测

1. 项目周边停车场分布

项目周边停车场分布见图 2.4-3。

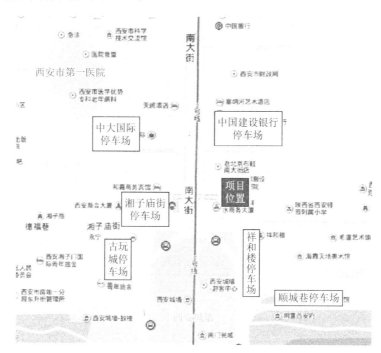

图 2.4-3 项目周边停车场分布图

2. 项目优势分析

（1）该项目位置正对永宁门景区入口，会吸引大量游客前来停车；周边商业繁华，也会吸引大量消费者前来停车；同时，项目停车场位于博水大厦办公楼旁，也会吸引工作人员和进出办事的人前来停车。

（2）项目停车场主要为地面停车，且设置 4 个出入口，停车方便，且存取车只需 90s，节约时间。

3. 项目可吸引停车需求量预测

项目停车场和周边停车场存在互补和竞争的关系。通过未来停车需求的总量减去项目周边已有的停车供应量来得到可吸引的停车需求最小值，即：补充其他停车场不能供给的停车需求量，在最小值的基础上加上项目竞争优势吸引其他停车场过来停车的数量，得到最终的停车需求量。

（1）项目停车场补给其他停车场停车需求量最小值

未来年项目周边其他停车场可供给的最大停车总量为 1395 车次/d。由上文可知，未来年项目位置影响范围内的停车需求总量为 1909 车次/d。相减可得项目停车场每天可吸引的最小停车需求为 514 车次（注：此处最小值的算法是建立在周围其他公共停车场利用率 100%的前提下计算得出的）。

（2）由项目竞争优势吸引过来的停车需求量预测

由项目竞争优势吸引过来的停车需求量的计算公式为：

$$D_i = \partial \sum_{j=1}^{m} P_{ij} d_j \tag{2.4-2}$$

式中：D_i——公共停车场 i 分担的需求量上限，标准泊位；

∂——研究区域内高峰停车饱和度；

P_{ij}——需求点 j 的泊车者选择公共停车场 i 的概率；

d_j——需求点 j 的需求量，标准泊位（$j = 1,2,\cdots,m$）。

周边停车场的利用率为 100%，所以此时 ∂ 值取到 1，d_j 值取各停车场的最大供给量。下面对各区域的吸引概率做保守估计。

由于祥和楼停车场一天内有 7~8h 的利用率超过 100%，且该停车场距离项目位置较近，所以项目可吸引该停车场泊车者的概率较高，P_{ij} 的值可取 0.15。中大国际停车场距离项目位置最远，且其停车场利用率高峰时段未达到饱和，所以 P_{ij} 的值为 0。其余几个停车场距离项目停车场距离大约为 120m，且高峰时段利用率超过 100%，此时 P_{ij} 值可取到 0.1。具体计算如表 2.4-4 所示。

项目停车场吸引停车需求量计算表　　　　表 2.4-4

停车场名称	∂	d_j（车次/d）	P_{ij}	D_i（车次/d）
中大国际停车场	1	807	0	0
湘子庙街汉庭酒店停车场	1	70	0.1	7
永宁门国际古玩城停车场	1	169	0.1	17
祥和楼停车场	1	103	0.15	15
顺城巷（南门-文昌门）停车场	1	247	0.1	25
总计	—	—	—	64

最终，由于项目竞争优势吸引过来的停车需求总量通过式(2.4-2)进行保守估计求得为 64 车次/d。

（3）项目停车场未来年停车需求量预测

通过计算可得，2018 年项目停车场每天可吸引的停车需求量约为 578 车次/d，其中工作日每天吸引的停车需求量为 604 车次，节假日为 512 车次。如果决策者在制定价格上比其他停车场更优惠，提供的服务水平比其他停车场更高，在停车诱导系统上做得更好，就会吸引更多的停车需求量。

2.4.6 项目停车场未来停车特征分析

1. 车辆到达时间分布特征

由于该项目是在博水商务大厦停车场的基础上进行改造建设的，所以项目未来年的车辆到达时间分布特征可参考博水商务大厦停车场的车辆达到分布特征，如图 2.4-4、图 2.4-5

所示。

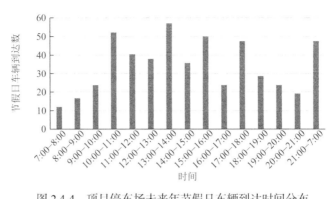

图 2.4-4　项目停车场未来年节假日车辆到达时间分布

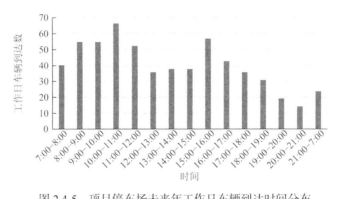

图 2.4-5　项目停车场未来年工作日车辆到达时间分布

2. 停车场周转率分析

工作日停车周转率 = 604/156 = 3.87

节假日停车周转率 = 512/156 = 3.28

3. 停车场利用率分析

根据博水商务大厦停车场每个时间段内的停车数量占总停车需求量的百分比来推测项目停车场每个时间段内的停车数量，最终算得项目停车场一天内的车位利用率如图 2.4-6、图 2.4-7 所示。

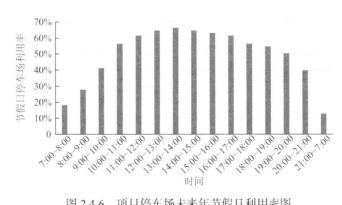

图 2.4-6　项目停车场未来年节假日利用率图

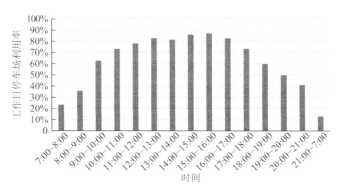

图 2.4-7 项目停车场未来年工作日利用率图

由图 2.4-6、图 2.4-7 可得，工作日和节假日停车场利用率如表 2.4-5 所示。

停车场平均利用率 　　　　　　　　　　　　　　　表 2.4-5

	白天（7:00—21:00）	夜间（21:00—次日 7:00）
节假日	51%	13%
工作日	65%	13%

4. 停车场停放时长分析

参考博水商务大厦停车场车辆的平均停车时间表如表 2.4-6 所示。

平均停车时间表（h/车） 　　　　　　　　　　　　表 2.4-6

	白天（7:00—21:00）	夜间（21:00—次日 7:00）
节假日	2.47	9.25
工作日	3.15	9.5

根据停车需求预测结果的日平均停车时长如表 2.4-7 所示。

平均日停车时长表（h/d） 　　　　　　　　　　　表 2.4-7

	白天（7:00—21:00）	夜间（21:00—次日 7:00）
节假日	1114	203
工作日	1420	203

注：停车时长 = 车位数 × 各时段时长 × 各时段利用率。

平均每年工作日有 251d，节假日有 114d，最终算得年平均停车时长如表 2.4-8 所示。

年平均停车时长表（h/年） 　　　　　　　　　　　表 2.4-8

	白天（7:00—21:00）	夜间（21:00—次日 7:00）	总计
节假日	126996	23142	150138
工作日	356420	50953	407373
总计	483416	74095	557511

各时段的停车时长占总停车时长的百分比如表 2.4-9 所示。

各时段停车时长百分比　　　　　　　　　　　　　　　　　表 2.4-9

	白天（7:00—21:00）	夜间（21:00—次日 7:00）	总计
节假日	22.78%	4.15%	26.93%
工作日	63.93%	9.14%	73.07%
总计	86.71%	13.29%	100.00%

项目周边土地开发和利用已经基本完善，且未来年土地利用也基本保持不变，因此由于用地性质变化导致的停车需求变化基本保持不变。

西安市机动车保有量快速增长，截至 2022 年底已突破 400 万辆。根据西安市交通运输部门的预测，如果按照过去 5 年的年均增长率约 10% 计算，预计未来每年新增机动车辆约 40 万辆。而北京作为直辖市与超大城市，2022 年机动车保有量已达 860 万辆。就土地资源而言，西安市城区规划总面积约 1200km²。如果以北京为参照系，并考虑到西安作为内陆城市交通和用地成本相对较低的因素，预计西安市机动车保有量的饱和上限约为 550 万辆。

根据目前的发展速度，如无特殊情况干预，预计西安至 2027 年将迎来机动车保有量的峰值阶段。

每年由机动车增长 20 万辆所增加的停车时长 = (2018 年停车时长 557511h) × (每年机动车增长 20 万辆)/(2018 年机动车保有量 290 万辆) = 38449h，最终算得停车场未来年的年平均停车时长如表 2.4-10 所示。

未来年平均停车时长预测（h/年）　　　　　　　　　　　　表 2.4-10

年份	2018	2019	2020	2021	2022	2023
年停车时长	557511	595960	634409	672858	711307	711307
白天停车时长	483418	516757	550096	583435	616774	616774
夜间停车时长	74093	79203	84313	89423	94533	94533

2023 年以后的停车时长基本稳定，保持不变。由于 2023 年以后，机动车保有量已经饱和，并且周边土地性质基本不变，所以 2024 年以后的停车需求量也趋于饱和，以后将呈现稳定的发展趋势。各时段停车时长参照表 2.4-9。由表 2.4-10 可算得，未来年的平均停车场利用率如表 2.4-11 所示。

未来年停车场利用率预测　　　　　　　　　　　　　　　表 2.4-11

年份	2018	2019	2020	2021	2022	2023
停车场利用率（%）	40.80	43.61	46.42	49.24	52.05	52.05
白天利用率（%）	60.64	64.82	69.01	73.19	77.37	77.37
夜间利用率（%）	13.01	13.91	14.81	15.70	16.60	16.60

注：未来年停车场利用率 = 未来年停车时长/(车位数 × 各时段时长 × 365)，白天：7:00—21:00，夜间：21:00—次日 7:00。

2023 年以后的利用率基本稳定，保持不变。

5. 未来年停车价格预测

由于西安市机动车正处于蓬勃发展的阶段，但较北京、上海等一线城市还有差距，根

第 2 章 投资准备：厉兵秣马，蓄势待发

据前一二十年西安市的整体发展方向，都与北京市发展初期相似，因此在预测西安市未来年停车价格方面可以参考北京市停车价格的发展趋势。北京市室外停车白天（7:00—21:00）收费变化情况如图 2.4-8～图 2.4-10 所示。

图 2.4-8　北京市一类地区室外停车费用变化趋势

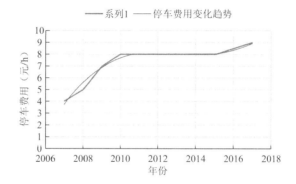

图 2.4-9　北京市二类地区室外停车费用变化趋势

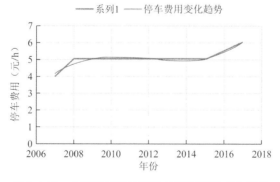

图 2.4-10　北京市三类地区室外停车费用变化趋势

注：一类地区北京三环以内区域及中央商区；二类地区为北京三环至五环区域；三类地区为北京五环以外区域。

项目位置区域在西安市的地位相当于北京市的一类地区，目前项目区域室外停车场的停车收费价格大多为 6 元/h。2008—2009 年，北京市城镇居民在交通通信行业的年人均消费为 2756 元，2015 年西安市城镇居民在交通通信行业的人均消费为 2374 元，但在同等停车价格水平下，北京城镇居民在交通通信方面的人均消费大约为西安市的 1.2 倍。因此在预测价格的时候，考虑到居民的人均消费水平因素，预测到 2023 年左右，西安市一类地区

室外停车场的停车费价格大约为 8 元/h，通过北京停车收费价格发展趋势结合西安市经济水平实际情况和未来人均消费水平的增长趋势，预测未来年白天（7:00—21:00）室外停车收费价格如图 2.4-11 所示。

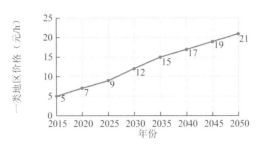

图 2.4-11　西安市未来年白天室外停车费用变化趋势

对于夜间停车，大多城市社会停车场的收费情况如下：在周边居住用地比较多的地方，夜间停车大多采用按次或按时段收取较低费用的方式；在商业区较多的地方夜间停车收费和白天一样。目前西安一类地区大多停车场夜间按次整晚停车费用大概为 5～10 元/晚，考虑到夜间停车场利用率较低，周边停车场停车位在夜间基本能满足居民的停车需求，并考虑到由于夜间交通管制的放松，如果夜间定价过高，人们选择路侧免费停车的可能性会增大，最后按照图 2.4-11 的价格增长趋势条件保守估计停车价格，预测停车场夜间停车收费情况如图 2.4-12 所示。

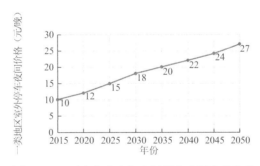

图 2.4-12　西安市未来年夜间停车费用变化趋势

6. 未来年停车场员工工资水平预测

目前停车场员工工资水平为 6 万元/人，可以根据西安市历年人均收入增长率估计项目停车场未来年的工资水平。西安市历年人均收入水平如图 2.4-13 所示。

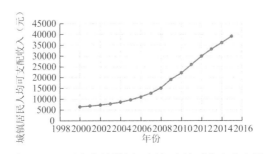

图 2.4-13　西安市城镇居民历年人均可支配收入图

由图 2.4-13 可以看出，西安市人均收入水平呈现持续增长的趋势，且未来年增长速度放缓。

西安市历年人均收入增长率图如图 2.4-14 所示。由图可以看出，西安市未来年的人均收入水平的增长率逐渐趋于稳定，根据其增长率曲线，可预测出未来年停车场工作人员工资水平的年增长趋势如图 2.4-15 所示。

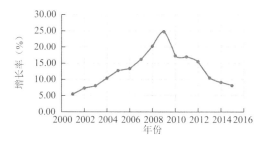

图 2.4-14 西安市城镇居民历年人均可支配收入增长率图

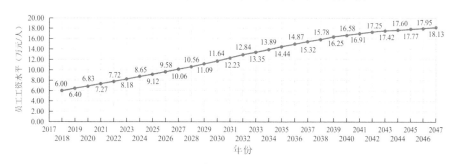

图 2.4-15 未来年停车场工作人员的工资水平增长趋势图

7. 未来年停车场营业收入预测

根据未来年停车场停车时长和价格增长趋势，最终算得停车场营业收入情况如表 2.4-12 所示。

停车场未来年营业收入表   表 2.4-12

年份	白天价格（元/h）	白天收入（元）	夜间价格（元/h）	夜间收入（元）	总收入（元）
2018	6	2900508	10	74079	2974587
2019	6	3100542	11	87124	3187666
2020	7	3850672	12	101194	3951866
2021	7	4084045	12	107275	4191320
2022	8	4934192	13	122877	5057069
2023	8	4934192	14	132329	5066521
2024	9	5550966	14	132329	5683295
2025	9	5550966	15	141781	5692747
2026	9	5550966	15	141781	5692747
2027	10	6167740	16	151233	6318973

续表

年份	白天价格（元/h）	白天收入（元）	夜间价格（元/h）	夜间收入（元）	总收入（元）
2028	10	6167740	17	160685	6328425
2029	11	6784514	18	170137	6954651
2030	12	7401288	18	170137	7571425
2031	12	7401288	18	170137	7571425
2032	13	8018062	19	179589	8197651
2033	14	8634836	19	179589	8814425
2034	15	9251610	20	189041	9440651
2035	15	9251610	20	189041	9440651
2036	16	9868384	21	198493	10066877
2037	16	9868384	21	198493	10066877
2038	17	10485158	22	207945	10693103
2039	17	10485158	22	207945	10693103
2040	17	10485158	22	207945	10693103
2041	17	10485158	22	207945	10693103
2042	18	11101932	23	217397	11319329

2.5 投资风险分析

随着中国居民生活水平的提升，小汽车逐步走进了千家万户，而与之相对应的基础设施建设项目（停车场的建设）已经无法满足现如今的需求。此类基础设施项目具有高投入、不可逆、投资回收期长、环境复杂等特点。这是一项复杂的系统性工程，从前期机会研究、可行性研究、设计、施工图到竣工验收等各个阶段都充满不确定性。停车场项目往往伴随着建成后长达几十年的运营期，投资建设期的一些因素往往将影响运营期的质量和投资收益。因此，停车场项目的投资风险分析需要单独着重进行分析说明。

2.5.1 工程项目投资风险概述

工程项目投资指的是投资者以货币或者货币等价物的形式投入到工程项目中，以达到某种社会或者经济目标的过程。一般情况下，这个目标是可预期，带有一定不确定性，这种不确定性是工程类投资项目的特殊性决定的。

1. 工程项目特点

（1）固定性

工程项目最基本的特征就是其位置的固定性。工程项目总是与承接它的土地联系在一起，地上的房屋、建筑物和构筑物都只是土地的附着物。

（2）高投入性

一个工程项目少则数百万元，多则上百亿元。如此大的投资规模下，投资者将面临很高的融资风险、利率风险和通货膨胀风险。

（3）长期性

工程项目投资全过程可分为投资决策阶段、投资前期阶段、建设阶段、运营阶段。根据操作模式的不同，短则数年，长则几十年。时间越长，社会经济条件发生变化的可能性就越大，不确定性越大，则项目投资面临众多风险的可能性越大。

（4）建设条件特殊性

工程项目的特点使得其建设一般都在现场露天作业，项目建设会受到不同的自然条件影响，同时面临地震、洪水、火灾和意外事故的损失风险。

（5）专业管理依赖性

工程项目投资离不开专业化的投资管理活动，若投资者不具有足够专业能力或不遵守国家相关管理，则面临项目审批困难或违反有关部门规定而被处罚等一系列的风险。

2. 工程项目投资风险的分类

根据产生的根源不同，可以分为自然风险、政治风险、经济风险、金融风险、管理风险。

根据其造成的后果不同，可以分为纯风险和投机风险。

根据风险是否可控，可以分为系统风险和非系统风险。

根据风险是否与投资者有关，可以分为内部风险和外部风险。

2.5.2 停车场项目投资风险识别

停车场项目投资风险识别是风险管理的第一个环节，是基础性的一个环节。其根本目的在于提前洞察和发现停车场项目投资中所面临的各种风险，并对这些风险进行归类整理，为投资风险评估打下坚实基础。

为全面认识停车场项目投资风险，便于更好地针对具体项目进行有效风险识别，这里有必要对此类项目在整个生命周期中面临的风险因素进行全面识别，使投资者能更好地针对具体项目进行风险把控，以便采取相应的风险管理措施来规避、减少风险，最后做出合适的风险决策。

项目全生命周期下，可划分为投资机会选择和决策阶段风险、前期工作阶段风险、建设阶段风险和运营管理阶段风险。对于投资者而言，各个阶段的风险表现是不同的，并伴随着各个阶段的主要任务而产生。投资机会选择和决策阶段面临的风险主要有区域经济风险、政治政策风险、投资区位风险、市场风险、投资时机风险、投资方式风险。前期工作阶段面临的风险主要有审批风险、融资风险、勘察设计风险、合同风险。建设阶段面临的风险主要有成本风险、工期风险、质量风险、施工索赔风险、技术风险、安全风险、合同履行风险。运营管理阶段面临的主要风险有定价风险、市场风险、设备运行风险（机械车库）、运营合同风险、自然灾害风险、意外损失风险。

停车场项目投资风险如图 2.5-1 所示。

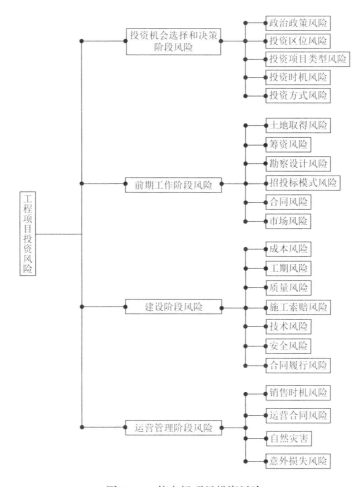

图 2.5-1 停车场项目投资风险

2.5.3 停车场项目投资风险评估

停车场投资项目的风险评估是项目风险分析的一个重要环节。停车场项目虽然一般体量不会很大，但是投资的利益相关方会比较多，准确地度量和评估投资项目的风险，是保障投资各方利益的基础。

1. 评估的概念

停车场项目投资风险评估是在对停车场所在区域的投资风险进行识别和衡量的基础上，从整体考虑投资所面临的各方面风险以及不同风险之间可能存在的相互作用所带来的影响，以及对投资风险的综合状况进行总体认识和评价的过程。

2. 评估方法

评估投资风险的方法主要包括：风险度评价法、检查表评价法、德尔菲法、决策树法。

（1）风险度评价法

将风险事件造成损失的频率或者损害的严重程度进行的综合评估。风险度评价可以分为风险事故发生频率评价和风险事故造成损害程度的评价两种。一般来说，风险度评价可以分为1～10级，级别越高，危险程度就越大。

（2）检查表评价法

根据检查表，将检查对象按照一定标准给出分数，对于重要的项目确定较高的分值，对于次要的项目确定较低的分值，再按照每一检查项目的实际情况评定一个分数，每一检查对象必须满足相应的条件，才能得到这一项目的满分。当不满足条件时，按照一定的标准将得到低于满分的评定分，所有项目评分的综合不超过100分，由此就可以根据被调查投资活动的得分，评价风险因素的风险度和风险等级。

（3）德尔菲法

本质上是一种反馈匿名函询法，大致流程是：在对所要预测的问题征得专家的意见之后，进行整理、归纳、统计，再匿名反馈给各专家，再次征求意见，再集中，再反馈，直到得到稳定的意见。

（4）决策树法

利用树枝形状的模型来表述投资风险评价问题，投资风险的评价可直接在决策树上进行。采用决策树法来评价投资风险，往往比其他评价方法更直观、更清晰，便于投资管理人员思考和集体讨论，因而是一种形象、有效的投资风险评价方法。

2.5.4 停车场项目投资风险应对

停车场工程项目投资风险应对措施是指在风险识别和风险评估的基础上采取各种措施，以减少风险、避免事故发生的措施。在对投资风险进行识别和分析之后，对投资风险进行控制和管理，或者说就是对投资风险的回应或分配。

在对投资风险应对实践中，人们总结出了处理此类工程项目投资风险常用的策略。这些策略主要有：风险回避、风险减轻、风险转移、风险承受和风险分散等。

1. 风险回避

风险回避是工程项目投资风险应对的一个重要措施。在实际停车场工程项目中，经判断，该项目投资具有较大发生概率的风险时，投资方就可以采取风险回避的方法使自己免遭风险损失。

风险回避是处理工程项目投资风险最有力、最彻底的手段，是一种完全自足型的风险管理技术，即有效的回避措施可以在建筑工程项目投资风险事件发生之前完全消除其给投资者造成某种损失的可能，而不需要其他风险管理措施配合，因为其他措施只能起到减少损失的发生概率或减轻损失的严重程度，或在损失发生后予以一定补偿的作用。风险回避虽然能有效地消除风险源，但是实际运作中也具有很大的局限性，主要表现在：

（1）停车场项目投资风险回避只有在投资方对风险事件的存在与发生完全确定时才具有意义，而一般投资方不可能对此类项目投资中所有的风险都能进行准确识别和衡量。

（2）由于投资风险回避措施通常意味着放弃某项开发活动，这虽然使投资方遭受损失的可能性降为零，但是同时也使其失去收益权。

（3）停车场项目投资中潜在着的各种经济风险、社会风险和自然风险，大部分都是难以回避的。

（4）项目投资风险无处不在，有时避开某一种风险却又可能导致另外产生一种或几种新的风险，从某种意义上讲这是一种消极的投资风险管理措施。

下列情况下适合考虑采用风险回避对策：

（1）特定风险下的损失概率和损失程度相当大；

（2）应用风险处理技术的成本超过了收益；

（3）在实施风险回避策略时，项目投资方最好在项目的前期投资决策阶段就做出风险回避管理措施的决策。

采取建筑工程项目投资风险的回避方法主要是：

（1）放弃项目。项目前期发现风险过大，比如金融机构拒绝贷款，保险公司拒绝保险等，就要考虑放弃项目。

（2）停止项目。在项目开始后运行一段时间由于环境等各种条件发生变化，再次风险评估发现当前的风险已超过了预期，且无法控制或控制成本过大，这时果断地停止项目能避免更大的损失。

（3）转让项目。当项目前期投入较大，放弃或停止项目的损失过大，项目转让也是一个合理的选择。不同的投资者有不同的优势，对风险的承受能力也不同。

2. 风险减轻

风险减轻措施是一种相对积极的风险处理方法，它指的是投资方将不愿放弃也不愿转移的风险，一方面采取降低损失发生的可能性；另一方面，缩小不利影响的损失程度来控制投资风险。另外，后备措施也是一种重要的投资风险减轻措施。

3. 投资风险预防

预防损失是指预先采取各种措施以杜绝损失发生的可能，它与风险回避的区别在于：预防损失不消除损失发生的可能性，而风险回避则使损失发生的概率为零。在建筑工程建设过程中，建筑工程项目投资损失预防的运用非常普遍。

4. 投资风险抑制

此策略的目标是减少后果的不利影响或降低风险发生的可能性。具体目标是什么，在很大程度上要看风险是已知风险、可预测风险还是不可预测风险。对于已知风险，风险事件一旦发生，采取适当的措施，能使已发生的损失降到最小。对于可预测风险和不可预测风险，投资管理团队应设法将其变成已知风险，在实施减轻策略时，最好将项目每一个具体风险都减轻到投资主体可接受的水平。在实际工作中，将每一个风险都减轻到可接受的水平是不可能，也是不经济的。根据帕累托"二八法则"，项目所有风险中只有一小部分对项目威胁最小。因此，要集中力量专攻威胁最大的那几个风险。有时候，高风险是由于风险的耦合作用而引起的，一个风险减小了，另外的风险也可能会随之减轻。

5. 投资风险后备措施

在停车场投资开发过程中，可采取的后备措施有费用后备措施、进度后备措施和技术后备措施等。

（1）费用后备措施。指在项目初步设计阶段，事先准备一定的资金，用于补偿工作差错、疏漏及其他不确定因素对项目投资的影响。

（2）进度后备措施。从工程进度来看，进度后备措施就是在关键线路上设置一定的浮动时间。进度后备措施可以应对项目工期风险。

（3）技术后备措施。技术后备措施用于应对具有一定难度项目的技术风险，它是预先准备好的技术或设备的备用方案，当预想情况未出现，需要采取补救行动时才动用。

6. 风险转移

项目投资风险转移是指投资者将项目风险有意识地转给与其有相互经济利益关系的另一方承担的风险处置方式。风险转移可以消除某些方面的风险，但与风险回避有所不同的是，它不是放弃或中止某些有风险的活动开展，而是正常开展活动，但将其中可能的损失转嫁给他人承担。转移风险一般不会减少风险的危害程度和发生概率，它只是将风险转移给另一方。甚至在某些情况下，转移风险还可能会造成风险增加，这是因为风险转移的双方信息不对称所致。

项目投资风险转移的主要途径有合同、项目资金证券化、保险、保证等方式。

（1）合同风险转移

合同风险转移是指投资主体通过合同条款，将合同中可能发生风险损失的财务负担和法律责任转嫁给合同对方承担。在项目投资开发过程中，可以采用建筑工程承包合同、材料设备供销合同、服务合同等转移风险。

（2）项目资金证券化

项目资金证券化是指工程项目直接投资资金转化为有价证券的形式，使投资者与标的物之间由直接的物权关系转变为债权债务关系。在工程实践中，通过发行股票、债券等有价证券筹集建筑项目资金较为常见。通过发行股票，持票人都会成为股东，股东在分享权益的同时，也承担建筑项目的投资风险，从而把项目一定比例的风险转移给了其他股东。通过发行债券，虽然到期可以兑换，但是把在持有期内因利率变动所引起的融资成本加大的风险化解出去了。因为股票可以转让，增加了不动产的流动性，发行股票的筹资者在自己认为必要时随时可以抛售自己所占的股票份额来转移投资风险。

（3）保证

保证是当事各方为避免违约责任，要求对方提供可靠的保证，以转移对方的违约风险。保证的主要形式有定金、违约金、第三方保证、保函和抵质押等。

（4）保险

保险是最直接，最普遍的风险转移方式。这是一种非常有效的转移风险手段，通过保险合同可以将自身风险很大程度上转移给保险公司，以一个确定的费用让他们来承担相应的风险。保险能消除工程项目开发中某些风险损失的不确定性。这是一种及时、有效、合理的分摊经济损失和获得经济补偿的方式。风险管理的目标是以最小的成本获得最大的安全保障，所以不宜保险品种过多，进行科学合理的保险品种选择很有必要。

7. 风险承受

风险承受是由投资方准备相应资金以承担风险损失的方法，在工程项目实操过程中分为主动自留和被动自留。主动自留是指在对项目风险进行全面评估分析的基础上，确认风险的性质及其后果后，投资者认为主动承担这些风险是更好的选择，所以准备资金将这些风险自留。被动自留则是指未能准确识别和评估风险及损失后果的情况下，被迫承担后果的风险处置方式。被动自留是一种被动的、无意识的处置方式，往往造成严重的后果，使投资者遭受重大损失。风险承受不同于风险控制、风险转移和风险分散措施，它不采取措施以消除或降低风险的发生概率、受损范围和损失程度，也不是把风险转移、分散给别的经济单位，而是将风险自留，在风险事故发生后处理财务损失。

在实际工程中，项目投资风险承受主要适用于以下情况：

（1）其他方法处理成本大于风险承受所付出的成本；

（2）可以预计某一风险发生可能造成的损失，投资者自身可以承担；

（3）在风险识别与衡量的基础上，某些不能回避、控制、转移的风险或残余风险，如气象条件原因延误的建设工期等；

（4）风险事件属于保险合同中的免责条款，不能获得保险赔偿的风险；

（5）由于管理人员缺乏风险管理的技术知识，或疏忽处理，或没有察觉风险的存在，以至投资者需要承担的风险损失。

8. 风险分散

在工程项目投资风险应对中，分散策略使用相对较少。风险分散属于风险转移，风险分散指风险承受主体的多元化，将本来由一方承担的风险分成几个责任主体共同承担，达到降低风险的目的。当然，风险利润也随之分散。例如，一个或者多个停车场投资项目需要资金较大，可以由财务投资人、总包方、设备厂商、运营商等共同组成联合投资方。风险分散则要求由若干个投资商联合投资，组成合资企业。一方面遇到损失后由大家共同承担；另一方面，由于集合了大家的智慧，企业经营风险也随之下降，起到了分散风险的作用。

实　　践：

案例一：西安市公共停车场 PPP 项目投资风险分析

1. 项目概况

西安市公共停车场 PPP 项目（简称"项目"），估算总投资为 31.46 亿元，划分为 3 个标段实施，其中项目 I 标段估算投资 11.81 亿元，项目 II 标段估算总投资 10.84 亿元，项目 III 标段 8.81 亿元。西安市城乡建设委员会（简称"西安市建委"）规定每个社会资本方可同时参与两个标段投标，但只能中标一个标段，"水电 A 局"牵头的联合体选择了项目 I 标段和 II 标段进行投标，并重点布局项目 II 标段。

项目 I 标段包含 19 个停车场，计划建设 5988 个停车位，项目估算总投资约 118078.10 万元，其中工程费用 89722.53 万元，工程建设其他费用 12782.43 万元，基本预备费 10219.50 万元，建设期利息 5353.64 万元。

项目 II 标段包含 17 个停车场，计划建设 6084 个停车位，项目估算总投资约 108361.73 万元，其中工程费用 81996.82 万元，工程建设其他费用 12053.64 万元，基本预备费 9380.05 万元，建设期利息 4931.22 万元。

2. 风险分析及应对措施

1）子项目报建滞后风险

（1）风险分析

项目公司中标后，即要成立项目公司，并以项目公司名义取得各个子项目的合法合规性手续，而前期报建手续主要由西安市建委和西安停车公司负责办理。项目公司成立后，主要管理人员由联合体委派，人员到位后，因项目手续不全，迟迟无法动工，将产生较大的管理费用。

（2）应对措施

①在《特许经营合同》中明确约定由于合法合规性手续办理导致的延期，应根据窝工费用相应调整合作期。

②与西安市建委及西安停车公司建立良好合作关系，督促其按时取得各项合法合规性手续。

③充分发挥合作方开公司在本地的人脉资源优势，项目公司积极介入，加快推进各项手续办理。

2）合作方履约风险

（1）风险分析

联合体中较小的一家 B 企业注册资本金仅 200 万元，其法人以该公司与其余四家国企单位组建联合体，联合体成立有限合伙基金后，其拟持有有限合作基金 8% 份额，实际出资约 2560 万元。由于目前无法对其个人进行尽职调查，其能否及时足额出资尚不确定。同时，其承诺运营三年后溢价收购联合体其他成员基金份额，由于涉及国有资产转让，尚未探索出合理合法的份额转让方案，对其约束不足。

（2）应对措施

①尽快对 B 公司展开尽职调查，查清 B 公司债权债务，避免后期影响有限合伙基金成立。

②在有限合伙基金协议中，明确如联合体各方资金无法及时足额到位的惩罚措施及预案。

③根据其承诺的股权收购意向，争取由其作为有限合伙基金的劣后级，联合体其他成员作为优先级设计。

3）运营经验不足风险

（1）风险分析

就目前掌握情况来看，联合体各方均无停车管理运营经验。B 公司法人虽表示其有一定经验，但尚未证实。因此，B 公司要求代表项目公司运营本项目所属 17 个停车场，其是否有能力运营并按时足额上缴相关费用存在较大风险。

（2）应对措施

①要求 B 公司参与项目投标文件编制，由其负责运营管理部分，以便根据投标方案检验其是否具备项目运营能力。

②采取委托运营方式，可委托西安停车公司或其他专业停车管理公司，由其全权负责项目运营。

4）市场风险

（1）风险分析

本项目收入来源主要为停车业务收入及政府优惠政策补贴，停车位位置、收费标准、车位使用效率等因素的变动都将对营业收入造成较大影响；政府优惠政策补贴需要经申请才能拨付，补贴能否及时足额到位也存在一定风险。

（2）应对措施

①委派专人就拟实施的子项目周边情况进行充分调研，合理预测收费标准、使用效率等，确保财务测算真实有效。

②项目公司应积极引进具有停车管理经验的优秀人才加入管理团队，健全管理制度，市场营销与服务管理并重，多措并举，吸引客流。

③在项目报建及实施过程中，借助联合体成员各自优势，加强与子项目所在地区县政府的联络沟通，建立良好关系，并及时按程序申报补贴资金。

案例二：杭州丁兰长睦立体车库项目投资风险分析

1. 项目基础情况

长睦商业中心地处丁兰街道长睦 C-100 地块，位于杭州市上城区丁兰街道长睦村。东邻勤丰路，南侧为大农港路，隔路为丁兰公园，西侧毗邻新城广场，北接紫丁香路，隔路为广宇·上东臻品。该地块呈长方形，南北约为 180m，东西长为 124m。

2. 项目的影响评价

本项目建成后的影响主要表现在：

（1）项目的建设符合国家产业政策和相关规划要求，完成项目建设并投入运营的流程，对公司水平提升及改进具有重大意义；

（2）项目建设有利于提高公司基础设施水平，使公司在停车场建设、维修、服务等管理运行方面形成一套完整的经营产业链；

（3）项目区位优势明显，能够对公司发展具有良好的示范作用，有助于提高企业区域竞争力，为公司的发展起到积极的作用。

3. 风险分析

本项目在实施中可能会遇到一系列风险，需对各种风险有足够的估计，以便采取相应的对策。

1）合作风险

该项目的开发符合国家产业政策和杭州市地方经济发展政策要求，项目建设有效促进土地综合开发利用，符合集约利用土地的政策，促进可持续发展，符合城市发展规划政策。风险影响不大，但仍然应注意以下几点：

（1）关系户问题：开发商大股东为村集体，同样的村办项目都存在较多的关系户，收费率低是常见问题，例如恒琪克拉天玺、汇和城购物中心；

（2）合作沟通：项目开发过程非常坎坷，经历了10年的烂尾扯皮锻炼，开发商应诉水平较高，合作沟通的成本相对较高，合作时应当更加谨慎；

（3）配合招商：开发商为尽快招商，为大业主提供免费停车时长，项目应收将严重减少，例如乐创城的盒马生鲜享有日均1000h免停券；

（4）开发商经济实力：开发商曾涉及69项诉讼，亏损过亿，千万以内的投资仍然选择外部合作，开发商的资金链可能再度出现问题；

（5）开发商招商运营能力：商业综合体＋产业园区的开发非常考验开发商的资金链和招商运营能力。项目的招商运营将会在很大程度上决定停车场未来的营收。

2）施工风险

本项目各单体建设的规模均很小，所以施工对周边居民有较小的影响，对于项目的其他建设单位来讲，虽然会有些干扰，但是引起较大矛盾的可能性非常低。为保证让施工现场及周围单位有一个良好的工作和生活环境，在施工过程中将严格执行以下施工措施：

（1）制定环境保护管理规定，保护和改善施工现场的生活环境和生态环境，防止由于施工造成作业污染，做好建筑施工现场的环境保护工作。

（2）施工现场的用电线路、用电设施的安装和使用必须符合安装规范和安全操作规程，并参照场地施工组织设计与平面布置进行架设（现场总线路必须架空布置），严禁任意拉接线。

（3）施工垃圾按定点设立临时垃圾堆放处，定时清扫运至指定地点掩埋或焚烧处理。生活垃圾放置到厂区原有的垃圾箱内，由环卫部门定期清理。建立防火制度和明确治安保卫规定；根据工程施工特点和临设情况配备必要的消防器材，并经常检查其完好情况。

（4）施工现场相关部位的安全警示标志一定要醒目，临边、孔洞、人员进出口等部位安全防护设施尽量完善。施工现场入口处建立值班检查制度，有专人负责。禁止闲杂人员进入施工现场。

3）市场风险

随着丁兰街道经济的快速发展和人民群众收入的提高，以及人口的流入，该项目的停车需求会越来越高。从上述影响等方面初步分析，该项目周边存在同业竞争问题（丁兰广场、新城广场），必须分析同业竞争者的差异程度。

4）生产安全风险

该项目采用的技术较为先进、成熟、可靠，在设计中严格按照国家的有关劳动安全卫生政策，并根据实际情况采取了完善的安全卫生措施，预计该项目建成后将能有效防止火灾、雷电、静电、触电、机核伤害、噪声危害等事故的发生。因此，只要严格遵守各项安全制度和操作规程制度，加强安全管理，该项目的生产是安全、可靠的。

第 3 章

投资决策：审时度势，断决如流

3.1 投资决策概念

长久以来，投资就在人们的经济生活中扮演着重要的角色，随着现代社会的发展，投资对于企业和个人来说都变得越来越重要。但投资始终没有一个统一的概念，因为人们所处领域不同、认识不同，所以对投资的理解也不尽相同。站在宏观经济学的角度讲，投资是指资本性支出，购买资产用于生产，例如土地、厂房、设备等这些都是属于资产，还有商标、专利这些无形资产。对于普通人说的投资，可能是购买股票、债券等以取得财产性收入。从财务角度来看，投资一般包括通过购买证券或者其他金融资产等，以希望能够获得未来现金流的过程。通常来说，投资可分为两大类：一类是用货币投入到企业中的实物投资；另一类是用货币来购买股票和债券的证券投资。国内对于投资的理解一般采用社会教材中的定义：投资就是指当前付出现金的主要目的是以后能够获取更多的现金流入的行为。该定义的投资也主要分为实物投资和证券投资两类。

3.1.1 投资决策要素

1. 投资决策的影响因素

投资项目涉及面广，决策因素众多，既有宏观、可控、主观等方面的因素，也有微观、不可控、客观等方面的因素。大致包括如下几个方面：

（1）投资者自身影响因素。具体包括资金实力雄厚与否、投资经验多寡、经营管理水平高低、决策能力高低、市场预测与否、投资时机的把握等因素。

（2）投资对象自身影响因素。具体包括地理位置、地质条件、地块形状和规划条件、项目类型和用途、施工质量、设计水平和设备水平等因素。

（3）投资环境影响因素。具体包括政治形势变化、法律法规和制度的变化、经济景气程度、市场供需状况、地区经济环境与自然环境、融资难易程度、项目周边环境和设施配套条件、人口变化状况及物价消费水平和工资水平等因素。

2. 停车场项目投资决策影响因素

城市公共停车场投资是指为了获取未来停车位的出租或者出让收益，将现有资金、土地、设备、技术、人员等生产要素投入到再生产的经济行为。城市公共停车场的投资行为分为四项基本要素，分别是投资主体、投资客体、投资目标和投资方式。

停车场项目投资主体即为投资者，是指组织项目投资活动，筹集并提供项目资金，进行投资决策并实施投资行为的主体。一个相对严格意义上的投资主体应该具备以下四项条件。第一，对停车场项目具有相对独立的投资决策权。第二，能够自行完成资金筹措并自主运用资金进行停车场项目投资。第三，拥有对投资后形成的停车场相关资产的所有权与经营权。第四，能够承担相关风险且享有相关收益。

投资客体即投资对象、标的物，也就是某个停车场。既包括土地、设备、管理用房等有形资产，也包括管理系统、特许经营权、专利、商标等无形资产。

停车场项目投资目标指要达成的目的和投资动机。通常而言，停车场项目投资目标反映在经济利益上，同时也有缓解交通压力、解决市民出行困难等社会效益。当然，营利性是投资行为的根本动力和基本目标。

投资方式一般分为直接投资和间接投资，本书主要分析直接投资，也就是把资金投入去建设停车场，形成实物资产或者投入到经营活动中的投资。间接投资指通过购买有价证券等形式进行停车场相关的投资活动。

3.1.2 停车场项目投资的类型

城市公共停车场投资的类型主要可以分为两种，即轻资产型投资和重资产型投资。

轻资产类的停车场项目主要包括租赁经营和委托管理。这两种模式均不需要大规模的固定资产投资，所以投资成本较低，收入来源主要表现为停车费，但需要支付物业租金。委托管理收入以委托管理费为主，仅承担停车场的运营管理职责，类似于劳务费用。轻资产类型的停车场项目总投资都不算高，所以投资风险相对较小。

重资产类型的停车场项目主要包括特许经营、自有经营、资产证券化投资、产业基金投资和专项债投资。

特许经营可以归类为项目的一种，BOT模式就是特许经营的一种方式。当前国内流行采用政府和社会资本合作模式（PPP），由社会资本方和政府平台公司合资成立项目公司，政府投入公共资源，降低土地出让成本，履行征地拆迁责任。这种合作模式优点很多，包括保障社会资本基本收益，政府监督保证项目工期和质量，减少政府公共财政投入，避免复杂、繁琐的报批报建手续，明确特许经营权等权属关系等。

自有经营主要指以建设、持有和经营自身停车场项目为主的经营业务模式。

地下停车场项目是目前中国各城市主管部门比较推行的一种重资产类型停车场项目。

表 3.1-1 为各种经营模式下的分类比较。

各种经营模式下的分类比较　　　　　表 3.1-1

营业务模式	收入来源	成本组成	投资规模	管理经验要求	风险等级
租赁经营	停车费收入	停车场租金经营成本	轻资产	高	中
委托管理	管理费收入	经营成本	轻资产	较高	低
特许经营	停车费收入	停车场租金经营成本	重资产	高	高
自有经营	停车费收入	物业投资成本经营成本	重资产	中	高

2017年7月，四川的川投航信股权投资基金管理有限公司的资阳市雁江区停车场PPP项目成功申请资产证券化，成为全国首个以停车场经营权为标的物的PPP资产证券化项目。该项目探索出一条投资机构长期投资优质资产的渠道，也使资产证券化在停车场投资领域发挥更大作用。

停车场投资金额一般较大，成立停车产业基金，优先级由银行或者基金公司认购，投资机构作为次级投资人。停车场运营年份现金流持续且稳定，收费标准有上涨趋势，投资风险整体可控，既保证了银行或基金公司有稳定收益，又利于投资机构通过资金杠杆快速扩张资产规模，形成停车场资产规模化。

直接收购，包括股权并购和产权收购。股权并购主要针对规模较小、相对分散的中小停车场公司，产权收购为收购业主持有的停车场产权。投资机构通过收购，形成停车场资产规模化效应。单位运维成本将大幅下降，提升智能化水平，保障服务品质，达到提升收购资产商业价值的目的。

3.1.3 停车场项目投资的特性

1. 资源消耗大

基础设施类投资项目的投资过程就是整个项目资源消耗和资源占用的过程，也是以固定资产为主的投资，需要占用相对于其他经济活动更多的原材料、人力成本，并且推进落地周期往往较长。投资者在整个投资建设过程中必须不断地投入大量人力、财力、物力，这是投资者在决策前首先需要思考的问题。

2. 投资期限长

城市公共停车场项目的投资周期往往相当长，少则10来年多则30年。在此类项目正式实施前，需要进行长时间的投资机会分析，主要内容包括以现场考察、市场调查、环境分析、需求分析、方案设计、效益评估等为核心的可行性研究。项目在实施过程中要经历初步设计、施工图设计、施工建设、设备安装、调试运行等一系列程序。当项目建成以后要经历相当漫长的投资回收期，项目是否能达到预期收益水平和投资回收期的经营管理水平是密切相关的。因此，此类项目投资者在决策时一定要谨慎小心，立足当下，考虑未来趋势，充分发掘信息科学合理预测。

3. 环境因素复杂

在市场条件下的投资活动，不仅以投资经济活动改变投资主体及其相关联的市场地位，也改变着经济形势，同时无可避免地受到社会、经济、市场乃至科学技术等各个方面的影响和制约。城市停车场类项目处于相对复杂的环境中，投资者很难单独依靠自身力量完成全部要素的投入，整个投资过程实际上是许多经济体协调工作的过程。另外，项目建成后，整个停车场的日常运营受到市场环境、消费者、竞争对手等多方位的影响。

4. 风险客观存在

一个项目是否投资所依赖的条件和依据虽然是经过大量的市场调查与分析测算的结论，但是这些研究成果毕竟只是预测和估计。然而预测并不等于实际发生，在各种因素的影响下，很有可能使投资者的收益率低于预期，这种投资预期收益与实际收益之间的差额就是投资风险。随着投资停车场数量的增加，投资期限的拉长，投资风险将越来越大。这种客观存在的投资风险促使投资者在决策时需要慎重考虑，尽可能地防范规避。

3.1.4 停车场项目投资决策步骤

正确的投资决策不仅取决于决策者个人的素质、知识、能力、经验以及审时度势和多度善断的能力，而且与认识和掌握决策的理论知识、基本内容和类型，以及与应用科学决策的理论方法有着密切的关系。概括起来说可以是有创意地应用科学定律（包括自然科学和人文科学）来系统化地解决现实中的投资问题。

停车场项目投资决策工作归纳起来，可按三个步骤进行：

（1）提出投资决策的目标——要求解决什么问题，制定投资决策的行动方案有几种可能方案；

（2）对投资项目做经济评价、社会评价和环境评价，进行投资方案的比较，最后确定出最佳的一个投资方案；

（3）采取合理的步骤，按照科学的方法执行和检验最佳的投资决策方案。

3.2 投资决策方法模型

3.2.1 投资决策方法及发展

新古典投资理论和传统投资决策方法以贴现现金流规则为基础（Dixit 和 Pindyck，1994），前提假定是：投资环境是确定的。但随着市场环境日益复杂化，投资面临的不确定条件往往使理论模型与实际情况出现较大偏差，学者们提出用风险调整贴现率和模拟变量取值的概率范围等方式来修正传统模型。但是贴现现金流规则存在无法同时考虑现实中投资的不可逆性与决策的柔性问题。实物期权理论的兴起解决了上述问题，回答了一直被投资理论所忽略的"何时投资"的问题。

1. 投资决策的确定性方法：贴现现金流

在投资决策的确定性方法中，根据是否考虑货币的时间价值，可以区分为两类：一类是不考虑货币时间价值的静态分析方法，包括投资回收期、投资收益率、开发成本利润率等；另一类是考虑货币时间价值的动态分析方法，包括净现值、内部收益率、动态投资回收期等。由于实物投资往往持续期较长，动态分析方法显然更具合理性。上述动态分析方法的本质都是贴现现金流预测分析，其核心思想是投资机会的投资报酬率必须高于资本市场的报酬率。只有在这种前提下，净现值才是正值。传统公司理财理论认为，投资决策就是要寻找"净现值为正值"的投资机会。新古典投资理论用边际方法表达了一致的分析思路：投资直至边际产出的价值正好等于其成本（Dixit 和 Pindyck，1994）。典型的方法是托宾Q值理论，边际投资的市场价值与重置成本定义为Q值，若$Q>1$，投资应当进行；若$Q<1$，则投资不应当进行；若$Q=1$，可以得到投资扩张或收缩的最优产出结构（Tobin，1969）。

2. 投资决策的不确定性方法：修正的贴现现金流与决策树

现实世界的项目都是充满不确定性因素的，投资决策的相关变量不是单一不变值，而是各种可能值的概率分布。最基本的不确定性来自于投资者对现金流价值预期的评估，所以处理不确定性的传统方法主要有两类：一是修正的贴现现金流方法，不确定性通过经市场风险调整的贴现率来反映；二是将不确定性用变量取值的概率范围来反映，最常见的如敏感性分析和决策树分析。

因为投资项目都存在风险，绝大部分投资者都是风险厌恶的，在计算未来的现金流时，经修正的贴现现金流方法有以下几种处理办法：加入市场风险补偿以防止未来的现金流量被高估；通过市场风险调整贴现率来同时考虑货币时间价值与风险厌恶；资本资产定价模型（CAPM）认为通过投资组合可以分散风险，因此一项投资项目需要补偿的风险是不可分散风险，即由经济环境而不是项目特有因素引起的风险。CAPM 模型提供了将投资项目收益与无法分散的风险联系起来的方法，这种联系主要由贝塔系数（β）来反映，它是"度量一种证券对于市场组合变动的反映程度的指标"（罗斯等，2007）。CAPM 在本质上同前两种方法一样，都是给项目预期现金流进行风险补偿。但是这些方法的共同问题是，在实践中，无论是风险补偿、风险调整贴现率还是贝塔系数，都难以确定（杨春鹏，2003）。进一步说，这种处理不确定性的思路将"不确定性"理解为"风险"，在一开始已经假定了不确定性的影响是负面的，因为基于贴现现金流的方法隐含着投资不具有柔性，所以价值上涨的可能性被忽略了，马上投资的机会成本有可能很高。

3. 实物期权理论

Dixit 和 Pindyck（1994）指出，投资决策的传统方法隐含着投资具有完全柔性的假设，也就是说当市场结果比预期差时，则可以撤销投资且收回收入；当投资不可逆时，投资不具有柔性，即如果企业现在不进行投资，将来也不可能进行投资。但实际上，不可逆性和决策柔性是大部分投资决策的重要特征。上述隐含假定有两方面的后果：一方面，传统方法中，投资机会的价值可能被大大低估，因为考虑到价格下降的风险而对预估价值进行了折减，价格上涨的不确定性却被忽略了，从本质上而言，是没有考虑决策柔性的价值。在实物期权分析中，所有价格下降的风险是可以规避的——如果市场环境差，可以不去进行投资，等待更好的时机；而价格上升的不确定性被最大化——只有在有利市场环境的时候才会进行投资。决策柔性的价值很大程度上取决于这部分"有利的"不确定性。

另一方面，在传统方法的隐含假定下，投资决策的另一个重要组成部分"何时投资"的问题实际上被忽略了。考虑到决策者在"何时投资"上有选择余地时，就产生了投资时机决策分析的必要性。实物期权理论在解决"投资多少"的问题上弥补了传统方法的同时，恰好为上述"何时投资"的问题也提供了答案。该理论强调了决策的不可逆性和柔性，并充分考虑了市场不确定条件下信息的价值：当市场形势变得不确定时，延迟投资能够获得更多信息，从而降低了马上投资的机会成本，因此这种对投资时机的选择权本身是具有信息价值的，应该包含在投资价值中。当前实物期权理论及应用已取得了长足进展，已成为现代投资理论的重要成果和主流分支。

实践案例：

停车场类项目实物期权投资决策

PPP 项目中的期权可以简单理解为通过付出一定的成本，获得一个在未来某一时点或者时间段内执行一定投资的权利，也就是通过付出成本获取战略决策柔性。PPP 项目中的实物期权具有四个主要特点。第一，隐蔽性：参与者需要有一定相关知识储备而且还要对 PPP 项目十分了解才能发现其中的实物期权。第二，非交易性：实物期权是隐藏在项目决策里的，不像金融期权拥有一个特定的交易市场。第三，复合型：实物期权更加复杂，在一个 PPP 项目中可能会有多个实物期权同时出现。第四，随机性：主要指的是期权的有效时间和执行价格的随机性。

以基础设施类 PPP 项目为例，当对项目进行了第一笔投资时就相当于买进一个看涨期权，初始投资相当于期权费用。如果市场条件比较好，投资者可以扩张项目规模，第一阶段的投资赋予了投资者进一步投资的机会，这是一种选择权，也就是扩张期权。PPP 项目中的主要实物期权可以分为：推迟期权、扩张期权、收缩期权、转换期权、增长期权、政府收益保证期权。基础设施类 PPP 项目的投资决策具有不可撤销和不可逆特点，从这个角度来说，此类项目一般不具有放弃期权。

PPP 项目中一般都会天然地包含实物期权，但是决策者的精心设计和匠心构造是不能少的。对于决策者来说首先应该树立期权思想，持续更新信息和评估环境变化，根据不同阶段信息灵活地分析、量化项目价值。决策者应意识到实物期权具有共享性，可能被竞争者获得。所以，对于项目推进中的相关信息要时刻保持关切，及时对可能出现的实物期权进行设计评估，为科学地进行投资创造条件。

实物期权的计算方法有很多种，主要有蒙特卡罗模拟法、二叉树期权定价模型和布莱克斯科尔斯模型。实际应用中需要根据项目情况灵活选择，取长补短。例如当实际问题不是很复杂时，不确定性的变化是非连续的但能进行大致估计，则可以选择二项式期权定价模型。如果相关数据比较充分，并且标的资产的性质类似于金融产品，则可以优先选择 B-S 期权定价模型。如果标的资产价格变动无法用金融资产复制，则优先考虑动态规划法。

使用者付费类项目是 PPP 模式中的重要类型之一，是指由最终消费用户直接付费购买公共产品和服务。项目公司直接从最终用户处收取费用，以回收项目的建设和运营成本并获得合理收益。此类项目市场化程度高，项目整体不确定性较大，所以涉及的实物期权也相对较多。近两年西北院着力推进的智能停车场类项目均是使用者付费类项目。例如，"体育馆东路西堪智能车库项目" 2018 年审批通过，如果该项目 2019 年底未开工建设则需要重新审批。这里就赋予了该项目一个推迟型期权，决策者可以选择在 2019 年 12 月 31 日前的任意一天进行项目的实质性投入。推迟型期权给予决策者进行慎重思考的时间，同时减少一些不必要的风险。"西安市长安区停车场项目"分为一期和二期，如果一期建成后市场条件较好则可以加速二期项目推进，这就是投资项目中的扩张期权。西北院参与过的"西安市体育运动学校停车场项目"在初期策划阶段项目推进团队就将转换期权包装进项目。该项目拟采用地下停车场 + 地面商业开发的综合模式，地下建设 2 层停车场，总面积约 2.16 万 m^2，其中地下一层布置停车位 234 个，地下二层布置停车位 243 个，合计约 477 个，设两个出入口。地面两层建筑为 2F 综合楼原址重建，总建筑面积约 0.57 万 m^2。考虑到该项目地理位置特殊，周边的仓储需求同样十分旺盛，所以后期如果在停车需求不足的情况下，可以将部分停车位重组成为仓储库房，因此该项目具有转换型期权。

3.2.2 投标决策及模型

停车场项目作为城市基础设施类项目，同时带有准公共产品属性。根据《中华人民共和国招标投标法》（2017 修正）（主席令第 86 号）第三条在中华人民共和国境内进行下列工程建设项目包括项目的勘察、设计、施工、监理以及与工程建设有关的重要设备、材料等的采购，必须进行招标。

大型基础设施、公用事业等关系社会公共利益、公众安全的项目；

全部或者部分使用国有资金投资或者国家融资的项目；

使用国际组织或者外国政府贷款、援助资金的项目。

前款所列项目的具体范围和规模标准，由国务院发展计划部门会同国务院有关部门制订，报国务院批准。法律或者国务院对必须进行招标的其他项目的范围有规定的，依照其规定。《中华人民共和国招标投标法实施条例》（2019 修正）（国务院令第 709 号）

显而易见，停车场项目的投资决策应该从投标决策说起。在投标决策阶段时大部分的投资人会根据经验、直觉作出决策，这样选择不当的概率就很高。如果能借用合理模型配合数学计算方法，就会辅助投资人做出更为合理的决策。

1. 国内外研究情况

当前众多的国内外学者都对投标决策的相关内容进行了卓有成效的研究。1990 年，Ahmad 为了解决是否参与正式投标的问题，利用决策分析法提出了第一个投标决策模型，这标志着学术界对投标决策的研究正式开始。不过，该模型大部分的输入都是由专家做出判断的，主观性较大。2011 年，Su 对影响投标决策的风险因素进行了分析，将得到的数据用灰色熵集方法模型分析处理。

在国内研究中，冯惠军运用多目标优化来解决企业如何在投标决策中选择合适的项目。卢亚琼等利用网络分析法建立多层次的工程投标决策模型同时引入三角模糊数进行求解。

这些方法有效地推进了工程建设项目投标决策的进步与发展，给决策者们提供借鉴与指导。但是，实际的投标过程中依然存在各种困难困扰着决策者们。如：模型过于复杂实际应用困难、运算过于复杂、易受人为因素影响等。

2. 项目投标决策流程

目前国际上通常将工程项目的投标决策分为前后两阶段，第一阶段为投标意向决策阶段，第二阶段是投标报价决策阶段。本书结合现有研究将 PPP 项目的两阶段决策流程进行了细分，具体流程见图 3.2-1。本书主要对第一阶段（投标意向决策阶段）进行分析。目前，大部分的社会投资人在参与投标的第一阶段时都是根据以往经验以及直觉做出判断。这种方法虽然简单但是不当操作的概率较高，而且不利于企业的科学管理。因此，为使国内的投资人以合理且低成本做出投标意向决策，这里充分考虑国内基础设施类工程项目特点，构建了相对规范化且具有实际操性的投标意向决策模型。

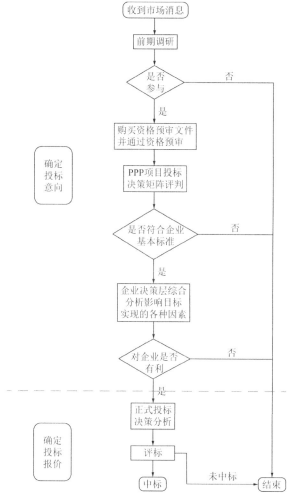

图 3.2-1　投标决策流程图

3. 评价模型与因素评价

基础设施类工程项目的投标决策是一个非常复杂的过程，能够影响投标意向的指标很多，在此需要做出一定的取舍和筛选。本书模型根据国内外研究成果，结合专家访谈，同时分析已公布的基础设施类项目招标文件的诸多评分指标，最终选取 15 个最主要指标作为企业实力和项目吸引力的代表性指标，分别为企业实力因素：净资产估摸，资产负债率，授信规模，企业业绩，工程奖项，信用评级，相关管理团队；项目吸引力因素：项目规模，入库等级，投资收益，项目类型，业主关系，项目地点，实施平台，回报机制。通过识别上述各个因素，采用专家问卷调查的形式，给国内大型施工企业内的 11 名专家使用德尔菲法对每个因素的影响力大小赋予相应的权重。

4. 评价模型

本模型是从企业的实力和项目的吸引力两个维度归纳企业是否应该参与正式投标。同时，通过对企业自身能力和投资意愿因素的综合分析，最后判断出在正式投标报价前企业自身所处的位置和面临的形势，并以此为依据为下一步投标制定合适的策略。

社会投资人根据本模型可以做出清晰的判断。处于右上角阴影部分区域为积极参与投标区域；对角虚线左下方区域为拒绝参与投标区域；其余部分为审慎参与区域（图3.2-2）。

		项目吸引力（A）				
		低 （$A5$）	较低 （$A4$）	中 （$A3$）	较高 （$A2$）	高 （$A1$）
企业实力（S）	高 （$S1$） 5	$A5S1$	$A4S1$	$A3S1$	$A2S1$	$A1S1$
	较高 （$S2$） 4	$A5S2$	$A4S2$	$A3S2$	$A2S2$	$A1S2$
	中 （$S3$） 3	$A5S3$	$A4S3$	$A3S3$	$A2S3$	$A1S3$
	较低 （$S4$） 2	$A5S4$	$A4S4$	$A3S4$	$A2S4$	$A1S4$
	低 （$S5$） 1	$A5S5$	$A4S5$	$A3S5$	$A2S5$	$A1S5$

图 3.2-2 A-S 矩阵

5. 因素评价

企业实力的 7 个主要评价指标分别是净资产估摸、资产负债率、授信规模、企业业绩、工程奖项、信用评级、管理团队。

（1）定义 1 n 为影响企业实力的因素个数，$WS'[i](i=1,2,\cdots,n)$ 为权重数，同时进行归一化处理得到：

$$WS[i] = WS'[i] / \sum_{i=1}^{n} WS'[i](i=1,2,\cdots,n) \qquad (3.2\text{-}1)$$

（2）定义 2 $X[i](i=1,2,\cdots,n)$ 是企业在投标前，通过综合分析对各个主要因素给出的评分，S 为企业投标前的实力，使用加权平均法可得：

$$S = \sum_{i=1}^{n} WS[i] \times X_1[i] \qquad (3.2\text{-}2)$$

评价企业实力的主要因素按照对投标成功的作用大小划分为 5 个等级，并给予对应的评分。评分标准如下：非常有利（5分）；有利（4分）；无影响（3分）；不利（2分）；非常不利（1分）。将最终总得分在 A-S 矩阵中定位。区域 [0-1] 为企业实力非常低；区域 [1-2] 为企业实力较低；区域 [2-3] 为企业实力中等；区域 [3-4] 为企业实力较高；区域 [4-5] 为企业实力非常高。

项目吸引力的主要 8 个评价指标分别是投资收益、项目类型、入库等级、业主关系、项目地点、实施平台、回报机制、项目规模。

（3）定义 3　m 为影响项目吸引力的主要因素个数，$WA'[i](i=1,2,\cdots,m)$ 为权重数，同时进行归一化处理得到：

$$WA[i] = WA'[i] / \sum_{i=1}^{m} WA'[i] (i=1,2,\cdots,m) \tag{3.2-3}$$

（4）定义 4　$Y[i](i=1,2,\cdots,n)$ 是企业在投标前，通过综合分析对各个主要因素给出的评分，A 为投标项目的吸引力指数，使用加权平均法可得：

$$A = \sum_{i=1}^{m} WA[i] \times Y[i] \tag{3.2-4}$$

项目吸引力指标的评价方法和企业实力指标评价方法一致，项目的吸引力主要关系着企业的投资意愿，能直接反映出项目是否符合企业的投资意愿。评分标准如下：非常有吸引（5分）；有吸引（4分）；无影响（3分）；不吸引（2分）；非常不吸引（1分）。将最终总得分在 A-S 矩阵中定位。区域［0-1］为项目吸引力非常低；区域［1-2］为项目吸引力较低；区域［2-3］为项目吸引力中等；区域［3-4］为项目吸引力较高；区域［4-5］为项目吸引力非常高。

本模型虽然都是使用加权平均法计算得出的定量数值，但是实际在打分过程中仍然具有一定的人为因素，决策者需要对此有一定认识。使用者需要在此基础上，综合其他未被模型考虑的因素以及可能出现主观情感的因素加以比较分析，最后做出切合实际的判断。

当企业实力和项目吸引力都被量化评判后，模型便可将社会投资人在投标意向决策阶段所处的位置在 A-S 矩阵中进行定位。并根据具体位置做出积极参与，审慎参与和拒绝参与的投标决策。

实践案例：

西安市公共停车场 PPP 项目

2017 年 3 月×公司参加了西安市公共停车场 PPP 项目。本项目涉及在西安市内规划的 55 个公共停车场，共计 16964 个停车位。项目总占地面积为 477549m²，建筑总面积为 658400m²。项目主要涉及停车场的建设和运营采用 PPP（BOT）模式。政府方出资代表与中标社会资本按照 2∶98 的股权比例共同组建项目公司。图 1 和图 2 是在企业实力和项目吸引力两个维度上的各因素得分的折线图。

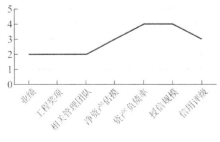 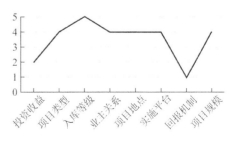

图 1　企业实力得分评价　　图 2　项目吸引力得分评价

通过对企业实力和项目吸引力总共 15 个指标的综合分析，企业实力（S）的值为[2.37]，项目吸引力（A）为[3.47]，在 A-S 矩阵中的位置是 A2S3（本次投标相关的自身实力一般，项目吸引力较大，企业投标意愿尚可），处于 A-S 矩阵局（图 3.2-2）的审慎参与区域内。

从细分指标可以看出由于工程业绩相关管理团队等高权重指标评分偏低，导致总体企业实力一般。投资收益和回报机制指标评分过低导致项目吸引力也没能更进一步。

最终，公司决策层考虑多方因素后决定参与此项目后续投标。此项目在 2017 年 3 月 27 日的竞争性磋商评比中排名靠后，未能中标，与 A-S 矩阵模型反映的情况基本一致。

1. 案例总结

通过以上实践案例可以看出，本模型可以较好地识别出投标前企业所处位置（是否具有较强投标竞争力）。总体上讲，越靠近矩阵右上角的项目越应该积极参与，虚线左下方区域应拒绝参与，阴影区域积极参与，其余区域审慎参与。但实际应用中，项目投标决策的评判还需要根据具体情况综合考虑多方因素。

2. 评价模型的 APP 版本

本模型具有很强的实际应用性，所以作者配套制作出一款配合本模型应用的手机 APP（需要的读者可以在本书最后找到作者联系方式进行索取）。这样就将理论化的模型通过软件和移动终端实现了算法流程的便捷性，可操作性和评价经验的可存储性、共享性。从而为投资决策者提供基础参考辅助其完成投资决策。模型信息化流程如图 3 所示。

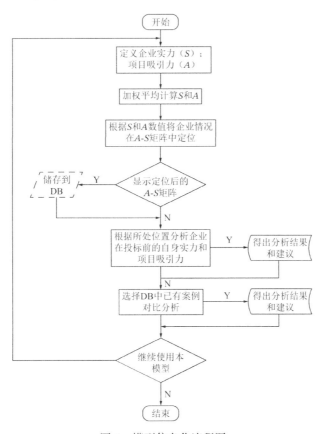

图 3　模型信息化流程图

3. 投资决策总结

（1）企业通过PPP项目公开投标获得参与权，但PPP项目具有规模大、周期长、商业模式复杂、前期运作时间长、投标成本大等特点。社会资本参与PPP项目需要谨慎全面论证，以便高效高质地完成投标。同时，通过有效的辅助决策机制可以及时终止把握性较小和风险较大的PPP项目。

（2）在影响企业实力和项目吸引力的15个因素中，每个因素权重的选择具有一定的主观因素，而权重对模型的准确性有一定影响。因此，当企业使用本模型时需要根据自身情况，合理运用。

（3）本模型只是投资决策的辅助工具，具有一定的指导意义。在具体项目的投资评审中还涉及诸多因素需要统筹考虑。

（4）运用本模型每次评价完成的结果需要和项目后期实际投标决策以及中标结果进行对比，从而不断完善模型，改善指标，增加样本案例数据库容量，将项目投标经验量化，提高后续项目评价的准确性。

3.3 投资决策管理优化

3.3.1 提高分析的深度

项目在进行各项分析工作之前，必须保证分析数据和相关信息的准确性和真实性，才能够保障后续的分析工作能够顺利开展。更因为停车场项目的特殊性，必须重视基础数据分析工作和市场调查工作，特别是针对市场调研工作的深度应当更进一步。首先，投资人应将宏观分析和微观分析进行有机结合，同时细化分析工作的具体内容。其次，从多角度进行分析，保障分析工作的科学性和有效性。最后，将分析工作实现动静结合，既要有静态分析，又要结合动态分析，从而提高分析结果的客观性和真实性。

3.3.2 提高工作人员的综合素质能力

停车场项目投资处于初期发展阶段，近些年才逐渐起步，因此国内在这方面还缺少较为专业的工作人员。因此，相关企业内部一旦缺少翔实数据和能力较高的工作人员，则很难保证投资决策工作的有效性。所以停车场开发企业应当加大人才队伍的建设力度，定期对相关工作人员进行培训，增加外部学习和交流机会，利用座谈会、交流会和学习会的形式，提高相关工作人员的学习能力和专业知识技能。除此之外，还必须提高对相关工作人员的职业道德水平，共同促进专业知识技能和道德素质水平的发展，充分调动工作人员的工作积极性和主观能动性，降低投资决策的人为操作失误，同时也大大降低了人为操作带来的风险，为项目投资决策工作带来保障。

3.3.3 构建完善的评价指标体系

在解决基础问题后，停车场投资企业必须结合自身特点，构建适合自身的完善评价指标体系，深入分析我国经济社会和外部环境条件的变化因素，通过借鉴其行业领先企业的发展经验和理论知识，加以完善和改进，推进自身的稳健发展，在学习中不断完善评价指标体系，统一规范停车场项目投资的可行性。

3.3.4 充分掌握市场环境的动态变化

作为一项新兴的风险较高的投资项目，停车场项目的投资更应当引起重视。往往会因为投资人对风险的认识不到位或是风险意识淡薄，导致最终无法挽回的损失。因此，投资者自身和可行性研究报告都应当采取科学有效的办法来对风险进行合理管控，最大程度提高投资的经济效益。同时，密切关注外部市场环境的动态变化，掌握市场的发展趋势和行业变化，同样也是有效降低潜在风险的必要手段。除此之外，针对部分无法通过防范和预测来进行应对的风险，企业应当事先做好充分的准备工作和应急措施方案，保证在风险来临时能够将风险带来的损失控制到合理范围内。

3.4 投资决策中的问题

项目投资决策直接影响企业的长远发展、现金流、利润率、偿债能力及其资金结构，是项目管理中最重要的一部分。因此对项目投资决策中产生的问题进行分析，在一定程度上有助于优化企业资源配置，提高企业投资决策水平和效益。企业投资是追求利润最大化的过程，追求效率的过程中更需要保持质量，问题分析会对企业的未来发展道路有着很大的积极影响。

3.4.1 科学选址

决定城市公共停车设施投资成败的首要因素就是公共停车设施的选址问题。收益丰厚、投资回收期短的公共停车场，往往都是建于城市CBD、商业中心、医院、景区或者供需矛盾突出的家属区附近。然而在实际的考察选址过程中，一方面从事选址工作的人员对城市停车问题可能没有深入研究和前瞻性预判，不清楚城市停车供需矛盾的突出区域，往往仅凭自身直觉和经验进行决策。因此导致部分区域公共停车设施供过于求，造成浪费。另一方面，由于城市公共停车矛盾最为突出的区域往往也是城市土地资源最为紧张区域，绝大多数地方政府为了财政收入宁愿将其地块作为大型商业设施或高端住宅进行出让来获得丰厚的土地出让收入，也不愿意将土地用作公共停车设施用使用，造成城市公共停车场建设只注重数量增长，而忽视了实际的社会经济效益。

3.4.2 用地问题

用地问题是所有前期问题的核心，因为土地解决不了，后续所有的方案都是纸上谈兵。而城市里停车缺口巨大的地方往往需要见缝插针进行停车场建设，市政绿地归城管局管理、学校用地归教育局管理、医院归卫生局管理、建设指标考核任务又给了建设局，所以土地问题十分突出。

2015年国家发展改革委、财政部、国土资源部等 7 部委联合发布的《关于加强城市停车设施建设的指导意见》中明确指出："各地应加强公共停车设施的用地保障，对于符合《划拨用地目录》的公共停车设施项目，可采用划拨方式供地"，这使得公共停车设施的用地有可能通过政府划拨方式取得，有利于进一步降低投资企业的土地开发成本。但到了 2023 年，我国采用的《划拨用地目录》是国土资源部在 2001 年时制定发布的，在该目录中，对于公交车首末两站、公交停车场、公交保养场等具有完全公共性质的交通设施允许采用划拨方式获得土地，而对于具有一定营利性质的项目，如公共停车设施用地、地下综合管沟等项目则要求采用招、拍、挂等有偿出让方式获得。因此，不同政府部门间对于公共停车设施用地获取方式规定的不一致，导致投资者行政审批十分不便，投资成本显著增加。

3.4.3 政策问题

目前我们投资建设公共停车设施项目的收益较投资城市其他建设项目，诸如房地产、高速公路、污水出厂等，在后期的成本回收和经营管理过程中不具有优势。尤其是地下停车库和地面停车楼，建设初期一次性投资金额较大，投资回收期甚至有可能超出项目规定的经营期限。近些年从国家到地方，各级政府在各种场合表达了鼓励社会投资人参与公共停车场投资建设的意愿，同时也出台了许多鼓励性政策。但目前现实的情况是，许多政策没能落到实地，特许经营期太短，投资成本过高，这些依然是阻碍公共停车场投资的一道屏障。

3.4.4 方案问题

项目的方案是项目成功落地的基础，方案的好坏决定着项目能否顺利收回成本并获得合理收益。站在投资者的角度，他们希望最大限度地利用项目用地，提高土地使用效率；在项目外立面设置大型 LED 显示屏或者灯箱广告；配套建设一定比例的商业面积，例如汽车修理、充电、洗车、相关销售等；从而弥补投资成本，进一步提高经营效益。但是，在相关政府部门严格的方案审核制度下，投资人在方案上的许多诉求需要被删减或者修改。

3.4.5 体制问题

目前，我国大部分城市都未成立专门的、负责统一牵头协调的公共停车场投资建设的管理机构，这就呈现出多头管理的现象，导致城市公共停车设施建设推进困难，主要表现为发改部门或者住房和城乡建设部门负责对停车设施项目进行立项审批，规划部门负责对停车设施进行统筹规划和项目选化，国土部门负责对停车设施的用地保障，交警队负责对停车诱导、智能化系统和交通组织方案进行审批，城管部门负责对公共停车泊位进行管理，物价部门负责制定公共停车收费标准等，各个部门之间缺少相互协调、无法形成合力，导致行政审批流程复杂，项目落地困难。

3.4.6 经营环境

目前我国各大城市中违法停车现象比较突出，城市公共停车设施经营的外部环境相对恶劣，第一种情况是在部分地面停车场附近，设置了大量占道停车泊位，造成道路两侧车位停满、路外车位空置的现象普遍存在，这样不仅严重降低了道路的通行能力，而且还对地面停车场的经营收入产生较大影响；第二种情况是停车收费价格混乱，许多地方道路停车泊位的停车收费价格和地下停车库甚至立体停车库的收费价格保持一致，这使停车收费价格失去了调节道路内外停车设施供需的杠杆作用，增加路外专业停车设施供给的迫切需求无法突显；第三种情况是新建公共停车设施由于周边缺少明显的诱导标志，使用者无法得知停车设施的具体位置、车位剩余数量、入口位置等相关信息，进而影响停车设施的利用效率和运营收益。

3.4.7 产权问题

当前能按规定的程序办理相关产权登记的有停车楼项目，以及用地性质及产权归属明确的平面停车位。但作为新型停车结构的立体停车库，由于不具备建筑物的基本特征，虽然法律上能够认定其产权，但是无法发放相关证件。

地下停车库由于常和地上主体结构相连，若两者的投资主体不一致时，就会导致项目地下部分的产权很难进行分割，另外地下车位许多涉及人防工程。因此，地下停车库项目在产权不明晰和设计人防工程的情况下也很难取得房产证。

企业如果投资这些项目，后期无法取得产权证，就意味着企业无法从相关金融机构进行抵押贷款，这不仅影响了企业正常的融资活动，而且还使投资企业或个人担心已投停车场的合法合规性，大大影响企业的投资热情和再投资能力。

3.4.8 产业规划

目前传统平面停车场相对成熟，但是机械停车设备行业在我国起步较晚，国内参与竞争企业数量尚不算多。并且根据国家质检总局规定，由于机械式停车设备属于起重机械，想要进入该行业，企业应经中国质检总局检验后，取得设备制造许可。

2023年根据中国国家市场监督管理总局的数据，2017—2023年我国取得机械停车设备许可企业数量持续增长，截至2023年底，全国共有650余家企业取得了停车设备制造资质，遍布31个省市自治区。总体来看，我国停车设备企业规模进一步扩大，设备技术水平不断提升，但是仍存在一定规模不大、技术装备落后等问题。具体表现为：部分企业生产经营规模较小，设备技术装备有待提高；停车场运营管理水平参差不齐，智能化、信息化建设亟待加强；部分企业安全生产责任意识不强等。

展望未来，我国停车产业仍面临较大发展空间。一方面，随着汽车保有量快速增长和城市化进程推进，对停车设施的需求巨大；另一方面，在绿色低碳、智能化的产业发展方向推动下，未来停车业务模式和技术装备将得到快速升级。为进一步发展我国停车产业，还需要从产业政策、企业技术、市场需求等多个维度推动和保障，提升停车设施和服务水平，满足人民群众出行需要。

3.4.9 行政审批

行政审批是限制企业利用存量土地投资建设公共停车设施的主要阻力之一。虽然目前从中央到地方出台了许多鼓励政策，2016年住房和城乡建设部就在发文中指出："在符合土地利用总体规划和城市总体规划前提下，机关事业单位、各类企业利用自有建设用地增建公共停车场可不改变现有用地性质及规划用地性质。增建方式包括利用自有建设用地地下空间、既有建筑屋顶、拆除部分既有建筑新建、既有平面停车场改加建等，在符合日照、消防、绿化、环保、安全等要求的前提下增建后地块的建筑高度、建筑密度等指标可由城市政府有关部门按照程序依法进行调整。"这从理论上可减少企业在土地获得环节的相关成本。但事实上，根据我国现有的法律法规规定，在企业自有存量地上新建其他建筑物，包括对原有建筑物的改建、扩建等，不仅需要对新建建筑物进行审化，还需要对已建成部分的相关内容进行重新审核，其实是把原有问题复杂化。此外，政策在各地区落实的过程中，各相关职能部门的配合存在着责任主体不明确、协调难度大、相互推诿等问题。这些都是目前行政审批环节暴露出来的问题。

第 4 章

投资后评价：温故知新，厚积薄发

投资项目后评价是项目全生命周期中重要的环节，是根据项目的实际成果和效益来分析评价项目的前期决策、期间管理和落地实施，为项目提供反馈意见。通过总结经验教训，为项目的利益相关者服务，为新项目的决策提供事实依据。项目后评价的理论和方法的基础是项目可行性研究和项目评价，并完全建立在实际生成的数据基础上，所以如何正确选择、处理和应用实际数据是投资后评价的重心。

4.1 投资后评价管理

投资后评价是相对于投资评价而言的。项目评价是收集、分析和反馈项目本身信息的过程。后评价是对已经完成的项目、执行过程、产生的效益和影响进行系统的、客观的分析。通过对投资活动实践的检查总结，确定投资预期的目标是否达到，项目或规划是否合理有效，项目的主要效益指标是否实现。通过后评价找出成败的原因，总结经验教训，并通过及时有效的信息反馈，为未来项目的决策和完善，为提高投资决策管理水平提出建议。后评价具有现实性、全面性、探索性、反馈性、合作性的特点。项目后评价与项目评估相比，由于前评估是一种事前的评估，两者之间仍然存在许多不同。

项目后评价是指企业在投资项目建设完成后或者运营一段时间之后，对项目的预计目标、整体实施过程、效果、作用以及影响等进行客观而系统的分析，并根据分析结果总结经验的技术经济活动，是投资企业经常采用的一种投资项目管理方法，体现了系统化工程思维与反馈控制机制的基础理论。

随着我国投、融资业务的不断发展，投资项目后评价已经成为改进投资效益、提高决策水平的重要方法与工具，并日渐引起重视。

4.1.1 投资后评价的原则

1. 独立性和及时性

项目在评价的过程中要避免出现"既当裁判员又做运动员"的情况，对于在项目决策阶段负责过可行性研究报告编制、项目市场调查、项目设计、项目管理以及工程施工等工作的人员要避免直接参与到项目后评价中，以避免评价结果出现不够客观的嫌疑。另外，在进行投资项目后评价的过程中作为企业要保证评价过程免于受到企业内部和外界的各种干扰，保持评价的客观性和正确性。

评价过程要秉持及时性原则，既要保证评价过程距离项目的实施或者运行期保持合理的间隔，同时又要让评价结果及时反馈到企业投资决策部门，为企业日后的投资项目决策提供参考，实现投资项目后评价的现实意义。

2. 科学设置评价指标体系

科学的指标体系是为了能够准确反映出投资项目的真实效益，给项目的整体实施过程以客观和公正的评判。建立评价指标体系时企业需根据现有的后评价方法以及监督机制，合理地确定各项评价指标，实现投资项目的定量分析。同时要注意涵盖实施过程的指标、建设财务效益指标、环境和效益指标，全面衡量投资项目。具体说，设置项目后评价指标是从数量角度，衡量和分析项目实际效果与预测效果的偏离程度，为后评价的定性分析提供依据，当前主流的投资项目后评价包括以下主要指标：实际建设工期、实际投资总额、实际单位生产能力投资总额、实际达产年限、实际投资利润率和投资利税率、实际投资回收期、实际净现值、实际内部收益率、实际固定资产投资借款偿还期、实际资产负债率、实际流动比率、实际速动比率等。

3. 结果服务于应用

企业完成投资项目后评价的根本目的就是为以后投资项目提供宝贵经验，所以投资项目后评价法的另一个基本原则就是结果服务于应用。如果没有评价结果的正确应用，则后评价的所有过程都失去了存在的意义。企业在投资项目后评价过程结束后，要认真地总结评价结果中反映出来的各项事实，结合项目实施的全过程反思评价结果的客观性和准确性，并且对于企业的投资决策者来说，要认真研习评价结果中的内容，对自身在项目决策阶段的各项决策工作进行总结，为下一个项目的决策立项提供参考。

4.1.2 投资后评价管理方法

评价工作进行制度化

企业需要建立相应的后评价管理制度，以制度的方式将每一个环节的工作职责和内容落实到人，并且企业根据自身实际情况制定后评价实施细则，实现后评价工作管理、检查与考核的统一、规范管理。企业作为项目投资的主体，要在投资项目后评价制度的基础之上负责整个后评价过程的组织和实施，保证评价工作的客观性、公正性和科学性。另外，企业也要专门设立后评价工作的监督部门，监督和指导整个后评价工作的开展。

实　　践：

案例一：某公司投资项目后评价的工作职责和分工

1. 后评价的职责分工

（1）集团公司投资管理部是投资项目后评价工作管理机构，负责股份公司投资项目后评价工作的监督、管理、组织、实施。

（2）下级单位（项目出资人）的投资管理部门是本企业投资项目后评价的管理、组织、实施部门，按照集团公司要求组织实施本企业投资项目的后评价。

（3）项目法人单位负责所属投资项目的自我评价。

2. 后评价的范围

企业要结合自身实际情况，针对新增的投资项目确定开展后评价的时间，一般企业对于投资项目都在投产之后的半年左右开展项目后评价工作。同时项目投资总额在一定数额以上，或者单项工程投资额达到一定数额以上的结合实际情况确定投资项目后评价工作的开展时间。在明确时间的同时，企业也要将后评价工作的组织部门、监督部门、指导部门以及具体实施部门进行明确规定，保证后评价工作能够顺利而有效地进行。

案例二：某公司投资项目后评价范围和实施

1. 投资管理部根据集团公司投资项目情况，制订集团公司投资项目后评价年度计划，经集团公司批准后组织实施。

2. 纳入集团公司投资项目后评价年度工作计划范围的项目包括：

（1）董事会、经营层要求进行后评价的国内外投资项目。

（2）项目投资额或建设规模大的重要投资项目：

①项目总投资额超过集团公司当年净资产20%的国内外基础设施投资项目；

②单个项目建设规模超过××万kW的国内外新能源项目。

（3）非主业投资项目或者相对集团公司传统行业跨度大的国内外投资项目。

（4）工程条件复杂且涉及新技术、新工艺，对提升企业核心竞争力有较大影响的国内外投资项目。

3. 股份公司投资项目后评价分为两个阶段实施

1）投资项目自评价阶段

（1）实际情况以纳入投资项目后评价管理范围的条件要求，编制投资项目后评价年度工作计划，按程序报送集团公司批准后实施；

（2）项目出资人依据集团公司投资项目后评价年度工作计划，制定本单位投资项目后评价工作方案，并及时向项目法人单位下达相应的投资项目后评价通知和工作方案；

（3）项目法人单位根据投资项目后评价通知，按照相应工作方案的要求，对投资项目进行自我评价，并在3个月内编写完成投资项目自评报告。

（4）项目出资人将本企业审议通过的投资项目自评报告报集团股份公司投资管理部审核。

投资项目自我总结评价报告应包含以下主要内容：

（1）项目概况：包括项目情况简述、项目决策目标和目的、项目主要建设内容、项目实施进度、项目总投资、项目资金来源及到位情况、项目运行及效益现状等；

（2）项目实施过程总结：包括项目前期决策、项目实施准备工作、项目建设实施、项目运营情况；

（3）项目效果和效益评价：包括项目技术水平评价、项目财务经济效益评价、项目经营管理评价；

（4）项目环境和社会效益评价：包括项目环境效益评价、项目社会效益评价；

（5）项目目标和可持续性评价：包括项目目标评价、项目持续能力评价、项目存在的主要问题。

2）投资项目后评价阶段

（1）集团公司投资管理部依据投资项目自评价报告，在征询相关部门意见的基础上，组织进行全面系统性投资项目后评价，项目出资人予以配合；

（2）投资管理部组织完成投资项目后评价报告，报送集团公司审议；

（3）公司经营层批准或要求进行后评价的投资项目，后评价报告由总经理办公会审议通过后，报告集团公司董事会；

（4）董事会要求进行后评价的投资项目，后评价报告由总经理办公会审议通过后，报送董事会审核。

4. 投资项目后评价报告主要内容

（1）项目全过程回顾：项目立项决策阶段回顾、项目准备阶段回顾、项目实施阶段回顾、项目竣工和运营阶段回顾等；

（2）项目绩效和影响评价：项目技术评价、项目财务和经济评价、项目环境和社会影响评价、项目管理评价等；

（3）项目目标实现程度和持续能力评价；

（4）相关对策建议。

列入投资项目后评价年度计划的项目法人单位，应积极提供真实、必要的数据和信息资料，不得弄虚作假。

没有纳入集团公司投资项目后评价年度计划的项目，由项目出资人视实际情况自行组织实施项目后评价，后评价报告报送集团公司投资管理部备案。

投资项目后评价发生的费用由项目法人单位在项目投资概算中列支。

5. 合理使用后评价方法

在实施投资项目后评价过程中要使用对比法来进行项目各项指标实现情况的评价，对照项目在决策立项阶段所制定的各项指标，考评项目竣工之后各项指标的实际完成情况，对于出现偏差的内容要重点列项分析，并总结客观原因及防止偏差再次发生的主要措施。同时在使用对比法的过程中要注意项目开始之前、实施过程之中以及竣工投产之后客观条件的变化情况，结合实际情况对项目目标的完成情况给出最为客观的评价。除了进行预计目标和实际结果之间的对比之外，企业也要进行横向对比，与本企业或者其他企业类似的项目进行对比，重点分析客观因素以及自身管理因素对于目标实现的影响，找出投资项目实施的最佳方案，为日后的投资项目决策、实施计划的制定、具体的实施提供良好的参照。

4.2 ESG 影响分析

ESG 评估，是衡量企业在环境（Environmental）、社会（Social）和公司治理（Governance）三方面的表现。近年来随着越来越多的投资者和企业家利用 ESG 和气候数据及工具来支持他们的投资决策，影响着企业的生存与竞争力。ESG 投资（可持续投资）呈指数增长。2004 年，联合国全球契约组织发布《有心者胜》报告，首次提出 ESG 概念。2006 年，联合国责任投资原则组织列出 6 大原则、34 项建议可行性方案，作为投资者投资准则，将环境、社会和公司治理纳入投资决策考量过程，成为国际上检验投资者履行责任的重要指针。优秀的 ESG 表现可以起到降低成本、提高价值、提高运营效率和法律保障等作用。同样的，当我们在讨论投资评价的时候，ESG 已经成了不容忽视的一部分。

我国高度重视人与自然、社会和谐共生、可持续发展，把"碳达峰、碳中和"纳入生态文明建设整体布局。"十四五"规划提出，要统筹减污和降碳两个目标，倡导公平公正和加强全球协作，要求全社会统筹经济、社会、环境效益，完善 ESG 治理框架，深入开展 ESG 实践。

4.2.1 环境影响

对于上市公司而言，环境风险已成为企业风险管理必须考虑的重要维度。根据目前国内外相关研究的进展，环境风险通常从三个渠道影响企业经营：一是环保标准提高和政策收紧会对企业现金流和资产负债造成影响；二是企业污染物排放对贷款人可能带来连带责任，金融机构和投资人对环境敏感行业的企业和项目提供资金的意愿和融资成本会有差别；三是环境事件和环境管理能力可能对企业从而对金融机构带来声誉风险。

工商银行 ESG 评级的环境项主要包含以下维度：一是公司的环境友好程度分类。二是企业生产过程中各类污染物的排放强度。从污染源来看，应综合评价企业生产给大气、土壤、水资源等带来的各类影响；而从渠道来看，应包含企业生产所带来的直接环境污染和带动上下游供应链产生的间接污染。三是政府的环保处罚和突发环境事件给企业声誉和经营带来的影响。四是表征企业主动管理风险能力的相关制度与信息披露水平。

新兴市场国家实现经济高速发展的一个显著弊端就是牺牲环境，我国已成为世界上最大的温室气体排放国之一。因此，绿色生产和节能减排也已成为我国政府高度重视的领域。国际上使用较多的企业环境绩效评价指标有：GRI 可持续发展报告指南、ISO 14031 标准、世界可持续发展工商理事会（WBCSD）环境绩效评价标准等。从 ESG 评价体系的视角看，环境相关影响通常是用一种非人类的生态中心视角进行评估。企业可以通过参与一些与环境相关的企业社会责任治理机制来发展其竞争优势。很多文献论述了企业的环境责任和环境绩效对企业长期生存能力十分重要。一些实证研究也发现环境绩效在企业财务绩效和股东价值方面存在积极影响。研究发现，温室气体排放水平更高的企业和那些已经参与减排行动的企业在 ESG 信息披露中会有更加积极的表现，以显示他们对避免负面环境后果和提高企业形象等方面的关注和重视。

1. 环境影响后评价

环境影响后评价是指对照项目投资前评估时批准的《环境影响报告书》，重新审查项目环境影响的实际结果。同时要对未来进行预测，对有可能产生突发性事故的项目，要有环境影响的风险分析报告，若项目生产或使用对生态有极大危害，或项目位于环境敏感地区，或项目曾经或已经发生污染事件，还需要提供一份单独的项目环境影响评价报告。审核项目环境管理的决策、规定、规范、参数的可靠性和实际效果，实施环境影响评价，应当遵照国家《环保法》的规定，根据国家和地方环境质量标准、污染物排放标准以及相关产业部门的环保规定。按照时间域的不同，环境影响后评价可分为环境回顾评价、环境现状评价、环境影响评价和环境后评价。环境影响后评价包括项目的污染控制、区域的环境质量、自然资源的利用、区域的生态平衡和环境管理能力。

2. 环境影响评价（Environmental Impact Assessment，EIA）有效性评估

EIA 也是当前学术界研究的热点之一。研究的实质是对政策及实践的评估。EIA 有效性研究不仅是推动战略环境评价、累积影响评价、持续性评价等 EIA 新领域、新技术发展的重要动力，同时也是环境政策评估、可持续发展政策评估研究的重要前沿。

4.2.2　社会影响

社会责任行为产生的社会影响与环境相关的生态中心视角还是有较大的不同，其更关注以人为中心的社会问题，包括工作条件、员工权利和公平劳动等。更细化地衡量内部社会成果的因素可能包括员工健康和安全措施、劳动力多样性和员工流动性等。良好的社会责任成果有助于企业改善商业环境同时获得更大的财务回报。有的学者发现从事社会类的社会责任治理可以提高组织的声誉、形象和合规性，但并不一定能直接提升企业的财务表现。大量的实证研究表示社会相关的社会责任治理和企业财务绩效之间没有显著的相关性。有的企业为了做出良好的社会影响而进行一些"装门面"式的行动，然而这些象征性的活动最终可能不会产生有益于企业社会责任的结果，反而会增加企业运行成本降低效率。只有当企业的社会影响活动和企业实际认知相匹配时，才能真正地将社会责任行为落到实处，从而促进企业的长期发展。

社会影响后评价

社会影响后评价和社会后评价是不同的两个概念。社会影响评价是对项目在经济、社会和环境方面产生的有形和无形效益和结果进行的一种分析。社会评价是评价社会上的利益相关者，特别是项目所在地区的各类群体对项目的看法和意见，并以此作为评判项目成果的基础。项目影响评价从项目的角度来分析其影响，社会评价从社会的角度来评价，这是两者的主要区别。投资项目社会后评价，是分析项目建成投入运行后对社会发展多目标影响和贡献的一种评价方法。随着经济发展和技术进步，环境、资源、人口、贫困、社会不公正等社会问题得到日益关注，特别是大型投资项目，社会影响后评价更成为不容忽视的方向。

投资项目社会评价，当前主要有三种不同理解：第一，以经济学为基础的社会费用效益分析方法中的社会评价。社会费用效益分析通常包括效益分析和公平分配分析两部分，

其中效益分析相当于国民经济评价，而公平分配分析被认为是一种社会评价。第二，以社会学、人类学为基础的社会分析。用社会学和人类学的方法解释社会和文化因素对项目成败的影响程度。社会影响评价包括对个人、组织和社区的影响。第三，综合性社会评价方法。在以上两种方法的基础上，结合具体情况制定相应的社会评价方法。既分析项目对社会的贡献与影响又分析项目对社会政策贯彻的效用，同时讨论项目与社会的相互作用，提前防范社会风险。从项目的社会可行性方面对项目决策提供分析依据。

对个人的影响主要是对个人生活影响。对组织影响包括三方面：一是项目带来的变化是否有助于或有碍于组织达到其目标；二是这种变化是否危及组织的生存；三是这种变化是否影响了组织的自主权。社区影响分析一般有两种方式：一种是将社区影响分割为对个人、团体和组织的影响，另一种方式是将社区作为社会单位对待。因此社区的社会影响可以依据收入、结构、活动和产出来检验。产出是指个人和家庭的生活条件质量的影响，例如对住宅、健康保护、教育、就业、交通的影响等。

在以上三种方法的基础上，结合具体情况制定相应的社会评价方法。既分析项目对社会的贡献与影响，又分析项目对社会政策贯彻的效用，讨论项目与社会的相互作用，提前防范社会风险，从项目的社会可行性方面对项目决策提供分析依据。

4.2.3 公司治理影响

公司治理一般是站在集团公司或者子公司层面看问题，停车场项目涉及的主要是项目公司，但随着ESG领域的发展，项目公司层面的公司治理也会逐渐被重视起来。

公司治理可细分为经济和法律两个方面：经济方面的公司治理重心是企业利润最大化，即确保管理层以最佳的运作方式利用公司有限的资源创造最大化利润；法律方面公司治理的重心是企业现代化管理体系，这一体系的完善可以有效避免企业无序经营、保证董事会的有效性等。关于公司治理中的管理层方面，有研究认为CEO身份的双重性（即同时担任董事长和执行总裁）会削弱董事会的监督作用，从而导致较低的企业社会责任披露水平。另外，研究发现董事会中女性成员的占比与公司的慈善活动数量之间存在着正相关的联系，也就是说董事会中女性比例越高，企业社会责任披露程度越高。另一个研究领域主要关注管理层薪酬与社会责任绩效间的关系。此外，在股权方面的研究发现，政府控股的企业会更重视ESG报告，而私人持股和家族持股比例高的家族企业常常在ESG方面表现欠佳。

中 篇
财 务 实 践
开源节流，水到渠成

    中篇主要从财务管理的角度，深入剖析停车场项目的成本控制、资金筹措和财务评价等关键环节。在当下环境下，科学有效的财务管理尤为重要，它关系到项目的营利空间和可持续发展能力。本篇将通过分析成本构成、融资工具选择、财务评价方法等，帮助读者全面掌握停车场项目的财务管理之道，学会开源节流，使项目财务水到渠成、永续经营。

第 5 章

成本控制：量入为出，统筹兼顾

5.1 成本构成

5.1.1 成本控制的意义

成本控制是在项目成本的形成过程中，对生产经营所消耗的人力资源、物资资源和费用开支进行指导、监督、检查和调整，对影响成本的各种因素加强管理，并采取各种有效措施，将实际发生的各种消耗和支出严格控制在成本计划范围内，通过动态监控并及时反馈，严格审查各项费用是否符合标准，及时纠正将要发生和已经发生的偏差，把各项生产费用控制在计划成本的范围之内，以保证成本目标的实现。成本控制可分为事先控制、事中控制和事后控制。

5.1.2 成本控制的依据

实施成本控制的依据包括：合同文件、成本计划、进度报告、工程变更与索赔资料、各种资源的市场信息。

1. 合同文件

成本控制要以合同为依据，围绕降低工程成本这个目标，从预算收入和实际成本两方面研究节约成本、增加收益的有效途径，以求获得最大的经济效益。

2. 成本计划

成本计划是根据项目具体情况制定的成本控制方案，既包括预定的具体成本控制目标，又包括实现控制目标的措施和规划，是成本控制的指导文件。

3. 进度报告

进度报告提供了对应时间节点的工程实际完成量、工程成本实际支出情况等重要信息。成本控制工作正是通过将实际情况与成本计划相比较，找出二者之间的差别，分析偏差产生的原因，从而采取措施改进以后的工作。此外，进度报告还有助于管理者及时发现工程实施中存在的隐患，并在可能造成重大损失之前采取有效措施，尽量避免损失。

4. 工程变更与索赔资料

在项目的实施过程中，由于各方面的原因，工程变更与索赔是很难避免的。工程变更一般包括设计变更、进度计划变更、施工条件变更、技术规范与标准变更、施工次序变更、工程量变更等。一旦出现变更，工程量、工期、成本都有可能发生变化，从而使得成本控制工作变得更加复杂和困难。因此，成本管理人员应当通过对变更与索赔中各类数据的计算、分析，及时掌握变更情况，包括已发生工程量、将要发生工程量、工期是否拖延、支付情况等重要信息，判断变更与索赔可能带来的成本增减。

5. 各种资源的市场信息

根据各种资源的市场价格信息和项目实施情况，计算项目的成本偏差，估计成本的发展趋势。

5.1.3 成本控制的程序

要做好成本的过程控制，必须制定规范化的过程控制程序。成本的过程控制中，有两类控制程序：一是管理行为控制程序，二是指标控制程序。管理行为控制程序是对成本全过程控制的基础，指标控制程序则是成本进行过程控制的重点。两个程序既相对独立又相互联系，既相互补充又相互制约。

1. 管理行为控制程序

管理行为控制的目的是确保每个岗位人员在成本管理过程中的管理行为符合事先确定的程序和方法的要求。首先要清楚企业建立的成本管理体系是否能对成本形成的过程进行有效控制，其次要考察体系是否处在有效的运行状态。管理行为控制程序就是为规范项目成本的管理行为而制定的约束和激励体系。

2. 指标控制程序

能否达到成本目标，是成本控制成功的关键。对各岗位人员的成本管理行为进行控制，就是为了保证成本目标的实现。

5.2 影响因素

影响停车场造价的主要因素包括建设类型及规模、建设地区及建设地点、技术方案、设备方案等。

5.2.1 建设类型及规模

停车场主要有以下几种常用的分类方式：

（1）按停放车辆的性质分为机动车停车场和非机动车停车场。

（2）按停车场的服务对象分为专用停车场和公共停车场。

（3）按停车场地的使用分为临时停车场和固定停车场。

（4）按停车地点分为路面（路边）停车场、路外地面停车场、停车楼和地下停车库。

（5）按停车方式分为自行式停车场和机械式停车场。

根据目前城市停车的实际状况和不同的停车方式，基本可划分为自行式停车和机械式停车两种。

自行式停车场，指通过驾驶员驾车直接将汽车驶入或驶出停车泊位来实现存取停放车辆的停车设施。主要包括路边停车场、地面停车场及坡道式地下停车库、坡道式多层停车楼等形式。

机械式停车场，根据此类停车场的运行特点，又可分为全自动和半自动两种。全自动机械式停车场是指完全利用机械设备将车辆运送且停放到指定泊位或从指定泊位取出的停车设施，主要由机械停车设备和运送器组成。根据机械停车设备类型的不同，主要包括升降横移式、垂直循环式、巷道堆垛式、垂直升降式和简易升降式等多种形式。

半自动机械式停车场是指停车场内安装有机械停车设备，并通过驾驶员自行驶入和驶出停放车辆的停车设施，是介于自行式停车场与全自动机械式停车场之间的一种类型。比如仅仅为增加泊位规模而在自行式停车库内加装升降横移式停车设备的停车库，为节省进出通道而利用汽车专用升降机作为出入库工具的停车库，但仍需由驾驶员自行驶入和驶出，故称为半自动机械式停车场，将此类停车场也列入机械式停车场类型。无论是自行式停车场、全自动机械式还是半自动机械式停车场，因建筑结构形式不同，均可建成平面式和立体式。

5.2.2 建设地区及建设地点

社会停车场的容量一般较大，选址不当将造成使用效率低下的现象。停车发生源的规模决定了停车场建设的必要性及其建设的规模，停车发生源的分布决定停车场的建设地点，其影响因素如下：

（1）步行距离

从停车场到出行目的地的步行距离是泊车者要选择的，泊车者都希望泊车后的步行距离越短越好，国外资料表明：步行距离通常以400m以内为宜。

（2）汽车可达性

指汽车到达停车场的难易程度。可达性越高，停车场的吸引力就越大。

（3）连通街道的通行能力

连接停车场与干道的街道，其通行能力应适宜承受停车场建成后所吸引的附加交通量，并能提供车辆因等候停车而排队所必需有的空间。

（4）征地拆迁的难易及费用

拟征用的停车场土地是否存在需拆迁的建筑物，是否有难度较大的地上、地下管线改造，是否存在地质处理等。

（5）与总体规划的协调

在使用期内，停车场选址应考虑其服务范围内将来停车发生源的变化，新建街道或交通干道出入口布局和现有街道系统的改造。上述条件的满足与否，不仅关系建设工程造价的高低和建设期限，还关系项目投产后的运营状况。

5.2.3 技术方案

1. 交通量调查

交通量调查主要是了解路网的交通分布状态，包括对道路网、路段、交叉口、交通枢纽、商业中心广场等的交通流量、流向调查以及公共交通的路线、客流量、集散量调查。针对停车场外的区域道路交通流量调查，可以对市区交通流量分析得到深层次的静态交通解决方案；一般而言交通流量调查包括出入口调查、市区路段流量调查、交叉口流量调查三个部分。通过这些调查，可以比较全面掌握区域车流量的时空分布规律，为交通分析模型和交通优化提供研究依据。通过交通调查搜集到的交通基础数据，可了解交通出行在时间、空间上的分布特征，为分析和研究区域机动车交通流量特征、车辆停放特征等提供基础数据，以此构建一个反映区域交通运行状况的交通分析模型。以这个模型为辅助，可为区域交通规划提供决策参考。

2.停车场外部交通组织设计

停车场周边交通的流量情况会直接影响到整体停车场通行效率，规划不当不仅会影响周边道路的通行情况，同时也会影响停车场内部的运营情况。因此，在项目建设初期就为项目考虑到外部交通对该项目的影响。

3.停车场内部交通组织设计

针对大型停车场车位多、车场内部交通组织和区域复杂的特点，内部交通组织通过合理规划将会提高停车场内的秩序，提高停车场的周转率和使用率，并使车主感到这个停车场更便捷、安全。内部交通组织需要有序的规划设计，否则会造成内部车行混乱且降低车场周转率。同时根据停车场服务对象的不同、使用功能不同，对停车场进行合理的功能分区。

4.停车场导向标识规划设计

停车场导向标识设计是停车场诱导系统中的一部分，其中涵盖车行诱导和人行诱导，目的是要做到人性化和科学化设计，既是提高车主体验，也是让车主更为便捷的重点。合理的设计也可以提高停车场的美观度，就像工业设计一样，不仅实用而且漂亮。

停车场的导向标识分为三个阶段：

（1）正向寻车：就是从远端到入口，并轻松找到电梯间。

（2）垂直交通：就是人到达目的地。

（3）反向寻车：是指办事回来找到自己车的过程。

这些过程都将需要正确的停车导向标识。

停车场整体的内部标识包括车行引导、人行地面引导、整体车场位置图示、电梯间位置、区域划分标识等，根据服务对象的定位，我们可以对停车场设计从经济实用型到豪华装饰型给出不同程度的解决方案咨询。

5.停车场地坪和材质设计

地坪的材质不仅影响着车场的美观，同时也影响着车场内部应用，根据坡道普通地面强度情况等多种情况分析给出最优质的地坪解决方案。

6.停车场出入口设计

停车场出入口也需要合理的设计，保证出入口的安全、便捷。主要包括车辆出入口进出模式、车辆缓冲区的设置、进出口设备的安装位置、非机动车和人行通道的设计等。根据可能会出现的车流潮汐情况，比如写字楼、机场、剧院等业态，可以设置通道可逆进出模式、VIP和固定车辆及提前结算车辆专用通道、应急收费（可移动收费）站等。

7. 停车场交通安全设计

停车场内部同样也需要按照停车场相关的国家和地方规范及要求，科学合理地设置停车场交通安全设施，达到车辆行车安全和便捷。一个标准化的停车场安全设计包括：标牌、标线、挡车座、广角镜、胶条、护角、减速带、诱导标、墙面漆、弹力柱、道钉等。

5.2.4 设备方案

所有硬件控制设备（控制器、读卡机、车辆检测器等）均采用工业级元器件，产品在出厂前均经过严格测试，确保整个系统的稳定可靠。挡车器则采用智能挡车器，具有防抬杆、全卸荷、带准确平衡系统，通过与数字车辆检测器配合能有效防止轧车事件的出现。

（1）管理电脑通过网络与主管理中心的电脑组建成局域网，在停车场的出入口设置车辆管理系统，车辆管理系统主机通过网络与一卡通中心数据服务主机相连，共用同一个数据库。

（2）车辆可以从入口进场，出口出场，入口处取卡，出口处回收临时卡并计算临时车的停车费用，由管理人员收费操作确认后放闸通过。

（3）长期用户使用季租/月租/长期卡，外来车辆使用临时卡，可设置各类收费方式。

（4）在停车场内的分区出入口安装双向地磁检测器和区域显示屏，用来统计区域内车辆的进出数量，并显示当前区域内的车位使用状况。

（5）各出口的收费电脑，通过网络和一卡通中心的服务主机相连，确保使用同一个一卡通数据库。

（6）针对不同类型的车辆有不同的收费标准，长期车中可分为：按年收费、按季收费、按月收费、计时收费、计次收费、一次性收费、不收费和按时段收费（时段优惠）等；而对于临时车则可分为：按时收费、按次收费、时段收费等情况。管理人员可根据自己的实际情况进行灵活设置，而且可随时进行修改；无需专业人员进行现场维护。

5.3 总体控制

5.3.1 提升成本控制意识，完善成本控制体系

增强停车场运营成本控制，必须从全成本控制角度出发，全面提升成本控制意识，完善整个成本控制体系，提高停车场运行中各方资源协调、优化、融合的效果，加强停车场运营成本控制。停车场运行企业应为成本控制提供高度的协作性，通过完善内部管理机制、宣传成本控制观念，使企业由内而外形成全员成本控制意识。此外，企业也必须采用与成本控制匹配的管理制度，以便更好地落实奖惩机制，使企业员工更加积极、有效地参与成本控制工作，为降低停车场运营成本作出贡献。停车场企业还应注重完善成本控制系统，进一步完善财务管理制度，并对停车场运营的全过程各环节进行分析讨论，设计一套符合停车场实际线路运行的成本核算管理体系，保障停车场各项运营业务高效开展，使停车场运营成本和费用一目了然。

5.3.2 停车场运营成本控制的信息化建设

在推进停车场建设以及成本核算中，应加快停车场信息化建设并使其成为骨干力量。针对成本控制的信息化建设模式，停车场成本控制可以根据体积庞大的运算数据以及及时性、可靠性的数据分析，对财务信息进行系统化分析，促使财务信息人员更加高效地工作，以推进成本分析控制工作顺利开展，确保停车场运行在符合基本要求的情况下，尽量减少不必要的能源消耗以及财力支出。例如，停车场运营企业在财务化系统应用中，可以充分发挥主观能动性，通过设计全方面预算管理体系以及资产管理系统，分析决策整个数据管理中需要注意的关键之处，确保停车场运行的成本以及数据能够更加直观地反映整个停车场信息化系统的工作流程，实现可视化界面分析，保证财务工作人员更加迅速地发现异常信息，及时控制整个管理成本，避免出现成本浪费。在信息化建设中，找寻最新的运营管理工作体系，制定标准的范围流程。在对技术人员进行调控时，加强技术人员与信息化系统之间的匹配度，促进技术人员对信息化建设起到推动作用。

5.3.3 加强停车场运营工作人员的各项能力

停车场运行全过程需要精准、及时、合理，以保障停车场运行效率符合运行要求，使整个运行体系与各环节实现融合。因此，在停车场运行中需加强人员的综合技能，如对岗亭、维保、收费控制等专业人员进行培训，使其明确停车场运行流程以及标准，提高综合素养，充分发挥人力资源的重要作用，降低停车场运营成本，进一步提高停车场运行质量。

5.3.4 落实节能减排活动策略

设计节能减排活动，降低能耗，可以更好地解决目前停车场出现的运行成本问题。例如，设计合理的变压器、提高负载率、减少能耗损失。停车场变压器普遍配置率较低，且动力照明系统计算负荷较大，因此成本虚高。对于配电变压器负载率偏低问题，设计单位在解决上存在一定不足。例如，在充电桩、夜间照明变压器设置方面，未能考虑到停车场的实际运营模式。为了更好地解决这些问题，可以转变设计单位对停车场行业变压器的使用用理念，考虑单个配电器可能出现的故障问题，以确保实现有效的资源配置，提高变压器正常时间段的运行负载，达到理想的设定值，解决变压器长期存在的问题，在低负载率的情况下避免能耗损失，降低相关的照明成本。

5.4 成本策划

5.4.1 建设成本的组成

建设项目总投资是为完成工程项目建设并达到使用要求或生产条件，在建设期内预计或实际投入的全部费用总和。生产性建设项目总投资包括建设投资、建设期利息和流动资金三部分。其中建设投资和建设期利息之和对应于固定资产投资，固定资产投资与建设项目的工程造价在量上相等。工程造价基本构成包括用于购买工程项目所含各种设备的费用，用于建筑施工和安装施工所需支出的费用,用于委托工程勘察设计应支付的费用,用于购置土地所需的费用,也包括用于建设单位自身进行项目筹建和项目管理所花费的费用等。总之,工程造价是指在建设期预计或实际支出的建设费用。

工程造价中的主要构成部分是建设投资,建设投资是为完成工程项目建设,在建设期内投入且形成现金流出的全部费用。根据国家发改委和建设部发布的《建设项目经济评价方法与参数(第三版)》(发改投资〔2006〕1325号)的规定,建设投资包括工程费用、工程建设其他费用和预备费三部分。工程费用是指建设期内直接用于工程建造、设备购置及其安装的建设投资,可以分为建筑安装工程费和设备及工器具购置费。工程建设其他费用是指建设期为项目建设或运营必须发生的但不包括在工程费用中的费用。预备费是在建设期内因各种不可预见因素的变化而预留的可能增加的费用,包括基本预备费和价差预备费。建设项目总投资的具体构成内容如图5.4-1所示。

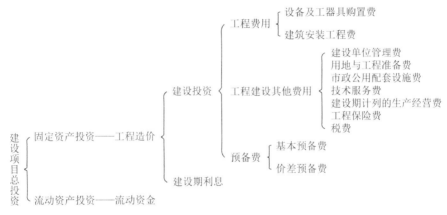

图5.4-1 建设项目总投资

流动资金指为进行正常生产运营,用于购买原材料、燃料、支付工资及其他运营费用等所需的周转资金。在可行性研究阶段用于财务分析时计为全部流动资金,在初步设计及以后阶段用于计算"项目报批总投资"或"项目概算总投资"时计为铺底流动资金。铺底流动资金是指生产经营性建设项目为保证投产后正常的生产运营所需,并在项目资本金中筹措的自有流动资金。

5.4.2 停车场成本的计算

1. 土地成本 C_1

停车场的土地成本与政府政策、项目建设位置有很大关系。在我国,土地成本在土地交易中反映为土地出让金。土地出让金与同区域内用地类型地块的出让楼面价和容积率有关。对于具有公共服务性质的经营性停车场,尤其是地下停车场的地下空间使用权,国内各城市政府管理部门均出台了相应的政策文件。国内各城市政策文件主要涉及两个方面:一是地下空间的土地出让金计算规则,例如郑州、杭州等城市对于地下空间的土地出让金均按地上楼面地价的一定比例(10%~50%)收取。二是公共停车场是否纳入容积率计算范围,例如大连、南京规定停车楼建筑面积不计入容积率计算范围,不用额外补交土地出让金。

地面停车场或停车楼的土地费用估算为：

$$C_{l1} = S \times P_t \times r \tag{5.4-1}$$

式中：C_{l1}——地面停车场或停车楼的土地费用；

S——停车场占地面积；

P_t——平均楼面地价，楼面地价指某地块的土地总费用与建筑面积之比；

r——平均容积率，指某区域范围内同类型用地交易中出让土地的容积率平均值。

地下停车场的土地费用估算为：

$$C_{l2} = S_{xi} \times P_t \times \delta_i \tag{5.4-2}$$

式中：C_{l2}——地下停车场的土地费用；

S_{xi}——地下停车场第i层的建筑面积；

δ_i——地下第i层土地出让金价格与用地交易中出让土地的楼面价平均值的比值，地下一层取20%，地下二层按地下一层标准减半，地下三层按地下二层标准减半，以此类推。

2. 建造成本C_c

（1）土建工程费用C_{c1}

土建工程费用指建设停车场或停车楼的主体结构所产生的费用。根据停车场类型的不同，土建工程的费用也会有很大差异（表5.4-1）。

不同类型停车场土建工程费用参考值 表5.4-1

停车场类型	地面停车场	自行式地下停车场	自行式立体停车楼	机械式地下停车场	机械式立体停车楼
土建工程单位价格（元/m²）	100～300	3000～4000	1800～2500	2000～2500	600～900
单个泊位建筑面积/m²	25～30	30～45	30～35	15～20	15～20
土建工程费用（万元/泊位）	0.25～0.9	9～14	5.4～8.75	3～5	0.9～1.8
成本构成	地面铺装、交通设施、收费岗亭工程等	土石方、混凝土、钢筋、砌筑、防水、隔热楼地面、墙面、交通设施、收费岗亭工程等	土石方、混凝土、钢筋、砌筑、防水、隔热楼地面、墙面、交通设施、收费岗亭工程等	土石方、现浇混凝土、钢筋、砌筑、防水、收费岗亭工程等	土石方、现浇混凝土、钢筋、砌筑、防水、收费岗亭工程等

（2）设备费用C_{c2}

不同类型停车场所需要的设备不同，自行式停车场不需要购置大型机械设备，但需要配置收费、监控、消防等设备。机械式停车场除了配置收费、监控、消防等设备以外，还需要配置大型机械停车设备。不同类型停车场设备费用比较如表5.4-2所示。

不同类型停车场设备费用参考值 表5.4-2

停车场类型	地面停车场	自行式地下停车场	自行式立体停车楼	机械式地下停车场	机械式立体停车楼
设备费用（万元/泊位）	0.05～0.1	0.15～0.35	0.1～0.2	5～10	5～10
成本构成	消防、照明、给排水、收费、监控、配电设备等	消防（水喷淋系统）、照明、给排水、收费、监控、通风、配电设备等	消防（水喷淋系统）、照明、给排水、收费、监控、配电设备等	停车设备、消防（水喷淋系统）、照明、给排水、收费、监控、通风、配电设备等	停车设备、消防（水喷淋系统）、照明、给排水、收费、监控、通风、配电设备等

（3）设计咨询费用C_{c3}

设计咨询费用是支付停车场建设方案设计者的咨询费，其费率一般为土建工程费用的1%。

3. 运营成本C_w

运营成本由运行费用C_{w1}、维护费用C_{w2}、管理费用C_{w3}、设施折旧费用C_{w4}、运营收入税金C_{w5}组成，各组成具体分析如下。

（1）运行费用C_{w1}

运行费用是指停车场在日常运转过程中产生的费用，比如日常用电费用。运行费用与停车场的规模呈正相关关系，停车场规模越大，运行费用越高。不同类型停车场之间的运行费用差异也较大，这主要是因为日常运转的设备不同所致，例如地面停车场和坡道停车楼只需要运行收费、监控、照明设备即可，坡道地下停车场除运转上述设备外，还需要运行机械通风设备。

机械式停车场的照明和通风能耗与坡道式停车场的计算方法相近，除此之外，机械式停车场的每一次存取车都会产生费用，一般来说停车场使用强度越大，日均存取车次数越多，机械式停车场的运行费用就会越多。运行费用计算公式如式(5.4-3)所示。

$$C_{w1} = \frac{\sum_{i=1}^{n} K_i W_i P T \cdot 24}{N} \tag{5.4-3}$$

式中：C_{w1}——停车场单个泊位的年运行费用［万元/(泊位·年)］；

K_i——第i种设备系统的使用系数，不同类型停车场的不同设备的使用系数并不一致，比如地下停车场的照明系统一般会24h运转，而为了节省运行费用，通风系统可能1个月才会运转几个小时；

W_i——第i种设备系统的总功率（kW），系统总功率与组成设备的数量和功率有关；

P——当地的商业用电价格（元/度）；

T——停车场一年中的营业天数；

N——停车场的泊位数（个）。

不同类型停车场运行费用参考值见表5.4-3。

不同类型停车场运行费用参考值 表5.4-3

停车场类型	地面停车场	坡道地下停车场	坡道停车楼	机械式地下停车场	机械式立体停车楼
运行费用（万元/泊位）	0.005~0.01	0.04~0.1	0.02~0.03	0.05~0.15	0.05~0.15
运行设备组成	监控设备、收费道闸	监控设备、收费道闸、照明灯管、排水设备、通风设备	监控设备、收费道闸、照明灯管、排水设备	监控设备、收费道闸、照明灯管、排水设备、通风设备、停车机械搬运设备	监控设备、收费道闸、照明灯管、停车机械搬运设备

（2）维护费用C_{w2}

维护费用是指对停车场内的停车设施、消防设备、照明设备、水电系统、收费系统等设备的保养和维修替换费用。机械式停车场除维护上述设备以外，还需要对机械停车设备进行维护和保养。维护费用与设备本身特点和使用频率有关，使用频率越高，设备越易损坏，维护费用也就越高。各类型停车场维护费用如表5.4-4所示。

$$C_{w2} = \frac{\sum_{i=1}^{n} K_i C_i}{N} \tag{5.4-4}$$

式中：C_{w2}——停车场单个泊位的估算维护费用［万元/(泊位·年)］；

K_i——第i种设备系统的年损耗系数（%），损耗系数与设备特点有关，道闸系统、照明系统的损耗系数较高，监控系统的损耗系数较低；

C_i——第i种设备系统的采购成本（万元）；

N——停车场的泊位数（个）。

不同类型停车场维护费用参考值　　　　　　　　　　表5.4-4

停车场类型	地面停车	坡道地下停车场	坡道停车楼	机械式地下停车场	机械式立体停车楼
维护费用［万元/(泊位·年)］	0.004～0.005	0.004～0.005	0.004～0.005	0.05～0.2	0.05～0.2

（3）管理费用C_{w3}

管理费用是指支付给停车场管理人员的工资，管理费用的大小与停车场的自动化程度有关，停车场自动化程度越高，所需聘请的停车场管理人员就越少。管理费用与当地城市居民的收入水平有关。以南京市为例，估算不同类型停车场每年单个泊位的管理费用参考值如表5.4-5所示。

不同类型停车场管理费用参考值　　　　　　　　　　表5.4-5

停车场类型	地面停车	坡道地下停车场	坡道停车楼	机械式地下停车场	机械式立体停车楼
管理费用［万元/(泊位·年)］	0.1～0.15	0.1～0.15	0.1～0.15	0.04～0.05	0.04～0.05

（4）设备折旧C_{w4}

停车场设施的折旧费用一般取停车场设备费用C_{c2}的10%。

（5）运营收入税金C_{w5}

根据相关税收法规，停车场需要根据营业收入缴纳相应比例的收入税金，停车场建成运营后，在停车场规模、泊位利用率相同的情况下，不同类型停车场的运营收入税金是相等的，因此在停车场选型问题中可以不予考虑。

5.5 全生命周期成本管理

5.5.1 决策阶段成本管理

成立投资管控团队

地下停车场工程的投资管控团队根据项目与业主需求制定，通常情况下投资管理组作为项目管理的一项职能部门，包括投资/造价总监1名，专业造价工程师2～6名（原则上造价工程师应匹配相应的执业资格证书）。同时，配合投资管控工作的人员还包括合同管理专员 1 名、文档管理专员 1 名以及财务管理专员 1 名，协助全过程造价控制的展开。

编制项目工程造价管理大纲。管理大纲作为项目实施的基础文件，可在项目前期明确各方在本项目中的工作内容与工作责任，有利于各项造价咨询工作的开展。通常情况下，项目组进场后，投资控制组应对项目实际情况及设计图纸展开投资分析，并在此基础上，编制工程造价管理大纲，内容涉及投资目标的设置、造价审核的依据、造价管控的难点等，并申请项目部与公司的审核，投资控制组将以此为准则开展工作。

5.5.2 设计阶段成本管理

1. 设计是系统工程

公共停车场工程项目建设中造价控制的关键环节就是设计阶段，停车设计人员要系统研究社会、经济、法律、环境、工程范畴的各种问题。在项目具体设计过程中，不能只结合设计任务书当中的各项要求，还需要结合工程现场的实际情况，要尊重其所处环境、面对停车设施供需矛盾、法律条款、建造的经济性，实现价值工程，将工程造价效益进行提高，才能使建设项目的技术先进性和经济性得到完美的统一。

2. 设计需复合知识

公共停车场工程的造价控制，在设计阶段对设计人员而言，需具备较高的复合知识运用能力。相关设计人员不仅需要具备建筑设计专业、土木工程专业、钢结构专业的技术能力，还要掌握工程造价等相关知识。如果设计人员对工程造价不够熟悉，当工程建设项目设计任务时间紧急，造价人员没有充足的时间与设计人员进行交流的情况下，设计人员就容易按设计图纸和套用定额去编制概预算。这样就直接导致无法利用经济性对设计形成影响，投资的使用效果就会差强人意。

3. 设计需遵循价值工程

价值工程在公共停车场建设工程项目中的运用，对停车场功能与降低建设周期成本的相对关系的把握，是实现公共停车场价值的关键。例如：收集一切可用建筑材料的成本、尽量采用装配化的工厂产品、采用标准化的技术方法等。价值工程的表达式为 $V = F/C$，其中 V 表示价值系数，F 表示评价功能系数，C 为费用系数。在公共停车场建设中，从设计阶段和材料采购等方面入手，实施造价控制，在遵循价值工程的基础上大幅度降低成本，提高公共停车场的价值。

（1）设计阶段。①在考虑公共停车场功能的基础上，完成对造价的控制，结合场地、空间和环境，提升停车场的空间利用率，降低成本，提升价值。②成本不变，提升公共停车场的复合使用功能。结合价值工程的表达式，分析通过提升复合功能评价可以改善工程价值系数，可改进公共停车场的空间利用率和规划方式，达到提升公共停车场空间利用的效果，进而在保持建设成本不变的条件下，发挥公共停车场的价值。

（2）材料采购，同样需要遵循价值工程。结合公共停车场的建设需求，完成对材料的选择，并对项目展开限额设计，通过综合比较分析功能和成本，选取价格适宜且材料质量优良的供应商，达到降低造价、提升价值的目的。且对于限额设计，需合理控制项目的投资支出，根据实际市场情况，逐步完成对限额的调整，从而体现公共停车场的价值。

设计阶段是分析处理工程技术与经济关系的关键环节，也是有效控制工程造价的重要阶段。在工程设计阶段，工程造价管理人员需要密切配合设计人员进行限额设计，处理好工程技术先进性与经济合理性之间的关系。在初步设计阶段，要按照可行性研究报告及投资估算进行多方案的技术经济分析比较，确定初步设计方案，审查工程概算；在施工图设计阶段，要按照审批的初步设计内容、范围和概算进行技术经济评价与分析。提出设计优化建议，确定施工图设计方案，审查施工图预算。

设计阶段工程造价管理的主要方法是通过多方案技术经济分析，优化设计方案，选用适宜方法审查工程概预算；同时，通过推行限额设计和标准化设计，有效控制工程造价。

4. 限额设计

限额设计是指按照批准的可行性研究报告中的投资限额进行初步设计、按照批准的初步设计概算进行施工图设计、按照施工图预算造价编制施工图设计中各个专业设计文件的过程。

限额设计中，工程使用功能不能减少，技术标准不能降低，工程规模也不能削减。因此，限额设计需要在投资额度不变的情况下，实现使用功能和建设规模的最大化。限额设计是工程造价控制系统中的一个重要环节，是设计阶段进行技术经济分析、实施工程造价控制的一项重要措施。

1）限额设计工作内容

（1）合理确定设计限额目标

投资决策阶段是限额设计的关键。对政府工程而言，投资决策阶段的可行性研究报告是政府部门核准投资总额的主要依据，而批准的投资总额则是进行限额设计的重要依据。为此应在多方案技术经济分析和评价后确定最终方案，提高投资估算准确度，合理确定设计限额目标。

（2）确定合理的初步设计方案

初步设计阶段需要依据最终确定的可行性研究方案和投资估算，对影响投资的因素按照专业进行分解，并将规定的投资限额下达到各专业设计人员。设计人员应用价值工程基本原理，通过多方案技术经济比选，创造出价值较高、技术经济性较为合理的初步设计方案，并将设计概算控制在批准的投资估算内。

（3）在概算范围内进行施工图设计

施工图是设计单位的最终成果文件，应按照批准的初步设计方案进行限额设计，施工图预算需控制在批准的设计概算范围内。

2）限额设计实施程序

限额设计强调技术与经济的统一，需要工程设计人员和工程造价管理专业人员密切合作。工程设计人员进行设计时，应基于建设工程全寿命期，充分考虑工程造价的影响因素，对方案进行比较，优化设计；工程造价管理专业人员要及时进行投资估算，在设计过程中协助工程设计人员进行技术经济分析和论证，从而达到有效控制工程造价的目的。限额设计的实施是建设工程造价目标的动态反馈和管理过程，可分为目标制定、目标分解、目标推进和成果评价四个阶段。

（1）目标制定。限额设计目标包括：造价目标、质量目标、进度目标、安全目标及环保目标。各个目标之间既相互关联又相互制约，因此在分析论证限额设计目标时，应统筹兼顾，全面考虑，追求技术经济合理的最佳整体目标。

（2）目标分解。分解工程造价目标是实行限额设计的一个有效途径和主要方法。首先，将上一阶段确定的投资额分解到建筑、结构、电气、给排水和暖通等设计部门的各个专业。其次，将投资限额再分解到各个单项工程、单位工程、分部工程及分项工程。在目标分解过程中，要对设计方案进行综合分析与评价。最后，将各细化的目标明确到相应设计人员，制订明确的限额设计方案。通过层层目标分解和限额设计，实现对投资限额的有效控制。

（3）目标推进。目标推进通常包括限额初步设计和限额施工图设计两个阶段。

①限额初步设计阶段。应严格按照分配的工程造价控制目标进行方案的规划和设计。在初步设计方案完成后，由工程造价管理人员及时编制初步设计概算，并进行初步设计方案的技术经济分析，直至满足限额要求。初步设计只有在满足各项功能要求并符合限额设计目标的情况下，才能作为下一阶段的限额目标给予批准。

②限额施工图设计阶段。遵循各目标协调并进的原则，做到各目标之间的有机结合和统一，防止忽略其中任何一个。在施工图设计完成后，进行施工图设计的技术经济论证，分析施工图预算是否满足设计限额要求，以供设计决策者参考。

（4）成果评价。成果评价是目标管理的总结阶段。通过对设计成果的评价，总结经验和教训，作为指导和开展后续工作的重要依据。

值得指出的是，当考虑建设工程全寿命期成本时，按照限额要求设计的方案未必具有最佳经济性，此时亦可考虑突破原有限额，重新选择设计方案。

5. 设计方案评价与优化

设计方案评价与优化是设计过程的重要环节，它是指通过技术比较、经济分析和效益评价，正确处理技术先进与经济合理之间的关系，力求达到技术先进与经济合理的和谐统一。

设计方案评价与优化通常采用技术经济分析法，即将技术与经济相结合，按照建设工程经济效果，针对不同的设计方案，分析其技术经济指标，从中选出经济效果最优的方案。由于设计方案不同，其功能、造价、工期和设备、材料、人工消耗等标准均存在差异，因此技术经济分析法不仅要考察工程技术方案，还要关注工程费用。

1）基本程序

设计方案评价与优化的基本程序如下：

（1）按照使用功能、技术标准、投资限额的要求，结合工程所在地实际情况，探讨和建立可能的设计方案；

（2）从所有可能的设计方案中初步筛选出各方面都较为满意的方案作为比选方案；

（3）根据设计方案的评价目的，明确评价的任务和范围；

（4）确定能反映方案特征并能满足评价目的的指标体系；

（5）根据设计方案计算各项指标及对比参数；

（6）根据方案评价的目的，将方案的分析评价指标分为基本指标和主要指标，通过评

价指标的分析计算,排出方案的优劣次序,并提出推荐方案;

(7)综合分析,进行方案选择或提出技术优化建议;

(8)对技术优化建议进行组合搭配,确定优化方案;

(9)实施优化方案并总结备案。

在设计方案评价与优化过程中,建立合理的指标体系,并采取有效的评价方法进行方案优化是最基本和最重要的工作内容。

2)评价指标体系

设计方案的评价指标是方案评价与优化的衡量标准,对于技术经济分析的准确性和科学性具有重要作用。内容严谨、标准明确的指标体系,是对设计方案进行评价与优化的基础。

评价指标应能充分反映工程项目满足社会需求的程度,以及为取得使用价值所需投入的社会必要劳动和社会必要消耗量。因此,指标体系应包括以下内容:

(1)使用价值指标,即工程项目满足需要程度(功能)的指标;

(2)消耗量指标,即反映创造使用价值所消耗的资金、材料、劳动量等资源的指标;

(3)其他指标。

对建立的指标体系,可按指标的重要程度设置主要指标和辅助指标,并选择主要指标进行分析比较。

3)评价方法

设计方案的评价方法主要有多指标法、单指标法以及多因素评分法。

(1)多指标法。多指标法就是采用多个指标,将各个对比方案的相应指标值逐一进行分析比较,按照各种指标数值的高低对其作出评价。其评价指标包括:

①工程造价指标。造价指标是指反映建设工程一次性投资的综合货币指标,根据分析和评价工程项目所处的时间段,可依据设计概(预)算予以确定。例如:每平方米建筑造价、给排水工程造价、供暖工程造价、通风工程造价、设备安装工程造价等。

②主要材料消耗指标。该指标从实物形态的角度反映主要材料的消耗数量,如钢材消耗量指标、水泥消耗量指标、木材消耗量指标等。

③劳动消耗指标。该指标所反映的劳动消耗量,包括现场施工和预制加工厂的劳动消耗。

④工期指标。工期指标是指建设工程从开工到竣工所耗费的时间,可用来评价不同方案对工期的影响。

在采用多指标法对不同设计方案进行分析和评价时,如果某一方案的所有指标都优于其他方案,则为最佳方案;如果各个方案的其他指标都相同,只有一个指标相互之间有差异,则该指标最优的方案就是最佳方案。这两种情况对于优选决策来说都比较简单,但实际中很少有这种情况。在大多数情况下,不同方案之间往往是各有所长,有些指标较优,有些指标较差,而且各种指标对方案经济效果的影响也不相同。这时,若采用加权求和的方法,各指标的权重又很难确定,因而需要采用其他分析评价方法,如单指标法。

(2)单指标法。单指标法是以单一指标为基础对建设工程技术方案进行综合分析与评价的方法。单指标法有很多种类,各种方法的使用条件也不尽相同。较常用的有以下几种：

①综合费用法。这里的费用包括方案投产后的年度使用费、方案的建设投资以及由于工期提前或延误而产生的收益或亏损等。该方法的基本出发点在于将建设投资和使用费结合起来考虑，同时考虑建设周期对投资效益的影响，以综合费用最小为最佳方案。综合费用法是一种静态价值指标评价方法，没有考虑资金的时间价值，只适用于建设周期较短的工程。此外，由于综合费用法只考虑费用，未能反映功能、质量、安全、环保等方面的差异，因而只有在方案的功能、建设标准等条件相同或基本相同时才能采用。

②全寿命期费用法。建设工程全寿命期费用除包括筹建、征地拆迁、咨询、勘察、设计、施工、设备购置以及贷款支付利息等与工程建设有关的一次性投资费用之外，还包括工程完成后交付使用期内经常发生的费用支出，如维修费、设施更新费、供暖费、电梯费、空调费、保险费等。这些费用统称为使用费，按年计算时称为年度使用费。全寿命期费用评价法考虑了资金的时间价值，是一种动态的价值指标评价方法。由于不同技术方案的寿命期不同，因此应用全寿命期费用评价法计算费用时，不用净现值法，而用年度等值法，以年度费用最小者为最优方案。

③价值工程法。价值工程法主要是对产品进行功能分析，研究如何以最低的全寿命期成本实现产品的必要功能，从而提高产品价值。在建设工程施工阶段应用该方法来提高建设工程价值的作用是有限的。要使建设工程的价值能够大幅提高，获得较高的经济效益，必须首先在设计阶段应用价值工程法，使建设工程的功能与成本合理匹配。也就是说，在设计中应用价值工程的原理和方法，在保证建设工程功能不变或功能改善的情况下，力求节约成本，以设计出更加符合用户要求的产品。

在工程设计阶段，应用价值工程法对设计方案进行评价的步骤如下：

a. 功能分析。分析工程项目满足社会和生产需要的各主要功能。

b. 功能评价。比较各项功能的重要程度，确定各项功能的重要性系数。目前，功能重要性系数一般通过打分法来确定。

c. 计算功能评价系数 F，功能评价系数计算公式为：功能评价系数 = 某方案功能满足程度总分/所有参加评选方案功能满足程度总分之和。

d. 计算成本系数（C）。

按 $V = F/C$ 分别求出各方案的价值系数，价值系数最大的方案为最优方案。

价值工程在工程设计中的运用过程实际上是发现矛盾、分析矛盾和解决矛盾的过程。具体地说，就是分析功能与成本间的关系，以提高建设工程的价值系数。工程设计人员要以提高价值为目标，以功能分析为核心，以经济效益为出发点，从而真正实现对设计方案的优化。

（3）多因素评分优选法。多因素评分法是多指标法与单指标法相结合的一种方法。对需要进行分析评价的设计方案设定若干个评价指标，按其重要程度分配权重，然后按照评价标准给各指标打分，将各项指标所得分数与其权重采用综合方法整合，得出各设计方案的评价总分，以获总分最高者为最佳方案。多因素评分优选法综合了定量分析评价与定性分析评价的优点，可靠性高，应用较广泛。

4）方案优化

方案优化是使设计质量不断提高的有效途径，可在设计招标或设计方案竞赛的基础上，将各设计方案的可取之处进行重新组合，吸收众多设计方案的优点，使设计更加完美。而对于具体方案，则应综合考虑工程质量、造价、工期、安全和环保五大目标，基于全要素造价管理进行优化。

工程项目五大目标之间的整体相关性决定了设计方案优化必须考虑工程质量、造价、工期、安全和环保五大目标之间的最佳匹配，力求达到整体目标最优，而不能孤立、片面地考虑某一目标或强调某一目标而忽略其他目标。在保证工程质量和安全、保护环境的基础上，追求全寿命期成本最低的设计方案。

6. 概预算文件审查

设计概预算文件是确定建设工程造价的文件，是工程建设全过程造价控制、考核工程项目经济合理性的重要依据。因此，审查概预算文件在工程造价管理中具有非常重要的作用。

1）设计概算审查

设计概算审查是确定建设工程造价的一个重要环节。通过审查能使概算更加完整、准确，促进工程设计的技术先进性和经济合理性。

（1）设计概算审查内容。包括：概算编制依据、概算编制深度及概算主要内容三个方面。

①设计概算编制依据审查

a. 审查编制依据的合法性。设计概算采用的编制依据必须经过国家和授权机关的批准，符合概算编制的有关规定。同时，不得擅自提高概算定额、指标或费用标准。

b. 审查编制依据的时效性。设计概算文件所使用的各类依据，如定额、指标、价格、取费标准等，都应根据国家有关部门的规定进行。

c. 审查编制依据的适用范围。各主管部门规定的各类专业定额及其取费标准，仅适用于该部门的专业工程；各地区规定的各种定额及其取费标准，只适用于该地区范围内，特别是地区的材料预算价格应按工程所在地区的具体规定执行。

②设计概算编制深度审查

a. 审查编制说明。审查设计概算的编制方法、深度和编制依据等重大原则性问题。

b. 审查设计概算编制的完整性。对于一般大中型项目的设计概算，审查是否具有完整的编制说明和三级设计概算文件（总概算、综合概算、单位工程概算），是否达到规定的深度。

c. 审查设计概算的编制范围。包括：设计概算编制范围和内容是否与批准的工程项目范围相一致；各项费用应列的项目是否符合法律法规及工程建设标准；是否存在多列或遗漏的取费项目等。

③设计概算主要内容审查

a. 概算编制是否符合法律、法规及相关规定。

b. 概算所编制工程项目的建设规模和建设标准、配套工程等是否符合批准的可行性研究报告或立项批文。对总概算投资超过批准投资估算10%以上的，应进行技术经济论证，需重新上报进行审批。

　　c. 概算所采用的编制方法、计价依据和程序是否符合相关规定。

　　d. 概算工程量是否准确。应将工程量较大、造价较高、对整体造价影响较大的项目作为审查重点。

　　e. 概算中主要材料用量的正确性和材料价格是否符合工程所在地的价格水平，材料价差调整是否符合相关规定等。

　　f. 概算中设备规格、数量、配置是否符合设计要求，设备原价和运杂费是否正确；非标准设备原价的计价方法是否符合规定；进口设备各项费用的组成及其计算程序、方法是否符合规定。

　　g. 概算中各项费用的计取程序和取费标准是否符合国家或地方有关部门的规定。

　　h. 总概算文件的组成内容是否完整地包括了工程项目从筹建至竣工投产的全部费用组成。

　　i. 综合概算、总概算的编制内容、方法是否符合国家相关规定和设计文件的要求。

　　j. 概算中工程建设其他费用中的费率和计取标准是否符合国家、行业有关规定。

　　k. 概算项目是否符合国家对于环境治理的要求和相关规定。

　　l. 概算中技术经济指标的计算方法和程序是否正确。

　　（2）设计概算审查方法。采用适当方法对设计概算进行审查，是确保审查质量、提高审查效率的关键。常用的审查方法有以下五种：

　　①对比分析法。通过对比分析建设规模、建设标准、概算编制内容和编制方法、人材机单价等，发现设计概算存在的主要问题和偏差。

　　②主要问题复核法。对审查中发现的主要问题以及有较大偏差的设计进行复核，对重要、关键设备和生产装置或投资较大的项目进行复查。

　　③查询核实法。对一些关键设备和设施、重要装置以及图纸不全、难以核算的较大投资进行多方查询核对，逐项落实。

　　④分类整理法。对审查中发现的问题和偏差，对照单项工程、单位工程的顺序目录分类整理，汇总核增或核减的项目及金额，最后汇总审核后的总投资及增减投资额。

　　⑤联合会审法。在设计单位自审、承包单位初审、咨询单位评审、邀请专家预审、审批部门复审等层层把关后，由有关单位和专家共同审核。

　　2）施工图预算审查

　　对施工图预算进行审查，有利于核实工程实际成本，更有针对性地控制工程造价。

　　（1）施工图预算审查内容。重点应审查：工程量的计算；定额的使用；设备材料及人工、机械价格的确定；相关费用的选取和确定。

　　①工程量计算的审查。工程量计算是编制施工图预算的基础性工作之一，对施工图预算的审查，应首先从审查工程量开始。

　　②定额使用的审查。应重点审查定额子目的套用是否正确。同时，对于补充的定额子目，要对其各项指标消耗量的合理性进行审查，并按程序进行报批，及时补充到定额当中。

　　③设备材料及人工、机械价格的审查。设备材料及人工、机械价格受时间、资金和市

场行情等因素的影响较大，且在工程总造价中所占比例较高，因此应作为施工图预算审查的重点。

④相关费用的审查。审查各项费用的选取是否符合国家和地方有关规定，审查费用的计算和计取基数是否正确、合理。

（2）施工图预算审查方法。通常可采用以下方法进行审查：

①全面审查法。又称逐项审查法，是指按预算定额顺序或施工的先后顺序，逐一进行全部审查。其优点是全面、细致，审查的质量高；缺点是工作量大，审查时间较长。

②标准预算审查法。是指对于利用标准图纸或通用图纸施工的工程，先集中力量编制标准预算，然后以此为标准对施工图预算进行审查。其优点是审查时间较短，审查效果好；缺点是应用范围较小。

③分组计算审查法。是指将相邻且有一定内在联系的项目编为一组，审查某个分量，并利用不同量之间的相互关系判断其他几个分项工程量的准确性。其优点是可加快工程量审查的速度，缺点是审查的精度较差。

④对比审查法。是指用已完工程的预结算或虽未建成但已审查修正的工程预结算对比审查拟建类似工程施工图预算。其优点是审查速度快，但同时需要具有较为丰富的相关工程数据库作为开展工作的基础。

⑤筛选审查法。也属于一种对比方法。即对数据加以汇集、优选、归纳，建立基本值，并以基本值为准进行筛选，对于未被筛下去的，即不在基本值范围内的数据进行较为详尽的审查。其优点是便于掌握，审查速度较快；缺点是有局限性，较适用于住宅工程或不具备全面审查条件的工程项目。

⑥重点抽查法。是指抓住工程预算中的重点环节和部分进行审查。其优点是重点突出，审查时间较短，审查效果较好；不足之处是对审查人员的专业素质要求较高，在审查人员经验不足或了解情况不够的情况下，极易造成判断失误，严重影响审查结论的准确性。

⑦利用手册审查法。是指将工程常用的构配件事先整理成预算手册，按手册对照审查。

⑧分解对比审查法。是将一个单位工程按直接费和间接费进行分解，然后再将直接费按工种和分部工程进行分解，分别与审定的标准预结算进行对比分析。

总之，设计概预算审查作为设计阶段造价管理的重要组成部分，需要有关各方积极配合，强化管理，从而实现基于建设工程全寿命期的全要素集成管理。

5.5.3 招标阶段成本管理

根据《招标投标法》，对于规定范围和规模标准内的工程项目，建设单位须通过招标方式选择施工单位；对于不适于招标发包的工程项目，建设单位可以直接发包。

1. 施工招标方式和程序

1）施工招标方式

根据《招标投标法》，工程施工招标分公开招标和邀请招标两种方式。

（1）公开招标

公开招标又称无限竞争性招标，是指招标人按程序，通过报刊、广播、电视、网络等媒体发布招标公告，邀请具备条件的施工承包商投标竞争，然后从中确定中标者并与之签订施工合同的过程。

公开招标方式的优点：招标人可以在较广的范围内选择承包商，投标竞争激烈，择优率更高，有利于招标人将工程项目交予可靠的承包商实施，并获得有竞争性的商业报价，同时也可在较大程度上避免招标过程中的贿标行为。因此，国际上政府采购通常采用这种方式。

公开招标方式的缺点：准备招标、对投标申请者进行资格预审和评标的工作量大，招标时间长、费用高。同时，参加竞争的投标者越多，中标的机会就越小；投标风险越大，损失的费用也就越多，而这种费用的损失必然会反映在标价中，最终会由招标人承担，故这种方式在一些国家较少采用。

（2）邀请招标

邀请招标也称有限竞争性招标，是指招标人以投标邀请书的形式邀请预先确定的若干家施工承包商投标竞争，然后从中确定中标者并与之签订施工合同的过程。

采用邀请招标方式时，邀请对象应以 5~10 家为宜，至少不应少于 3 家，否则就失去了竞争意义。与公开招标方式相比，邀请招标方式的优点是不发布招标公告，不进行资格预审，简化了招标秩序，因而节约了招标费用、缩短了招标时间。而且由于招标人比较了解投标人以往的业绩和履约能力，从而减少了合同履行过程中承包商违约的风险。对于采购标的较小的工程项目，采用邀请招标方式比较有利。此外，有些工程项目的专业性强，有资格承接的潜在投标人较少或者需要在短时间内完成投标任务等，不宜采用公开招标方式的，也应采用邀请招标方式。值得注意的是，尽管采用邀请招标方式时不进行资格预审，但为了体现公平竞争和便于招标人对各投标人的综合能力进行比较，仍要求投标人按招标文件的有关要求，在投标文件中提供有关资质资料，在评标时以资格后审的形式作为评审内容之一。

邀请招标方式的缺点：由于投标竞争的激烈程度较差，有可能会提高中标合同价；也有可能排除某些在技术上或报价上有竞争力的承包商参与投标。

2. 施工招标策划

施工招标策划是指建设单位及其委托的招标代理机构在准备招标文件前，根据工程项目特点及潜在投标人情况等确定招标方案。招标策划的好坏关系到招标的成败，直接影响投标人的投标报价乃至施工合同价。因此，招标策划对施工招标投标过程中的工程造价管理起着关键作用。施工招标策划主要包括施工标段划分、合同计价方式及合同类型选择等内容。

1）施工标段划分

工程项目施工是一个复杂的系统工程，影响标段划分的因素有很多。应根据工程项目的内容、规模和专业复杂程度确定招标范围，合理划分标段。对于工程规模大、专业复杂的工程项目，建设单位的管理能力有限时，应考虑采用施工总承包的招标方式选择施工队伍。这样，有利于减少各专业之间因配合不当造成的窝工、返工、索赔风险。但采用这种承包方式，有可能使工程报价相对较高。对于工艺成熟的一般性项目，涉及专业不多时，可考虑采用平行承包的招标方式，分别选择各专业承包单位并签订施工合同。采用这种承包方式，建设单位一般可得到较为满意的报价，有利于控制工程造价。

划分施工标段时，应考虑的因素包括工程特点、对工程造价的影响、承包单位专长的发挥、工地管理等。

（1）工程特点。如果工程场地集中、工程量不大、技术不太复杂，由一家承包单位总包易于管理，则一般不分标。但如果工地场面大、工程量大，有特殊技术要求，则应考虑划分为若干标段。

（2）对工程造价的影响。通常情况下，一项工程由一家施工单位总承包易于管理，同时便于劳动力、材料、设备的调配，因而可得到交底造价。但对于大型、复杂的工程项目，对承包单位的施工能力、施工经验、施工设备等有较高要求。在这种情况下，如果不划分标段，就可能使有资格参加投标的承包单位大幅减少。竞争对手的减少，必然会导致工程报价的上涨，反而得不到较为合理的报价。

（3）承包单位专长的发挥。工程项目是由单项工程、单位工程或专业工程组成，在考虑划分施工标段时，既要考虑不会产生各承包单位施工的交叉干扰，又要注意各承包单位之间在空间和时间上的衔接。

（4）工地管理。从工地管理角度看，分标时应考虑两方面问题：一是工程进度的衔接；二是工地现场的布置和干扰。工程进度的衔接很重要，特别是工程网络计划中关键线路上的项目一定要选择施工水平高、能力强、信誉好的承包单位，以防止影响其他承包单位的进度。从现场布置的角度看，承包单位越少越好。分标时，要对几个承包单位在现场的施工场地进行细致周密的安排。

（5）其他因素。除上述因素外，还有许多其他因素影响施工标段的划分，如建设资金、设计图纸供应等。资金不足、图纸分期供应时，可先进行部分招标。

标段的划分是选择招标方式和编制招标文件前的一项非常重要的工作，需要考虑上述因素综合分析后确定。

2）合同计价方式

施工合同中，计价方式可分为三种：总价方式、单价方式和成本加酬金方式。相应的施工合同也称为总价合同、单价合同和成本加酬金合同。其中，成本加酬金的计价方式又可根据酬金的计取方式不同，分为百分比酬金、固定酬金、浮动酬金和目标成本加奖罚四种计价方式。

3）合同类型选择

施工合同有多种类型。合同类型不同，合同双方的义务和责任不同，各自承担的风险也不尽相同。建设单位应综合考虑以下因素来选择适合的合同类型：

（1）工程项目复杂程度。建设规模大且技术复杂的工程项目，承包风险较大，各项费用不易准确估算，因而不宜采用固定总价合同。最好是对有把握的部分采用固定总价合同，估算不准的部分采用单价合同或成本加酬金合同。有时，在同一施工合同中采用不同的计价方式，是建设单位与施工承包单位合理分担施工风险的有效办法。

（2）工程项目设计深度。工程项目的设计深度是选择合同类型的重要因素。如果已完成工程项目的施工图设计、施工图纸和工程量清单详细而明确，则可选总价合同；如果实际工程量与预计工程量可能有较大出入时，应优先选择单价合同；如果只完成工程项目的初步设计，工程量清单不够明确时，则可选择单价合同或成本加酬金合同。

（3）施工技术先进程度。如果在工程施工中有较大部分采用新技术、新工艺，建设单位和施工承包单位对此缺乏经验，又无国家标准时，为了避免投标单位盲目提高承包价款，或由于对施工难度估计不足而导致承包亏损，不宜采用固定总价合同，而应选用成本加酬金合同。

（4）施工工期紧迫程度。对于一些紧急工程，要求尽快开工且工期较紧时，可能仅有实施方案，还没有施工图纸，施工承包单位不可能报出合理的价格，选择成本加酬金合同较为合适。

对于一个工程项目而言，究竟采用何种合同类型不是固定不变的。在同一个工程项目中不同的工程部分或不同阶段，可以采用不同类型的合同。在进行招标策划时，必须依据实际情况，权衡各种利弊，然后再作出最佳决策。

5.5.4 施工阶段成本管理

1. 停车场造价审核流程与表单样式的制作

停车场造价审核流程包括：进度款审核与支付流程、停车场工程签证流程、合同审批流程、材料及商品审定流程、设计变更流程。其中涉及的表单包括：材料价格审核表、合同审核表、设计变更表、验工计价表、进度款支付审批表等。

2. 制定过程中造价控制目标

细化施工图预算审核工作，制定每项子工程的造价控制目标。首先，投资概算作为停车场工程建设投资的上限指标，其概预算的分项对比工作有利于了解整个项目的造价情况，以及每个子工程的造价情况。同时，概预算相关内容与数据的分析，能够有效识别出超概的潜在子项目，明确造价控制的重点。

在停车场项目中，为确保工程造价得到控制，投资控制组应要求施工单位进场后在规定时间内完成施工图的预算编制，通常可设置为一个月（包括钢筋翻样等）。同时，投资控制组成员可以以提交的相关文件（包括工程投标文件、合同、施工图）为基础，编制施工图预算，在规定时间内，以投资控制组提供的预算为基础，对施工方给出的预算进行审核，注意排查施工方预算增超点。

值得注意的是，通过概预算对比与预算的横向比对比，可以发现预算时专业分包金额、材料暂定金额中设置的不合理点，进而对预施工图预算进行合理修正，并最终出具审核结果与报告。其中，在停车场项目中，各单项工程的投资目标值、专业分包工程招标控制价以及部分材料的暂定金额是预算审核报告的核心内容，也是降低施工过程中出现大规模超预算风险的重要控制点。施工图预算完成后，应当以概算结果及相应清单为基础，对工程建设其他费中已经产生的费用、合同开展后将要发生的费用进行合理预测，并制定整个项目的投资目标值。

3. 工程造价动态控制分析

工程造价动态控制通常以动态分析表的形式展开，并对概算、投资目标值以及实际产值进行实时动态对比。

首先,结合预算清单采用工作分解结构(Work Breakdown Structure,简称 WBS)把投资目标值、合同预算价格分解到全过程的各分部分项工程中。按照工程造价费用种类集合停车场工程的特征进行分类汇总,再根据施工组织计划得出每年度、每月度、每周及每日的计划费用。动态控制分析的流程如图 5.5-1 所示。

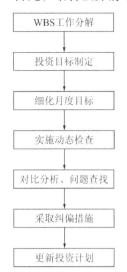

图 5.5-1 动态控制分析的流程

其次,在项目实施阶段,施工总承包方应组织各分包方定期汇总、汇报与更新定期计划值,同时报送项目管理组,经投资控制组审核后上报至发包方。投资控制组应要求施工方按计划上报产值,并对计划进行动态检查,将实际产值与计划产值进行定期对比分析。同时,投资管控组应协同其他项目管理成员进行现场进度计划的检查,以确保实际产值的真实性。

最后,投资控制组应对动态分析的结果做出判断,并对造成成本偏差的主要原因进行分析,并采取相应措施。例如,在停车场工程中常见的土建施工引起的工程量增加等。投资偏差调整的主要措施包括生产管理、技术管理与合同管理 3 个方面。在生产管理方面,项目管理组应要求施工方合理安排施工机械、施工班组,进而提升工作效率。在技术管理上,对工程项目的实际施工进行分析,寻找技术潜力,改善施工方案,改良组织工序,提升项目管理效率。在合同管理方面,强化履约管理,确保资金及时到位;同时,尽可能提升信息传递效率,加快项目管理组织的回复效率。

4. 现场签证与设计变更的审核

审核现场签证与设计变更是投资控制组在施工阶段的重要工作,也是解决工程争议的重要依据。停车场工程施工现场签证与设计变更的原因主要包括现场条件等对设计图纸或技术参数采取的相关修改,如停车场工程中基坑边坡系数的修改。同时,还包括因发包方自身原因产生的签证,例如装饰材料与使用目标要求不同,发包方提出的变更与签证。

投资控制组强化现场签证和设计变更管理的措施主要包括:采用制度文件约束签证与变更程序、对现场签证进行严格审查、确定清晰的现场签证权限、加强材料与设备的价格审核。在签证与变更管理制度化方面,投资控制组应组织专人编制《地下停车场工程现场签证与设计变更管理的实施细则》,细则中应明确操作程序、工作分工与工作责任。在现场签证的审查方面,投资控制组应重点关注发生变更的工程内容、工程量、项目单价表等方面,明确变更项对应的合同条款,确保现场签证的有效性。在加强材料与设备价格的审核方面,材料等进场前,投资控制组应认真核对是否与信息一致,同时抽查部分材料与设备在厂家中的明细资料与价格,杜绝以次充好现象的发生。

5. 工程量的审核与进度款支付

及时准确支付进度款是保障项目顺利推进的依据,投资控制组应认真完成工程量的审核,并对工程价款支付提供支付基础。进度款支付的程序包括:施工方提交支付申请;投资控制组对申请进行有效审核;如存在清单错项与漏项的,施工方应修正支付申请并重新提交申请；完成审核后，发包方应在约定期限内对计量结果与审核结果进行确认，并出具支付政府证书，一般情况下进度款支付不会超过结算金额的 70%～90%。应当注意的是，申请的审核是进度款支付的重要环节，也是投资控制组在该阶段的主要工作，审核内容包括形象进度、实际发生工程量等。

6. 商务条款的复核

商务条款的复核是指针对招标文件、合同文本以及工程量清单的复核审查，主要包括审核招标范围是否涵盖了工程施工所有内容，即限价是否低于概算批复金额、合同文本中的商务条款是否存在漏洞、工程量清单的计算依据与计算结果是否准确、项目特征描述是否准确、清单项目是否完整等内容。

7. 监督施工方履约行为

在项目实施阶段，投资管控组除了审核价款等工作外，还应协助项目管理组（项目监理）对监督施工方按照合同要求工程范围、设计规模、材料质量、建设标准进行履约。通常情况下，停车场的使用方往往与发包方为同一家单位，因此根据使用需求临时做出变更导致的"超预算、超概算"情形同样值得控制。由此，投资管理组在对承包方履约进行监督的同时，应当对发包方提出的变更进行合理化建议，以此实现发包方与承包方的双赢。

8. 编制造价咨询管理月报

投资控制中应按照项目管控组的统一安排和发包方需求，统一编制工作台账，包括合同台账、造价台账、签证台账、变更台账、进度款支付台账等。同时，投资控制组应对各方往来函件进行存档，包括通知单、联系单、签证记录、变更记录等，同样需进行详细的台账管理与档案管理。在有条件的情况下，投资控制组应编制工作日报，记录工程的每日造价工作，便于后期查阅。

投资控制月报应详细记录每月造价工作的进展、成果与问题，并在每月约定时间内提交至发包方与项目管理组。投资控制月报通常包括以下内容：项目投资的整体情况描述、投资控制的动态净值分析、当月发生变更的情况、当月发生签证的情况、造价咨询与投资控制的主要工作描述、项目资金的使用情况、现阶段影响投资控制的风险分析以及下个月投资控制计划与工作安排。

9. 工程竣工结算的审核

在项目竣工阶段，投资控制的一项重要工作是对施工方提交的结算依据进行准确、科学、客观的审核，并为发包方出具有效的工程结算审核报告。结算审核过程中，首先应注意审核结算资料是否完整，包括竣工验收报告、竣工图及审查、招标文件及相关文件、工程合同及补充协议、设计变更及签证记录、其他文档资料。其次是工程量的审核，投资控制组应深入竣工现场审核竣工图纸是否与实际施工存在出入。同时，还应反复审核合同中特殊约定的内容。最后，是结算单价与设计变更的审核。

10. 编制投资控制总结报告

总结报告按照发包人需求与项目管理组要求进行编制，总结投资控制中的风险、常见问题以及解决措施。具体包括投资控制目标完成的情况与分析、对停车场项目各项造价指标进行总结、动态控制情况的总结、分析项目中存在的问题与解决方式、工作内容的总结。

11.档案归档与数据库补充

项目结束后,对投资控制形成的各项成果文件进行归档,并形成档案清档,纸质版归档档案室、电子档存放公司安全硬盘。同时,将投资控制过程中形成的指标数据进行统计归档,包括地下车库的造价指标、钢筋用量的单方造价、重要设备与材料的价格数据等。

第 6 章

资金筹措：源头活水，孜孜以求

从 2024 年陆续披露的许多省市政府工作报告中不难看出基础设施领域的发展依然是一个很重要的部分，并将持续推进重大基础设施建设，但当前的整体稳定中又有一些新的趋势。趋势一：新老兼顾，除了继续加强新型基础设施建设外，对水电路气信邮等传统基础设施以及县城、农村基础设施需要进一步完善。趋势二：注重民生，向内涝治理、水利工程等民生项目倾斜。趋势三：对能源低碳、能源转型、生态治理等做出了更多要求。趋势四：科技赋能、大数据平台、云计算、人工智能将深入基础设施的各个角落。

停车场作为城市基础设施的重要组成部分和关键节点，在以上四个趋势上或多或少地都有涉及。

站在今天这个时点来讨论城市基础设施的停车场类项目的资金筹措就需要从两方面来思考。一方面，城市基础设施建设的融资已不能以政府购买兜底，这就减少了城市基础设施建设资金获取的渠道。另一方面，停车场项目本身的现金流大多比较好，也就是说项目本身"造血"能力很强，这就为项目的融资提供了很大的助力。

城市停车问题算是当前的基本民生问题，城市里土地寸土寸金，当前停车场的发展还远不能满足市民日益增长的停车需求，主要原因是项目建设资金需求巨大，且项目投资回报期长，因此这里探索停车场建设融资渠道就显得十分必要，国内金融市场不及国外发达，同时我们有自己的国情，所以不能照搬国外融资模式。一方面，目前国内停车场项目具有广阔的市场前景，另一方面其发展不足，智能性不够，远不能解决机动车迅速发展与停车场建设滞后的矛盾。因此停车场的融资问题亟待解决，从另一个层面来讲，解决停车场融资问题对于缓解城市基建给地方政府带来的债务压力也具有十分积极的作用。

6.1 资金筹措概述

资金筹措也叫融资，是指企业为生产经营筹集资金的融资活动。资金筹措方式按照筹资主体划分可以分为公司筹资和项目筹资两大类。公司筹资是公司依据自身的资信实力所安排的融资活动，是相对传统的筹资方式。项目融资主体属于项目法人单位，其主要职责是开展相关融资活动，并承担相应风险。一般情况下分为两种类型，分别是既有法人融资主体和新设法人融资主体。

既有法人融资：这种融资方式，其融资活动的主体为既有法人。通常情况下，技改工程、工程扩建以及各类新建工程，都可以使用这种融资方式。

新设法人融资：开展这类融资活动，其主体为新成立的项目单位，为独立法人资格。使用该融资形式的工程项目，其法人基本上都是企业属性。一些非营利性、民生工程项目，项目的推进建设也要创立新事业法人。一般情况下，新建工程项目、既有法人的部分资产剥离后、新成立的改建或扩建项目，可以使用这种融资方式。

近些年国家密集出台了一系列停车场相关的资金政策，这里列举一些具有代表性的政策供大家参考。

（1）2014年11月，国务院发布《国务院关于创新重点领域投融资机制鼓励社会投资的指导意见》，鼓励社会资本投资停车设施等市政基础设施项目。通过积极推广PPP模式，规范选择项目合作伙伴，引入社会资本，增强公共产品供给能力。

（2）2015年4月，国家发展改革委办公厅印发《城市停车场建设专项债券发行指引》，鼓励企业发行债券专项用于城市停车场建设项目并放宽准入条件。

（3）2015年8月，国家发展改革委、财政部、国土资源部、住房和城乡建设部、交通运输部、公安部、银监会七部委联合发布《关于加强城市停车设施建设的指导意见》（简称《意见》），意见指出"通过各种形式广泛吸引社会资本投资建设城市停车设施，大力推广政府和社会资本合作（PPP）模式"。《意见》同时指出"利用公共资源建设停车设施，鼓励采用政府和社会资本合作（PPP）模式，政府投入公共资源产权，与社会资本共同开发建设，采用放弃一定时期的收益权等形式保障社会资本的收益；允许在不改变土地用途和使用权人的前提下将部分建筑面积用作便民商业服务设施，收益用于弥补停车设施建设和运营资金不足。"

（4）2015年9月，住建部发布《住房城乡建设部关于加强城市停车设施管理的通知》，强调城市停车设施要坚持"建管并重"，在加快城市停车设施建设的同时，加大管理力度，提高停车设施使用效率，规范停车秩序。鼓励路内停车泊位和政府投资建设的公共停车场实行特许经营，通过招标等方式，公开选择经营主体，将已经建成的停车设施项目转交社会资本运营管理。住建部同期发布了《住房和城乡建设部关于印发城市停车设施建设指南》和《住房和城乡建设部关于印发城市停车设施规划导则》，为科学推进城市停车设施建设、提高城市停车设施工程建设水平、推动技术进步、改善城市交通环境、合理配置停车资源、科学安排停车设施建设、从源头上缓解城市停车矛盾，提供了全方位的实施细则。

（5）2016年8月，住建部、国土资源部联合发布《住房城乡建设部国土资源部关于进一步完善城市停车场规划建设及用地政策的通知》，通知提出"合理配置停车设施，提高空间利用效率，促进土地节约集约利用；充分挖潜利用地上地下空间，推进建设用地的多功能立体开发和复合利用；鼓励社会资本参与，加快城市停车场建设，逐步缓解停车难问题。"

6.2 先导期融资工具

先导期是相对于建设期而言的，也可以称为项目前期融资工具。本节所涉及的融资工具主要指在先导期完成融资合同的谈判并具备签约条件的融资工具。

6.2.1 股权融资

1. 政府直接投资

我国基本已经实现全面发展的市场经济，在市场经济体制不断发展的今天，各行各业当中，政府在市场中的行政干预逐步弱化，市场这只看不见的手的自我调节功能进一步凸显。尽管如此，在许多关乎国家安全、民生的敏感性行业，政府依旧发挥着主导性作用。在这些类行业和领域中，开展新建项目及项目扩建，资金需求量巨大，而政府投资就提供了重要资金保障。另外，政府投资也有其缺陷，首先就是投资方向性较强，只有符合国家政策鼓励支持的产业才能够得到政府有效投资，而我国许多行业企业的建设项目是被政府投资排除在外的，特别是一些中小企业，即使有取得政府投资的可能性，实际情况也非常难落地；其次是由于政府投资的性质，导致了对项目常常有十分严格的管理条件。

2. 股东直接投资

当人们有了一定的原始积累之后，往往不再将资金全部存入银行，仅仅以债权的形式等待利息收入；而是开始积极寻找投资渠道，试图通过投资、理财等各种手段，赚取资本利得，跑赢通胀。股东直接投资这种资金融资措施，对建设项目来说是有先天优势的，最重要的优势就在于项目主体通过这种形式可以不必直面项目本金的还款压力，同时资金也不会被卡扣、抽调或者延迟，使得项目建设风险大为降低。但是股东直接投资的渠道也有一定的缺陷，就是会使项目发起人丧失一定的所有者地位，可能会丢失项目的控制权。

3. 发行股票

发行股票筹集资金是发行公司的自有资金，没有到期日，公司可以永久占用。股权市场分为两个等级：一级市场是股票的发行市场，二级市场是股票的流通市场。股东向企业注资，会得到相应的管理权限，企业获得必要的资金，这就是股权融资。企业通过这种方式获得资金，可以不偿还本息，企业没有债务压力，但是有业绩压力。企业实施股权融资，新股东会获得相应所有权，并参与企业管理，由此公司的管理权限被进一步分化。当股东意见不一致时会对公司的正常发展造成影响，严重的会使原有股东丧失公司控制权，危及自身的利益。停车场项目公司一般不会涉及此类融资方式。

6.2.2 并购贷款

1. 概念介绍

并购贷款是指银行向符合条件的境内并购方或其子公司发放的、为满足并购方或其子公司在并购交易中用于支付并购交易价款的需要，以并购后企业产生的现金流、并购方综合收益或其他合法收入为还款来源而发放的贷款。

2. 服务对象

符合产业政策导向、交易合法合规、产业相关度较高且具有明显产业整合作用、偿还来源充足的并购项目。

3. 产品特点

是企业并购活动中重要的融资方式，以并购后企业产生的现金流、并购方综合收益或其他合法收入为还款来源。

4. 申请条件

（1）具有真实的交易背景；

（2）符合国家产业政策、地区重点产业政策和落地行信贷政策的导向；

（3）取得有关方面的批准和履行相关手续；

（4）并购方与目标企业之间具有较高的产业相关度或战略相关性。

业务发起人或其实际控制人在所属行业内具备较强的综合实力，主营业务突出、经营业绩良好、流动性及营利能力较强、管理团队稳定，在行业或一定区域内具有明显的竞争优势和良好的发展潜力，并符合主办银行的授信政策基本准入条件。

 实践案例：

某银行并购融资项目立项申请表

并购方基本情况					
企业名称	××				
注册地址	陕西省西安市		企业性质		国有
成立时间			注册资本		×万元
主要股东（前三名）	股东名称		持股数（万股）		持股比例（%）
^			—		
^			—		
^			—		
财务数据（万元）	2018年		2019年		2020年
^	本部	合并	本部	合并	本部	合并
总资产						
净资产						
主营业务收入						
净利润						
经营活动现金流入						
主营业务	申请人主要从事____拥有包括____资质。 主营业务方向为____。 各业务板块最近两年的经营情况如下： 单位：亿元、%				

项目	2019年		2020年	
	金额	占比	金额	占比
营业收入				
其他				
毛利润				
毛利率				

续表

行业及区位优势				
与我行业务关系				
外部评级（如有）		内部评级（如有）		
被并购方基本情况				
企业名称	××			
注册地址		企业性质		国有
成立时间		注册资本		
主要股东（前三名）	股东名称	持股数（万股）	持股比例（%）	
		—		
		—		
		—		
财务数据（万元）				
主营业务				
行业及区位优势				
与我行业务关系				
并购交易概况				
并购的背景和目的				
并购的交易结构				
并购的定价依据				
并购的项目进程				
并购的协同效应				
并购的后续安排				
并购预计完成时间				
融资情况				
交易对价总额		并购融资类型		
并购融资金额		并购融资期限		
并购融资收益				
还款来源				
担保措施				
其他综合业务拓展				
业务团队联系人		联系方式		
分行投行部联系人		联系方式		

6.2.3　BOT（Build-Operate-Transfer）

BOT，项目的特许经营权转移是由投资人或者投资机构获得项目的建设运营权，并独立或联合其他方合作组建项目公司，负责项目的融资、设计、建造和运营，整个特许期内项目公司通过运营收入来实现投资收益，并以此利润偿还债务，在特许经营期届满时，整个项目将无偿或以极少的名义价格在一定条件下转交给当地政府的一种融资模式。

1. 基础设施 BOT

近十几年以来，在基础设施建设大规模发展的过程中，BOT 已成为十分重要的新型融资模式。该模式在国际上早已得到广泛的应用和认可。BOT 作为其英文简称，三个字母分别表示 Build（建设）、Operate（运营）以及 Transfer（递交），其名称很好地解释了整个融资过程。目前国外广泛采用 BOT 融资模式建设城市基础设施，国内近些年也越来越成熟，在该融资模式下，项目建设方主要为资本市场的私人投资者，投资者具有一定的项目建设运营能力和资金实力，政府部门通过招标将项目建造特许权以竞标的形式批给私人投资者，私人投资者竞标成功以后全权负责项目的规划、资金、修建和运营，获得项目特许经营权的企业既可以独自也可以与第三方合作成立新的项目公司来完成工作。项目在整个建造特许期期间，新建立的项目公司凭借对该 BOT 项目建成以后的自主运营获得收益弥补付出的代价，包括偿还筹措建设资金的债务以及运营期间的成本等。项目公司需要高效的经营管理，整个运营过程中自负盈亏，一直到特许经营期结束，项目运营企业会无偿或者以相对合理的价格将 BOT 项目转移给政府完成整个过程。

公共停车场 BOT 项目程序设计是在 BOT 项目一般运作模式的基础上，结合公共停车场项目建设的实际特点，采用的运作程序包括以下环节：确定项目方案阶段、项目立项阶段、招标准备阶段、资格预审阶段、准备投标文件阶段、评标阶段、谈判阶段、融资和审批阶段、实施阶段（包括设计、建设、运营和移交）。BOT 项目融资模式结构如图 6.2-1 所示。

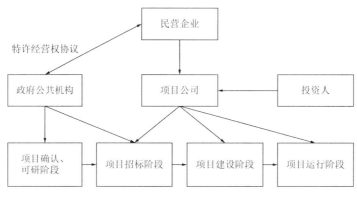

图 6.2-1　BOT 项目融资模式结构

2. 停车场 BOT 融资运作程序

停车场 BOT 项目程序设计是在 BOT 项目一般运作模式的基础上，并结合公共停车楼项目建设的实际特点，采用的运作程序包括以下环节：确定项目方案阶段、项目立项阶段、招标准备阶段、资格预审阶段、准备投标文件阶段、评标阶段、谈判阶段、融资和审批阶段、实施阶段（包括设计、建设、运营和移交）。

第 6 章 资金筹措：源头活水，孜孜以求

💡 实　　践：

案例一：

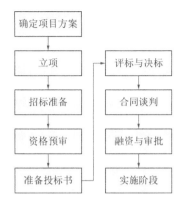

图 1　BOT 项目运作模式图解

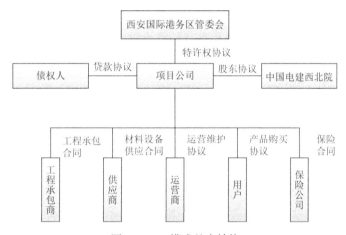

图 2　BOT 模式基本结构

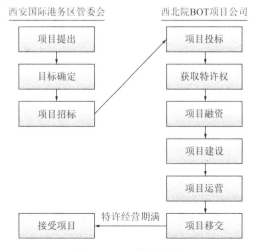

图 3　BOT 模式定义

中 篇 | 财务实践——开源节流,水到渠成

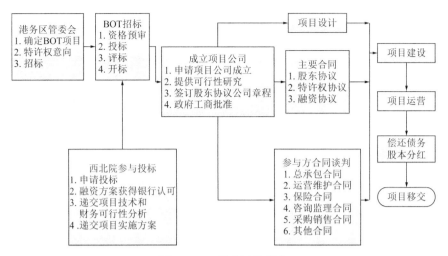

图 4 BOT 模式运作程序

案例二:西安某 BOT 项目合作模式报告

1. 项目基本概况

雁塔新天地改造项目坐落于雁塔西路和长安南路交叉口西南,本项目为地下商业建筑,用地面积为 27671.987m²,现有建筑总建筑面积 37110m²。项目整体上分为地面、地下一层、夹层、地下二层,由北至南可分为入口广场区、眼镜城区、中部中庭区、博纳影城区、器乐教育。为了提升雁塔区的区域形象,结合本项目的周边商业配套情况,通过对雁塔文化新天地进行功能、空间、业态转型,提升小寨商圈停车位供给,增加小寨商圈公共绿色空间,最终打造成为上下游产业链条完备的智慧停车综合服务中心,景色秀丽、尺度宜人的都市森林公园。新天地项目合作模式见图 1。

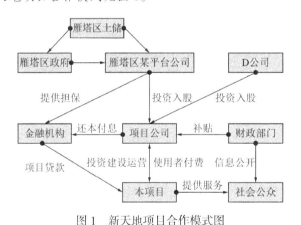

图 1 新天地项目合作模式图

2. 项目实施模式

(1)项目公司

由雁塔区政府指定下属平台公司与 D 公司成立项目公司。

(2)融资结构

本项目计划总投资为:回租模式,总投资 19372 万元,其中资本金 4213 万元,商业融资

15159万元；回购模式，总投资89118万元，其中资本金19380万元，商业融资69738万元。

（3）运作模式：F＋EPC＋O模式

西安市雁塔区政府授权区政府下属的平台投资管理有限公司作为项目实施机构代表政府与项目公司签署项目合同，授予项目公司经营权，本项目采取F＋EPC＋O模式，合作期满，项目公司将本项目全部资产无偿移交给政府方或政府方指定机构。

西安市雁塔区政府授权区政府下属的平台投资管理有限公司代表政府出资与D公司共同组建雁塔新天地项目改造公司（政府方持股比例为51%，D公司持股比例为49%）。项目公司注册资金为5000万元，西安市雁塔区政府授权区政府下属的平台投资管理有限公司认缴出资2550万元，占项目公司股权比例的51%；D公司实缴出资2450万元，占项目公司股权比例的49%。

项目建设资金以项目公司为主体通过银行贷款或其他融资方式筹集。资本金按照静态投资的20%，外加建设期利息，由政府平台公司与D公司按照股权比例在项目公司成立后一次性到位，项目建设期间的资金由项目公司以车库未来现金收入作为担保进行发债或者信贷融资。

（4）项目建设运营周期和建设运营范围

项目合作期30年，其中建设期1年，运营期29年。本项目建设时点以项目改造开工令为建设起点，运营时间点为本项目竣工验收并分别计算开始运营时间。建设内容包括地下商业空间拆除改造、地下设备安装工程改造、地下智能停车库建设、地面城市景观工程改造、绿化、亮化工程建设。

本项目运营维护内容主要为：地上车库、绿化、亮化运营等维护。其成本主要包括：维护的工具购置与损耗、日常维护所需的原材料、人员工资、水电费等。

3. 项目融资方式

优先利用雁塔区平台公司的自身信用进行项目融资，实施机构（代表政府）给予支持配合。项目公司根据实施方案约定，在项目公司成立后30日内注入50%的项目资本金，剩余项目资本金根据项目建设进度、资金需求等情况逐步注入。项目公司负责筹措资金，并确保资本金、融资资金及时到位，不影响总工期。

项目所需的除项目资本金以外的其余资金，由项目公司申请银行贷款或通过其他融资渠道解决。建议采取如下几种方案中若干种综合融资：

（1）项目公司商业银行贷款

项目公司商业银行贷款要将目光投向运作灵活的股份制商业银行，在倡导双赢的前提下积极利用新的银行资本，在操作方式上采取资产抵押、股权质押、综合担保、政策扶持等措施获取银行综合授信额度和专项资金贷款，为公共停车场建设与发展提供资金。

（2）专项债券融资

城市停车场等交通基础设施符合专项债的使用范围，主要是通过发行项目收益与融资自求平衡专项债券筹集资金。发行专项债建设的项目，应当能够产生持续稳定的反映为政府性基金收入或专项收入的现金流收入，且现金流收入应当能够完全覆盖专项债券还本付息的规模。本项目可以用未来项目的租金收益和广告收益的现金流来偿还部分债务。

（3）雁塔区政府统筹本区范围内的土地综合开发

区域内土地联合收储，遵循"项目建设＋土地整理"综合平衡理念，引入第三方地产开发商，探索城市更新与土地开发一体化发展模式。在项目公司设立后，相关项目用款开始同步在用款本区域内城市规划区内划定部分开发用地，纳入雁塔区联合储备土地。市区联合储备土地的范围、面积，由西安市雁塔区区政府综合考虑相关区域内的建设成本、项目收益、规划指标等因素分别研究确定。联合储备土地出让收益由市、区两级动态分成，分成比例与所在区内项目成本、建设进度、资金使用情况等挂钩。由市资源规划局负责，确保联合储备土地2年内实现出让。联合储备土地确定及分成办法，由市财政局、市资源规划局、雁塔区政府共同研究制定。

（4）专项奖补。通过项目运维补贴和投资奖补方式拨付项目公司，用于归还项目贷款。

4. 项目收支平衡测算

（1）项目收益方案

政府授予项目公司特许经营权，车库按照使用者付费＋政府补贴方式取得收益，本项目的使用者付费有：停车位收入、1500m² 商业出租、充电桩收入、广告收入。

（2）收费和价格机制

经调查项目周边赛格、金莎、国贸、军人服务社等地下停车场的使用率及收费情况，暂定收费标准如下，实际收费标准待项目公司成立后，再行定价。

停车位收入（白天）：365d/年，8h/d，3元/h·车位，每5年递增5%。

停车位收入（夜晚）：12月/年，10元/d·车位，每5年递增5%。

充电桩收入：365d/年，24h/d，充电1.2元/度，7.5度/h，使用率50%，每5年递增5%。

配套服务收入：租金60元/m²·月，出租率100%，每5年递增5%。

展板及广告收入：50万元/年。

（3）商铺回租

项目公司与民生集团统一进行租赁，总建筑面积35000m²，租金40元/m²·月，每3年递增5%，年均2096万元。

（4）商铺回购

民生集团从嘉汇收购27000m²，价格1.75万元/m²，共47250万元；另外商铺散户共8000m²，价格2万~2.5万元/m²，按均价2.2万元/m²计算，共17600万元。回购模式下，在建设期需要一次性投入64850万元。按照固定资产折旧29年，年均成本3753万元。

（5）资金缺口（政府补贴）

按照最有利（停车率白天80%夜晚60%）、最有可能（停车率白天60%夜晚40%）、最不利（停车率白天40%夜晚20%）三种情况进行考虑，在满足全投资收益率6%时，资金缺口为：在回租模式下：最有利2400万元/年，最有可能2700万元/年，最不利3000万元/年；在回购模式下：最有利6700万元/年，最有可能7000万元/年，最不利7300万元/年。

5. 结论及建议

（1）实施模式：为加快本项目的落地，建议采用EPC模式实施。

（2）建设投资承担方式：地上森林公园为市政基础设施，非地下车库本体建设，建议此部分投资由雁塔区政府承担，约 7500 万元（含景观绿化工程 3500 万元，分摊一半与地下车库共用的顶板、柱网、基础加固工程约 4000 万元）。地下车库约 11872 万元（含分摊一半与森林公园共用的顶板、柱网、基础加固工程约 4000 万元，装饰、车位设备、附属工程等 7872 万元）由 D 公司承担。（（2）（3）条针对 F + EPC + O 模式）。

（3）合作方式：本项目运营期政府补贴主要用于商铺回租（回购），若此部分费用由政府直接支付给民生和商铺散户，且森林公园部分投资由雁塔区政府承担，则在车库运营期可不进行政府补贴。项目可由 D 公司单独进行实施，此种模式所需时间较短，便于项目尽快落地。

（4）行政引流：因本项目地下车库为独立地下车库，与各商场及单位配套停车场相比便利性较差，车库本身对车流的吸引力不足，故运营期需通过行政手段将现有地上停车位强制取消，以将车辆引入地下。

（5）税收优惠：本地下车库投资较大，且在运营期存在商铺回租（回购）这一巨大成本，故收益难以覆盖项目投入。建议政府针对本项目给予一定税收优惠政策，如增值税、所得税减免等。

6.2.4　PPP

2008 年全球金融危机以后，我国地方政府承受融资渠道和经济增长需求的双重压力考验。但与此同时，我国依然拥有较大的投资潜力，特别是在基础设施建设领域，一直保持着强劲需求。随着《国务院关于加强地方政府性债务管理的意见》的出台（国发〔2014〕43 号），PPP 作为地方政府融资受限的有效补充在 2015 年后登上历史舞台。PPP 这种新兴的商业模式在当前工程建设中被广泛应用，特别是在基础设施建设领域，更是得到了政府和社会投资人的欢迎。在这样的背景下，政府和社会资本的合作具有一定的客观必然性，截至 2021 年 8 月末，累计入库项目 10112 个、投资额 15.9 万亿元。党的十九大之后，一系列的政策出台使得 PPP 项目由之前的看重数量转向看重质量。

实践案例：

西安市雁塔区智能车库 PPP 项目前期策划书

感谢××区政府给予××集团参与西安市社会经济建设的机会，我公司将尽最大的努力，利用自身在社会资本合作、能源电力、基础设施建设、市政工程等方面的成功商业案例，以及丰富的设计、投资、建设和管理经验，从项目策划、勘测设计、资金投入、施工进度、工程质量等方面为西安人民交上一份满意的答卷。

××基于对本项目建设内容、周边区域停车需求及供给情况进行了深入调查了解，并与政府主要领导及相关业务团队进行了坦诚、深入的沟通交流。我们总结过往经验，形成本篇PPP项目策划书。我公司已启动项目前期商业模式搭建、规划设计等工作，全力推进项目落地。

1. 政策背景及要求

改革开放以来，我国公共服务体系和制度建设不断推进，但与人民群众日益增长的公共服务需求相比，不少领域的公共服务存在质量效率不高、规模不足和发展不平衡等突出问题，迫切需要政府进一步强化公共服务职能，创新公共服务供给模式，有效动员社会力量，构建多层次、多方式的公共服务供给体系，提供更加方便、快捷、优质、高效的公共服务。然而，以往政府主导的公共服务供给模式却对政府的财政支出造成极大的压力，并导致地方债务的急剧增加。

目前，国务院正在积极推行PPP模式，国家发改委、财政部等部委相继出台了有关允许、鼓励和规范社会资本特别是民间资本参与城市基础设施建设和运营的政策，地方省市也正在出台相应配套政策，并且已经开始实施了PPP项目的试点工作。这为社会资本参与城市基础设施建设运营提供了较为成熟的政策环境。

西安市积极响应国家政策，2017年3月对市内规划的55个公共停车场，共计16964个公共车位，进行了统一的PPP招标。项目估算总投资为31.46亿元。

1.1 国家层面政策

为了解决这种政府主导的公共服务供给模式与群众日益增长的公共服务需求之间的矛盾，缓解政府直接投资压力，创新工程建设组织管理方式，国家出台了多项鼓励措施。

2014年11月，《国务院关于创新重点领域投融资机制鼓励社会投资的指导意见》（国发〔2014〕60号）文件精神总体要求确立了："……进一步鼓励社会投资特别是民间投资，盘活存量、用好增量、调结构、补短板，服务国家生产力布局，促进重点领域建设，增加公共产品有效供给。"的指导思想和"实行统一市场准入，创造平等投资机会；创新投资运营机制，扩大社会资本投资途径；优化政府投资使用方向和方式，发挥引导带动作用；创新融资方式，拓宽融资渠道；完善价格形成机制，发挥价格杠杆作用"的基本原则。

针对中国城市普遍存在的停车难题，国家提出智慧城市的建设方针，鼓励社会资本投资建设城市停车设施、充分利用地上地下空间建设停车场、解决停车资源不足问题，疏导交通拥堵，促进城市可持续发展。

2010年，住建部、公安部、发改委发布《关于城市停车设施规划建设及管理的指导意见》；2015年，国家发展改革委等七部门联合印发的《关于加强城市停车设施建设的指导意见》；2016年，住房和城乡建设部关于印发《城市地下空间开发利用"十三五"规划》的通知；2016年，国务院发布《加快城市停车场建设近期工作要点与任务分工》的通知；2016年，住建部、国土部《关于进一步完善城市停车场规划建设及用地政策的通知》；2016年，国家发展改革委和交通运输部印发《关于推动交通提质增效提升供给服务能力的实施方案》。

1.2 省级层面政策

2015年10月28日，陕西省发展和改革委员会关于印发《陕西省政府和社会资本合作（PPP）项目库管理暂行办法》的通知。

2015年12月28日,《陕西省财政厅关于实施政府和社会资本合作（PPP）项目奖补政策的通知》（陕财办金〔2015〕87号）。

1.3 地方层面政策

2016年11月18日,《西安市人民政府办公厅关于加快城建PPP项目建设的实施意见》。

2017年5月25日下午,西安市2017年政府和社会资本合作（PPP）项目新闻发布会在西安市政府新闻发布厅召开。西安市正式向社会公开发布的项目共53个,总投资1500多亿元。

2012年起,西安市开启了停车场建设的政策大门,出台相关政策助力停车场建设。西安市人民政府办公厅于2012年印发《西安市机动车停车场建设管理办法》,加强西安市机动车停车场的规划和建设,规范停车场管理,改善道路交通状况,保障城市交通协调发展。西安市市建委于2012年印发《西安市公共停车场建设优惠政策》（市政办发〔2012〕43号）,鼓励单位和个人投资建设公共停车场,以营造安全、畅通、有序、文明的交通环境,有效缓解和逐步解决西安市的停车供需矛盾。2012年《西安市人民政府办公厅关于印发西安市建筑工程机动车非机动车停车位配建标准的通知》（市政办发〔2012〕100号）,加强西安市建筑工程配建停车场的规划、建设,有效缓解西安市的停车供需矛盾。2016年8月11日,市政府办公厅印发《西安市公共停车场建设三年行动方案》,提出通过政府主导、市场运作的方式加快停车设施建设。2016年8月13日,西安市政府办公厅再次出台文件《关于加快推进公共停车场建设的意见》。

2. PPP模式的可行性

国家发展改革委发布的《关于开展政府和社会资本合作的指导意见》对PPP项目进行了分类,分为经营性项目、准经营性项目和非经营性项目。本项目属于非经营性项目。

PPP模式具有更低的建设和运营成本,能克服预算体制缺陷,缓解财政压力；优化风险分配；激励提升管理和绩效水平；更规范的操作流程和更高的项目实施效率；更佳的公共服务质量；更规范的公共服务规划和合同化监管,有效提高公共管理能力。

2.1 政策环境成熟

自2014年下半年以来,政府部门为了促进PPP项目的加快落地,制定了一系列相关政策。随着有关政策的加快落实,PPP模式在国内全面推广已经具有初步的法律环境。工程建筑项目一般具有较长的建设周期,项目的回款速度通常是工程建设企业关注的重要指标之一,PPP项目具有比传统项目优秀的回款速度,所以PPP项目受到工程企业的欢迎。且建筑行业是传统的周期行业,受投资和需求影响明显。需求主要源于下游房地产产业以及城镇化发展,而投资方面主要是政府部门的财政支出。在经济下滑和PPP模式火热的背景下,为了熨平经济周期,政府必然会加大对PPP项目的推介力度,增加对基础设施建设的财政投入。

2.2 智能停车投资需求巨大

随着城镇化的快速发展,居民生活水平不断提升,城市机动车保有量大幅度提高,停车设施供给不足问题日益凸显。停车问题是城市发展中出现的静态交通问题,停车设施是城市静态交通的主要内容,是城市综合交通体系的重要组成部分,与人民群众的生产生活息息相关。切实加强城市停车设施规划建设及管理,不仅是改善城市停车状况,缓解城市停车难和交通拥堵的客观需要,更是贯彻落实科学发展观、实施节能减排战略、合理配置城市土地资源、科学引导汽车发展、促进城市可持续发展的必然要求。随着西安市城市经济的飞速发展、城市化进程的加快,城市用地的开发强度越来越高。同时,西安市的机动车保有量也在猛增,特别是大量私家车的出现,使得西安市的停车问题日趋严重。

2.3 高效的机制

规范的PPP模式能够将政府的发展规划、市场监管、公共服务职能与社会资本的管理效率、技术创新动力有机结合,减少政府对微观事务的过度参与,提高公共服务的效率与质量。

一是对政府来讲,可以减轻政府债务负担,减缓地方融资平台压力,有效促进政府职能转变,减少对微观事务的干预,腾出更多的精力放到规划和监管上。

二是对企业来讲,可以降低参与公共领域项目的门槛,扩宽社会投资人的发展领域,进一步激发经济活力。

三是对社会来讲,通过"让专业的人做专业的事",高低效益相配置,产生宏观效益,提高公共产品的供给效率。

2.4 PPP模式的经验及案例可借鉴

根据财政部政府和社会资本合作中心在全国PPP综合信息平台项目库中公布的数据显示,2014年以来,截至2022年2月,累计入库项目10254个、投资额16.2万亿元;累计签约落地项目7714个、投资额12.8万亿元,签约落地率(签约项目投资额占在库项目总投资额的比例)78.9%;累计开工建设4833个、投资额7.7万亿元,开工率(开工建设项目投资额占在库项目总投资额的比例)47.5%。国内已经有诸多类似于本项目的基础设施建设项目采取PPP模式运作,而且已经得到各类社会资本的积极响应,此类项目的回报机制模式也趋于成熟。国家从2014年开始大力推广PPP模式,经过前期的摸索和经验积累,现阶段PPP模式的操作已经较为成熟。各地政府均开展了关于PPP模式的集中学习,针对已有的PPP项目案例进行了剖析和研究,政府对实施PPP项目有意愿和信心。另外,经过几年的PPP模式实践,有众多的社会资本具备类似城市基础设施PPP项目经验,市场化运营、维护模式也逐渐发展成熟,在采取PPP模式的成功操作上是可以得到保障的。

3. PPP模式的必要性

总体来说,采用PPP模式是合理财政预算安排、优化建设运营管理效率和分散项目建设运营风险等方面的必然要求。具体说来,本项目采用PPP模式的必要性表现在以下几个方面。

首先,采用PPP模式是缓解短期内财政压力的重要途径。当前,在经济进入新常态、经济结构加速转型升级、公共财政支出压力不断加大的背景下,西安市财政面临着诸多压力和挑战。采用PPP模式推动基础设施和公用事业发展,是公共产品和服务供给侧结构性改革的重大创新和有利探索,通过市场化运作引入社会资本,开辟多元化融资渠道,在很大程度上缓解了财政压力,进而能腾出更多资金提供更多、更优质的公共产品和服务。

其次,采用PPP模式是提高项目建设运营效率的重要途径。在传统政府采购模式下,由于投资、融资、建设、运营一系列环节单独进行,从而出现各阶段独立进行采购或招标影响项目推进进度、融资进度无法跟上投资建设进度、建设质量影响后期运营导致运营方经营不顺等诸多问题。PPP模式的引入可以解决传统政府采购模式的弊端,它将建设、运营等一系列环节都交由社会资本完成,提升项目全生命周期运行效率。同时,通过引进经验丰富的建设、管理机构,有利于降低公共服务的成本,提高公共服务质量。

最后,采用PPP模式有利于分散项目建设和经营风险。合理的PPP模式可以平衡政府与社会投资人双方的权责利。在风险分配上遵循"最优承担"原则,即将风险分配给最有能力承担的一方,有利于项目整体风险控制能力。在传统政府投资建设模式下,项目全过程的风险绝大部分由政府承担,而在PPP项目中,一般而言项目融资、建设、财务、运营维护等商业风险通常由社会资本承担;不可抗力等风险由政府和社会资本合理共担。政府需要单独承担的则是法律、政策和最低需求等风险。采用PPP模式减少了政府需要承担的项目风险,为项目的推进和合作垫实了基础。

基于上述采用PPP模式的必要性和可行性分析,本项目采用PPP模式进行运作,不仅响应了国家大力推动PPP模式的号召,也是缓解雁塔区财政压力、提升公共产品质量的必要举措。

4. 本项目的合作模式

4.1 主要合作流程

由雁塔区政府授权的PPP咨询公司对本项目进行物有所值和财政承受能力评估,编写本项目PPP实施方案,并同时推进本PPP项目进入财政部PPP实施库的相关工作。招标代理机构进行本项目的"PPP+EPC"招标工作,××公司作为社会资本方中标,在整个政府编写报告和入库操作的过程中,××公司可以全程配合并提供相关服务。

中标后,项目实施机构指定的"平台公司"和××按项目总投资10%的比例(暂定)认缴资本金成立项目公司(根据需要,政府也可以不参股项目公司),项目公司负责项目的融资、建设等工作。

4.2 主要商务条款

(1) PPP项目实施机构负责本项目立项、用地、规划等项目合法合规性审批工作,和项目范围内征地拆迁、安置补偿工作;

(2) 项目公司负责融资;

(3) 西北院负责项目可研、勘测、设计等相关工作;

(4) 投资期限。

合作期根据咨询公司测算决定,可以作为PPP招标的报价指标。

5. 项目运作方式

5.1 项目特点

本项目为新建项目。

本项目规模较小、专业性较强,工期较短,能在较短时间内解决项目周边区域的停车难问题。

本项目将纳入全市统一的智慧停车管理平台,利用智能诱导系统、停车APP等,实现静态与动态交通的有效衔接,打造智慧交通体系,助力智慧城市建设。

本项目选取社会资本方负责融资运营工作可缓解当地政府的财政资金压力,发挥资金的杠杆效应,实现资源的合理化配置。

本项目可利用运营收益解决建设期投资。

本项目合理利用地下空间，还广场和绿地于市民，实现多赢。

本项目与西安市的长远规划相配套相结合，具有长远意义。

5.2 项目运作方式的判定

参照《国家发展改革委关于开展政府和社会资本合作的指导意见》，对比项目特点以及不同PPP方式的适用范围后，本项目建议采取BOT运作方式。

5.3 项目具体运作方式

（1）西安市雁塔区人民政府指定雁塔区建设局作为项目的实施机构，负责项目的组织实施和各项工作的安排。

（2）项目实施机构通过公平、公开、公正、择优的原则选择雁塔区智能停车场PPP项目合作的社会资本方。

（3）雁塔区政府可以选择出资参与组建项目公司，也可以不入股项目公司。

（4）雁塔区建设局与项目公司签署PPP合同，授予项目公司关于本项目的投资、设计、建设，提供停车场及充电设施的维护和管理服务，提供运营服务的权利。

（5）项目公司组建后，由项目公司按市场化原则自行筹措融资资金，融资工作由成交供应商全权承担。

（6）项目公司通过获得使用者支付的费用（停车费、充电桩使用费及其他增值服务收入）和停车场建设优惠政策（《西安市公共停车场建设优惠政策》（市政办发〔2012〕43号）或同类优惠政策）补贴及其他或有补贴弥补其建设投资、维护管理成本并获得合理回报。

（7）项目运营期届满后，项目公司应按照PPP合同的约定，将本项目资产完好移交至政府指定机构。

5.4 项目实施路径

依法选择合适方式确定具备相应设计、施工资质的社会资本方。由中标社会资本方组建项目公司，负责设计、建设、运营本项目。项目公司与设计、施工、监理等单位分别签订相应的协议。回报机制采用"使用者付费"方式。

5.5 项目运作结构图

本项目设计运作结构如图1所示。

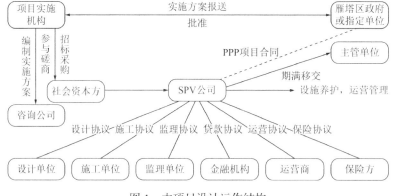

图1　本项目设计运作结构

6. 项目实施进度安排

项目实施进度安排见表1。

表1 项目实施进度安排表

工作内容	工作时限（工作日）	责任方	备注
可研阶段			
项目基本情况调研	5d	某公司	
方案评审及修改	10d	政府机构	
项目合法合规性完善阶段			
咨询公司招标	10d	项目实施机构	可以与方案调整同步进行
项目实施方案、财政承受能力分析，物有所值评估	30d	咨询机构	
项目实施方案报批	30d	项目实施机构	
项目入库报批	30d	咨询机构	
采购/招商文件编制与报批			
编制项目采购招标文件	5d	咨询机构	
对采购招标文件进行研究并提出修改意见	3d	项目实施机构	各部门组成的领导小组
招标文件的修改、完善和定稿	1d	咨询机构	
招标文件报批/报备	5d	项目实施机构	
公开招标、投标			
发布资格预审公告	3d	项目实施机构、代理机构	
潜在投资人编制资审申请文件并完成评审	5d	投资人	资审公告发布之日起
完成资格预审	5d	代理机构	
发布采购招标公告、发售采购招标文件（含PPP协议、合作协议）	5d	项目实施机构、代理机构	
采购招标文件澄清答疑	1d	项目实施机构、代理机构	
编制投标文件	12d	投资人	自采购招标文件发出之日起计算
递交、接受投标文件	1d	投资人、项目实施机构、代理机构	
开标、评标、谈判			
开标	1d	项目实施机构、代理机构	
成交结果公示	5d	项目实施机构、代理机构	
中标公告	5d	项目实施机构、代理机构	
签署协议			
协议文本报批	3d	项目实施机构	
协议文本审批	5d	雁塔区政府	
协议文本签署	2d	项目实施机构、中标人	
协议公告	2d	项目实施机构、代理机构	

6.2.5 私人主动融资（Private Finance Initiative，PFI）

1. 概念

PFI 指的是由私营企业进行项目的建设与运营，从政府方或接受服务方收取费用以回收成本。PFI 方式采取的是促进私人企业有机会参与基础设施和公共物品的生产和提供公共服务的一种全新的公共项目产出方式，有别于传统的由政府负责提供公共项目产出的方式。

2. PFI 模式的特点

PFI 模式传递的是某种公共项目的服务，而不是提供某个具体项目的构筑物。

具体表现在政府和私人企业采用 PFI 的目的：

（1）政府的目的在于获得有效的服务，而并非是最终建筑的所有权。

合同期限内公共部门因使用私人企业提供的设施或服务而付款；合同结束时，有关资产的所有权或留给私人企业，或交还政府公共部门，取决于原始合同条款规定。

（2）私人企业的目的在于通过提供服务来获得政府或公众的付费，实现收入和完成利润目标。

（3）采用 PFI 模式，政府完全将该项目所涉及的投融资问题转移给了私人企业。

因公共物品和服务的提供者之间存在着排他性，需要政府的计划和管理。政府可自行提供，也可委托私人企业负责提供。这种委托关系由政府控制。

（4）私人企业必须得到政府的认可，才可能组织对公共物品和服务的产出。

（5）政府的这种认可，同样可以收回。

（6）私人企业也可能放弃提供公共产品和服务。

（7）PFI 模式虽不是特许经营权方式的应用，但仍存在着特许经营模式的影子。

6.3 建设期融资工具

债权融资

债券融资一般指企业以流通资金为目的，通过发行债券进行融资的方式，属于直接融资。一般的债券融资，应当依法向有关部门提交申请，经批准的，方能办理债券融资。

1. 停车场建设专项债券

解决城市停车难问题，就必须有大量的资金投入，虽然停车行业是一个现金流量巨大的行业，但是相较于前期项目投资额来讲，依然面临着回收周期长的问题（一般项目回收周期 6~10 年）。因为土地性质或者城市规划的变动，会面临着较大的风险。毕竟时间太长，不确定性较大。

在 2015 年，为缓解我国城市普遍存在的因停车需求爆发式增长而导致的停车难问题，国家发布《城市停车场建设专项债券发行指引》以加大企业债券融资方式对城市停车场建设及运营的支持力度，引导和鼓励社会投入。政策发布后，自 2015 年到 2021 年 11 月，国家发展改革委停车场专项债券共发行 200 余支，发行规模超 2000 亿元，其中包括 17 支项目收益债券，规模 142.30 亿元。

目前，我国停车场建设的资本格局是以国有资本投入占主导地位，民营资本占比较小，这决定了停车场建设项目债券发行主体以国有企业居多。自 2015 年以来有关部门相继出台多项文件，从政策层面鼓励社会资本介入停车场建设，对社会资本参与停车场建设具有明显积极意义。不过停车场投入高、运维成本较高，资本回报率却相对较低，社会资本介入停车场建设的积极性不够，同时介入停车场建设的社会资本实力较弱，很难满足单独发债的条件，因而以停车场建设发债的社会资本也较少。

实践案例：

停车场专项债券案例展示

1. 新建停车场项目

债券全称：2016 年重庆市合川城市建设投资（集团）有限公司城市停车场建设专项债券；

发行人全称：重庆市合川城市建设投资（集团）有限公司；

发行总额：12 亿元；

资金用途：9.3 亿元用于重庆市合川区城市停车场项目。

重庆市合川区城市停车场建设项目计划在城市内新建 31 处停车场，项目总投资 136950 万元，建设内容包括：新建地面停车场、铺设综合管网、绿化等环境工程；新建地下停车库以及配套停车管理系统和供配电等公用工程；根据停车场周边需要，配建商业、服务用房，以及建筑配套给水排水、电气、消防、市政管网等配套设施安装工程建设和运营期内，项目可实现收入 279377 万元，总收益（扣除折旧与摊销）149817 万元，扣除所得税后净收益（不含补贴）127342 万元，税后项目投资回收期 9.13 年。

2. 收购已建成停车场项目

债券全称：2016 年怀化城市建设投资有限公司停车场建设专项债券；

发行人全称：怀化城市建设投资有限公司；

发行总额：22.7 亿元；

资金用途：13.62 亿元用于怀化市城市停车场建设工程。

募投项目包括 56 个停车场，其中新建 49 个，收购 7 个。新建停车场还包括建设配套商业建筑，如宾馆、物流配送中心、汽车美容维修；收购停车场主要包括华天酒店地下停车场、商业广场地下停车场等，以 TOT 方式进行运营。经怀化市政府、财政批准，项目完工后债券存续期内 5 年，对项目收益不足以覆盖还本付息的部分提供财政补贴（不超过项目总收入 50%）。

3. 基础设施建设中新建配套停车场项目

债券全称：2016 年浙江瓯海城市建设投资有限公司城市停车场建设专项债券；

发行人全称：浙江瓯海城市建设投资有限公司；

发行总额：17 亿元；

资金用途：全部用于温州市瓯海区相关停车场项目，共10个停车场。

募投项目中独立停车场2个；安置房及商务楼配建停车场8个，主要为城中村改造商务楼工程、社区保障性安居工程、城中村改造安置房工程配套的停车场。募投停车场项目建设主体为发行人全资子公司，预计本期债券存续期内可形成2.67亿元临时停车费、停车位使用权出售收入20.37亿元、物业租赁收入4.05亿元、物业管理收入0.44亿元，合计27.53亿元。

2. PPP项目专项债券

2017年4月25日，《政府和社会资本合作（PPP）项目专项债券发行指引》（发改办财金〔2017〕730号）正式发布，这是国家发改委继农村产业融合发展专项债、城市停车专项债等专项债券之后，推出的第十一个专项债券，见图6.3-1。PPP项目专项债政策的颁布，对在融资方面遇冷的PPP项目将是一剂强心针，充分说明了国家对发展PPP的决心和鼓励创新的态度，这也提升了PPP相关各参与方的信心。

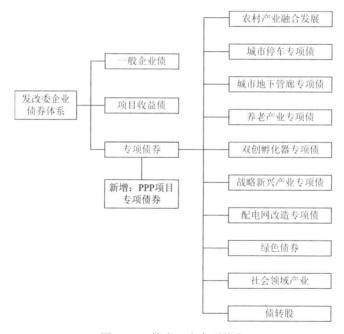

图6.3-1 第十一个专项债券

3. 项目贷款

项目贷款，也被称为项目融资或项目筹资，是以项目本身具有比较高的投资回报可行性或者第三者的抵押为担保的一种融资方式。主要抵押形式包括：项目经营权、项目产权和政府特别支持（具备文件）等。项目融资与一般贷款最大的区别是归还贷款的资金来自项目本身，而不是其他来源。

项目贷款的主办人只是项目单位的发起人，其财力与信誉不再是贷款的主要担保对象，资金由贷款人直接提供给项目单位。

项目贷款相比于其他融资渠道的优势在于，其有限追索，这样实现了风险隔离；大多数情况下对企业来说属于表外融资，以项目为导向，同时贷款期限较长。不足之处在于金融机构对于项目贷款的风控十分严格，授信审批要求较高，贷款资金要求实贷实付，禁止资金长期在公司账户中滞留而未被支付。同时贷款整理效率较低，前期沟通时间长。

实践案例：

中信银行
CHINA CITIC BANK

用于项目建设的融资渠道

××有限公司与合作企业出资成立项目公司，以该项目公司为单一主体申请固定资产贷款。第一还款来源为该项目公司建成后的日常经营收入，项目公司股东收入作为第二还款来源。

贷款金额：人民币1.5亿元

贷款期限：根据项目自身收入情况进行测算，收入能覆盖贷款本息即可，最长可申请20年。

担保方式：项目土地进行抵押，不足部分由股东提供担保。

贷款利率：4.95%/年（该利率为当前可申请执行的最低利率，具体以批复日当天市场价格为准）。

关键点：需申请我行固定资产贷款专项额度；办理合法合规的抵质押手续；还款来源为项目公司的日常经营收入。

以上为我行出具的相关融资方案，我们将以此次合作为契机，充分发挥中信银行优势，为贵单位提供全方位的综合金融服务。

谢谢！

中信银行股份有限公司××分行
二〇二一年五月

图1 某停车场项目贷款服务方案

4. 融资租赁（金融租赁）

金融租赁指由出租人根据承租人请求，按双方合同约定，从指定卖家购买承租人指定固定资产，在出租人拥有该固定资产所有权前提下，以承租人支付租金为条件，将一定时期该固定资产的占有、使用和收益权让渡给承租人。

我国金融租赁行业得益于下游需求的增长以及政策扶持，市场规模不断扩大。数据显示，2019年我国金融租赁行业市场规模为30000亿元。

从形式上看，金融租赁分为直接租赁和售后回租两种形式。

（1）直接租赁

传统的直租业务涉及三方当事人，即出租人、承租人、出卖人。直接租赁是指租赁公司用自有资金、银行贷款或招股等方式，在金融市场上筹集资金，向设备制造厂家购进用户所需设备，然后再租给承租企业使用的一种传统租赁方式。来看《合同法》第二百三十七条的定义（商务部、银监会的定义与此类似）："融资租赁合同是出租人根据承租人对出卖人、租赁物的选择，向出卖人购买租赁物，提供给承租人使用，承租人支付租金的合同。"

（2）售后回租

售后回租中，出卖人和承租人为同一人。售后回租是承租人和经销商为同一人的租赁方式，即承租人将自有物件出卖给出租人，同时与出租人签订租赁合同，再将该物从出租人处租回的融资租赁形式，该方式有助于帮助企业盘活存量资产。直接融资租赁优势在于可帮助企业购置新设备，有效缓解企业资金困难状况；售后回租适用于企业已拥有设备，需要进行短期融资，盘活固定资产。《金融租赁公司管理办法》（中国银监会令2014年第3号）对于融资租赁的定义："本办法所称售后回租业务，是指承租人将自有物件出卖给出租人，同时与出租人签订融资租赁合同，再将该物件从出租人处租回的融资租赁形式。售后回租业务是承租人和供货人为同一人的融资租赁方式。"

融资租赁优势在于对借款人的要求不高，审批流程和相关程序也相对简便，放款速度较快。不足之处在于租赁公司获得资金价格较高，因此此种方式的融资成本相对较高，借款人对融资物将不具有所有权。

实践案例：

融资租赁方案建议书模板

第一部分　　×××融资租赁有限公司简介

×××融资租赁有限公司（简称"××××公司"）于2012年8月经中华人民共和国商务部批准成立，是专业从事国内外融资租赁业务的外商投资类企业。××××公司注册资本10000万元，系由上市公司发起，并联合其余八家企业而成立，公司主营业务涉及工业设备、医疗、航运、物流等行业领域，为境内外客户提供专业化的租赁服务。

第二部分　　融资租赁简介

一、融资租赁的概念

融资租赁又称金融租赁，即出租人根据客户要求，向客户指定供货人，并按照客户同意的条件，购买指定设备，并将该设备的占有、使用和收益权转让给客户，客户为此承担分期支付租金的综合性金融服务方式。

二、融资租赁的特点

1. 融资租赁满足客户购买设备的资金需求；
2. 设备及供应商由客户自行选定；设备规格、配置等信息由客户与供应商协商确认；
3. 出租人基于客户对设备及其供应商的选择，出资购买；
4. 租赁期间，设备的所有权与使用权分离；客户占用、使用设备并获得使用效益，出租人拥有名义上的所有权；
5. 可根据客户的资质逐步提高授信额度，建立长期的融资合作关系。

三、我们的优势之处

1. 实现分期付款，减轻一次性还款压力；
2. 比较其他金融机构，成本低且操作速度快、早赚钱、早回本；
3. 不占用现有的银行信贷额度，是现有融资渠道的有力补充；
4. 融资期限最长达到×年，减轻财务管理成本；
5. ××××公司付款之后开始起租，减少客户的资金风险；
6. 大型项目可以分批执行，减少客户财务负担；
7. 融资租赁不占用银行额度，融资租赁担保不在银行征信报告中体现。

四、与银行贷款的比较（操作方式和成本）

融资租赁与银行贷款的比较见表1。

表1 融资租赁与银行贷款的比较

	银行贷款	融资租赁
融资规模	受银行信用额度的限制定	由企业的资质条件和设备价格决定
担保方式	一般要求提供经审核的第三方担保及抵押	由第三方企业担保
融资条件	融资条件标准化，还款方式相对单一	根据客户需求设计租赁方案，还款方式灵活
资金成本	总体资金负担高	总体资金负担低
业务程序	程序标准化，较复杂	审批快捷，操作程序相对灵活
获取资金特点	要求在贷款行开设账户，有一定存贷比限制	以融物形式达到融资目的，直接满足实际需求
售后回租	不接受设备抵押，或者设备抵押的贷款金额很低	对于大型企业，可以接受3年通用设备的抵押，抵押设备的贷款额度高

第三部分　租赁项目法律结构

一、租赁交易结构

租赁交易结构见图1。

图 1 租赁交易结构

二、基本合同构架

1. 设备购买合同：注明设备购买价格、款项支付方式及购买商务条款等事宜，以及在购买过程中物件毁损的赔偿，物件瑕疵的索赔权转让，处置方式及其导致经济损失的处理方式等。

2. 融资租赁合同：注明与租赁项目相关的租赁条件，双方权利与义务等事宜，如保证金、项目管理费、租金额、支付方式、支付时间等。以及租赁期内对设备使用状况保证的相关条款，如对设备的维修、维护、保险等项的相关权责等。

3. 其他必要签署的相关合同：在项目操作中根据项目需要应签署的必要协议或合同。

4. 项目保证措施

根据客户提供的信息资料，经出租人资质评估后决定是否需要客户提供认可的保护措施。

第四部分　租赁项目操作程序

一、租赁意向确认：双方共同与供应方确认设备购买条件。

二、信息资料收集：客户向出租人提供项目评估所需的信息资料。

三、资质评估审核：出租人完成对客户及租赁项目的资质评审。

四、合同文本签署：客户、出租人、供应方及其他方（如有时）签订购买合同、租赁合同及其他相关合同文件。

五、履行合同义务：

1. 客户向出租人支付租赁项目首付款、手续费、保证金等约定费用。
2. 供应方向客户交付设备并确认接收。
3. 出租人按购买合同约定向供应方支付设备货款。
4. 客户根据租赁合同约定向出租人支付租金。

六、租赁期结束：

出租人根据租赁合同及/或相关协议取得设备所有权。

第五部分　操作方式简述

一、设备直接租赁（直租）方式

客户如需购买新设备，则由企业先行选好设备（设备价格可由客户去和厂商谈，也可由××××公司与厂商谈）。在客户交纳租赁规模（参与租赁的设备的价格）20%～30%的首付款、保证金和服务费（根据2～3年的租赁期，服务费为4%～6%）后，××××公司将买下设备，并取得设备发票（设备发票先由供应方向××××公司开具增值税专业发票（税率17%），××××公司分期开具增值税专业发票给承租人）。随后××××公司将立即把设备租给客户，客户享受设备使用权，客户每月定额支付设备使用租金（等额本息，即利随本清）给××××公司，租赁期满（一般为2～3年）租金支付完毕后，××××公司将以名义货价（一般为设备原价值的0.5%～1.5%；或者在客户每月均按时支付租金的前提下，名义货价为1000元）把设备转让给客户，同时将全额保证金返还客户，客户将拥有完整的设备所有权。

二、设备回购租赁（回租）方式

客户如需租金用于补充流动资金，也可用其在3年内购买的、已付清设备款，拥有完整设备发票及所有权的符合××××公司设备要求的大型设备进行融资。根据设备原有价值和现有情况，××××公司将为设备计算出一个净值（即租赁规模），在客户交纳租赁规模15%～30%的保证金后，××××公司将以净值购入设备，并取得设备发票（只拿正联，增值税抵扣联给企业），随后××××公司将立即把设备租给客户，客户每月定额支付设备使用租金（等额本息，即利随本清）给××××公司，租赁期满（一般为1～2年），租金支付完毕后，××××公司将以名义货价（一般为设备原价值的0.5%～1.5%，在客户每月均按时支付租金的前提下，名义货价为1000元）把设备转让给客户，同时将全额保证金及设备发票返还客户，客户将拥有完整的设备所有权。

注：1. 客户需提供一家同等规模企业作担保；
    2. 在合作过程中，为了对企业进行评估，需要取得企业的一系列资料（类似银行评估），以及担保企业的资料；
    3. 根据企业的实际情况，会对方案作出适当调整，优质企业可降低要求。

第六部分　　模拟企业需求

一、提供融资服务

1. 客户：能不能为我公司提供一些资金上的支持？

××××：×××融资租赁有限公司，可以帮助贵公司解决在技改、扩大规模等方面资金不足的问题，从而大大缓解咱们企业的资金压力。

二、什么是融资租赁

1. 客户：融资租赁具体是什么意思？

××××：类似于购买房屋，汽车时的银行按揭贷款。通俗一点讲就是：你选择设备，××××公司代你们付钱给我们，以后你每个月向他们付租金，合同到期，设备所有权归你。

2. 客户：融资租赁业务有什么好处？有哪些方式？

××××：第一，融资租赁可以使你提前获得设备使用权，还可以降低一次性支付设备全款的压力；可以让你花小钱办大事，及时扩大生产规模，抓住市场机会，获得企业订单，迅速做大做强。

第二，××××可以为具有一定规模的企业（年销售收入在3000万元以上）提供设备的抵押贷款，一般是企业将最近三年购买的有发票的设备（没有抵押）抵给他们，然后我们为贵公司提供设备净值70%的资金。这对于没有设备需求，但对资金有需求的企业来说，真是福音哦。

3. 客户：你说类似于购买房屋的按揭贷款，那和贷款相比融资租赁业务有什么优势？

××××：第一，银行贷款受国家信贷政策影响较大，但融资租赁业务主要看企业的资质和设备总金额，不受国家政策影响，即使国家信贷政策调控，您仍然可以采用租赁方式融得资金。

第二，银行贷款融资期限一般只有1年，每年需要续贷，银行续贷前几个月企业就需要提前准备大笔资金作为续贷周转资金，造成续贷之前几个月生产流动资金的紧张，而融资租赁业务一次性可以提供2~3年的融资服务，提供灵活的分期还款方案，保证企业每月就将当月利润中的一部分来偿还租金，不影响企业生产流动资金的正常使用，保障企业正常的生产经营。

第三，银行贷款一般对企业有许多要求（规模，不动产抵押，第三方担保等），融资租赁则主要考察企业的综合资质，一般无不动产抵押。大部分地区银行给民营企业贷款时利率一般会上浮30%左右，银行还会要求企业在贷款银行账户保持日均存款余额、开立票据、贴现等企业并不需要的业务而收取额外的费用，而租赁业务的所有成本和费用在开始就完全在合同中明确，没有其他的额外要求和额外成本费用。

4. 客户：××××公司与银行相比还有什么其他优势？

××××：××××公司在操作时间方面一般会比银行申请贷款要快很多，银行一般是尽职调查后一个月的审批时间，而租赁业务的审批时间远低于银行的审批时间。

三、为什么要选择××××公司做融资租赁业务？其各项费用是多少？

1. 客户：你们说的××××公司是一家什么样的公司？公司可靠吗？

××××：这个放心，××××公司于2012年成立，系由上市公司发起成立，公司主营业务涉及工业设备、医疗、航运、物流等行业领域，为境内外客户提供专业化的租赁服务。

2. 客户：××××公司的费率多少？

××××：对于满足××××公司要求的企业，以设备价格为基数。

融资期限2~3年，每月等额支付租金：

（1）项目首付一般为20%（不计算融资利息，企业自付部分）；

（2）项目保证金15%以上（租赁期满后返还）；

（3）租赁期满名义货价为1000元。

3. 客户：××××公司最多能融几成？

××××：一般能融7成左右，也就是说你这边需要自己准备3成的设备款。

4. 客户：发票抬头开给谁？可以抵扣增值税吗？

××××：自2012年1月1日起实施营业税改增值税试点后，××××公司为避免承租人的利益受损失，设备发票先由供应方向××××开具增值税发票，××××收到增值税发票后按月分期开具增值税发票给客户，你可凭发票抵扣联到税务局抵扣进项税。

5. 客户：租赁的设备可以入我们的财务账并计提折旧吗？

××××：你们可以凭借发票和××××租赁公司签订的租赁合同合理合法将设备记入财务账中的固定资产项下，并按照规定计提折旧，冲减当期税前利润。

四、对企业资质的要求？

客户：××××公司对企业有什么要求？

××××：在目前阶段，企业一般要达到以下的基本条件：

（1）企业连续在本行业经营三年以上；

（2）上一年开票收入在1000万元以上；

（3）单次购买设备的金额在100万元以上。

但符合以上条件并不意味着你们一定可以从××××公司获得融资，是否融资由××××公司经过调研、审批流程后最终决定。

五、项目前期沟通

1. 客户：要是我符合你们公司的要求，想从你们公司融资的话，具体怎么操作？

××××：如果你有融资意向的话，××××公司将派遣业务经理与贵公司联系。

2. 客户：要是我和××××公司联系后一般怎么操作？

××××：业务经理会先电话沟通了解初步情况，如果你初步符合要求，他们会立即传真一张资料清单，需要你们按照清单要求准备一些企业资料。

六、尽职调查及公司审批

1. 客户：××××公司大概什么时间来调查？

××××：一般在资料基本齐全并初步符合对方要求的情况下，他们收到资料就会在两个工作日内确定具体的时间到你那里去调查。

2. 客户：××××公司一般多长时间能出结果？

××××：根据项目金额及风险的高低，审批时间会有所差异，一般情况下，在资料齐全并在你全力配合的前提下，从尽职调查回来后的两周左右时间就能出结果。

七、签约、付款、付租金

1. 客户：审批通过后大概什么时候签约？

××××：审批后合同制作一般需要三天左右时间，合同做好后会发给你们确认，没问题的话就可以签约了。

2. 客户：一般什么时候开始付租金？

××××：××××公司对贵公司支付融资款的时候开始起租，××××公司付款的同一天你们开始支付每月租金。

八、项目结束

客户：租赁期结束后设备怎么转让给我？

××××：租赁公司在租赁期结束时，在你们付清全部租赁款项并支付设备转让残值款项后，××××公司会根据合同约定自动出具一个所有权转移证明书将设备的所有权合法转移给你们。不会影响你们利用设备以后的抵押、转让等合法权益。

5. 建设期出表融资

受到考核体系的约束我国大部分的国有企业都有表外融资需求。究其原因还要从我国这些年的快速发展说起，伴随着我国经济的高速发展，我国企业的资产负债表也迅速得到扩充。但并不是所有增长都是令人兴奋的事情，资产负债率这个关键的财务指标也许最能体现国有企业这些年"成长的烦恼"。以我国工程建筑行业为例，2010年资产负债率为66.9%，到2021年这个比率就上升到了71%。

我国凭借一系列大规模基础建设和举世瞩目的超级工程，被冠以"基建狂魔"的称号。这里我们先说表外融资的目的与意义，第一，建设期表外融资可以扩大融资规模，改善财务指标。在融资规模的扩充上，可以简单理解为融资杠杆比例变大了。原本债务性融资（项目贷款）可以做到投资金额的70%~80%；现在配合资本金融资后，总共的融资额可以达到95%甚至更高。第二，提高融资效率，降低融资成本。减少融资环节，变间接融资为直接融资；建立良好合作伙伴关系；优化内外部流程。第三，优化负债结构，分散负债主体。首先，央企可以通过表外融资方式实现负债主体的分散，降低公司整体的负债率，优化公司的负债结构。这有助于集团获得更灵活的资产负债结构的操作余度。其次，分散负债主体可以避免公司超过负债率上限，使公司的负债率控制在规定范围内，规避违规风险。另外，将高成本负债移至表外，提高了公司的整体偿债能力。可在不增加公司财务风险的情况下增加融资规模，取得增量资金。

这里专门拿出一节说建设期出表融资，主要是因为当前传统的融资形式，在如今多变的融资市场里，经常无法满足企业需求。表外融资是根据企业需求搭建适当的融资结构，使得债务可以不出现在资产负债表中。目前的形式有：或有负债、资产证券化、合资公司、特殊实体等。

这里就不对每种形式进行介绍了，但当我们操作出表类业务时还是要对其局限性有清醒的认识。具体来说表外融资局限性主要有以下三个方面。

第一是信息披露和银信负债问题。信息披露问题可能来自两方面原因：第一是体制机制原因，工程施工企业一般采用职能型组织架构。此种形式的好处是集中专业人才，提升部门的专业程度，但也使得各个部门相互独立，信息传递不畅。另外企业内部层级较多，遇事层层报告，降低了信息的时效性。第二是主观原因，隐性负债可以减少实际投资，增大融资杠杆，改善财务指标，降低资产负债率，充实公司资金，这些优势都可能促使企业索性选择忽视信息披露。

第二是杠杆率过高，财务风险大的问题。工程类央企往往承接的项目运营周期长，资金需求大，具有较高意愿进行表外融资。如果规模过大，企业实际杠杆率会被快速推高，一旦项目出现某些意料之外的事项发生，极易造成断链式信用违约。

第三是管理机制不健全的问题。当前我国的表外融资监管体系还不够完善，相关业务管理机制有待进一步健全。表外融资的复杂性和多变性，使其难以全面监测；同时，因为会计准则以及相关政策法规的更新往往具有滞后性，这对于审计机构在做出表事项的认定时经常会有模棱两可的感觉。

6.4 运营期融资工具

产权分散、停车费低、供需不均、空置率高等是困扰停车行业的主要问题，如何合理盘活停车位并通过融资等方式找回现金流也一直在实践中摸索。当前市面上的一些金融机构对停车场的融资还是比较看好的，有许多的长期资本以及智慧停车服务商瞄准了国内停车场行业的投资和运营机会，下面就说说运营期的融资工具。

6.4.1 ABS（Asset-Backed Securities）模式

ABS，资产证券化，是一种债券形式的金融工具，其向投资者支付的本息来自于基础资产池（Pool of Underlying Assets）产生的现金流或剩余权益。与股票和一般债券不同，资产支持证券不是对某一经营实体的利益索求权，而是对某个资产池所产生的现金流和剩余权益的要求权，是一种以资产信用为支持的证券。目前，国内资产证券化又可分为四种模式：央行和银监会主管的金融机构信贷资产证券化（称为信贷ABS或者称银行ABS），证监会主管的非金融企业专项资产证券化（称为企业ABS），交易商协会主管的非金融企业资产支持票据ABN，保监会主管的保险资产管理公司项目资产支持计划。四种模式的差异主要体现在发起人、基础资产、交易结构以及上市流通场所等方面。

近几年国家层面密集出台了一系列鼓励资产证券化的政策。2017年以来，资产证券化市场呈明显放量增长态势，在2020年存量突破4.50万亿元后，2021年逼近6万亿元。2018—2021年三年的资产支持证券的年均净增规模均达到万亿元级别，可以看出放量趋势明显。

2018年全国首单城市公共停车场PPP-ABS项目在资阳市落地成功。"资阳市雁江区停车场PPP项目"资产证券化是通过以PPP项目未来的现金流为基础，采用双SPV结构，将PPP项目下的基金A类份额作为基础资产进行证券化，同时将资产支持证券产品再进行优先劣后分层，进而为产品优先份额形成了多层安全垫护，进一步保障了产品的安全性。该项目的成功获批，实现了盘活优质存量停车场资产，将转让所得用于政府偿债和新建基础设施和公用事业项目，为下一步形成新优质资产的良性循环创造良好范例。同时将为此类项目拓宽融资渠道、降低融资成本、增强资产流动性、优化资产结构提供宝贵经验。该项目成功落地的现实意义有以下几方面。

第一，符合国家政策导向，盘活政府存量资产。项目符合国家相关文件精神，旨在盘活政府优质存量资产，以化解政府存量债务并解决城市发展所需资金问题，更好地促进新项目建设落地。

第二，有效提高公共服务水平，改善人民生活质量。项目通过引入市场化、专业化的停车运营机制，有效整合现有停车场资源，化解城市"停车难、出行难"问题，极大提高公共产品及服务水平，改善人民生活质量。

第三，契合政府实际情况，具有可推广可复制价值。停车场是当前很具代表性的政府优质存量资产之一。在全国范围内，大部分政府都是城市公共停车资产最大持有人和控制人，通过TOT模式盘活，有利于解决城市发展资金问题，提高城市运营质量效率。推广复制价值巨大。

第四，提供资产盘活的新选择，增强投资人信心。全国首单停车场PPP项目资产证券化的获批，意味着社会投资人投资PPP项目、停车产业有了新的有效资产盘活机制，实现"资金—资产—资金"的良性循环，将极大增强投资人投资PPP项目及停车产业的信心，对加速全国PPP项目落地、停车产业发展将起到积极的推动作用。

6.4.2　REITs 模式

2020年中国证监会、国家发展改革委联合发布《关于推进基础设施领域不动产投资信托基金（REITs）试点相关工作的通知》。通知指出基础设施REITs是国际通行的配置资产，具有流动性较高、收益相对稳定、安全性较强等特点，能有效盘活存量资产，填补当前金融产品空白，拓宽社会资本投资渠道，提升直接融资比重，增强资本市场服务实体经济质效。相关单位应充分认识推进基础设施REITs试点的重要意义，加强合作，推动基础设施REITs在证券交易所公开发行交易，盘活存量资产、形成投资良性循环，吸引更专业的市场机构参与运营管理，提高投资建设和运营管理效率，提升投资收益水平。

REITs指的是房地产投资信托基金，是一种与房地产信托、房地产投资基金等概念相关的新型投资工具，此种工具将市场中的资金带入房地产行业，为项目开发的资金筹集开拓出一条有效的融资渠道。

在此类金融产品发展比较好的美国，很多商业或写字楼REITs（房地产投资信托基金），都有相当的"停车场资产组合"。中央停车系统公司（Central Parking System）是美国最大的停车场管理公司，成立于1968年，管理的停车场多位于机场、酒店、商场、写字楼、体育场等。由于拥有完善的视觉、签约及付费系统，使其成为很多物业首选的停车场管理者。目前，该公司已在美国主要城市管理了超过2500个大型停车场物业，共计约120万个车位。停车场稳定的现金流以及较低的管理成本低使中央停车系统公司备受投资人追捧，尤其是REITs更受投资人追捧。

停车场投资是一门拥有良好现金流潜力的生意，通过前文的介绍很容易理解，如果能够借助REITs等新型融资工具，借助资本的力量，这无疑将为该产业的发展插上翅膀。

6.4.3 TOT

TOT（Transfer-Operate-Transfer）即转让—经营—转让模式，是一种通过出售现有资产以获得增量资金进行新建项目融资的一种新型融资方式，在这种模式下，首先私营企业用私人资本或资金购买某项资产的全部或部分产权或经营权，然后购买者对项目进行开发和建设，在约定的时间内通过对项目经营收回全部投资并取得合理的回报，特许期结束后，将所得到的产权或经营权无偿移交给原所有人。

6.4.4 TBT

TBT 模式就是将 TOT 与 BOT 融资模式结合起来，但是以 BOT 为主的一种融资模式。TOT 作为辅助实施模式促成 BOT 模式的最终落地。TBT 项目融资模式兼备了两种融资模式的优点，同时克服了各自的缺点。这两种模式的结合有两种形式：第一种是有偿转让模式，即政府通过 TOT 模式有偿转让已建项目的经营权一次性融得资金后再将这笔资金入股项目公司，参与新建 BOT 项目的建设与经营直至最后收回经营权。第二种是无偿转让模式，即政府将已建项目的经营权以 TOT 模式无偿转让给投资者，但条件是与 BOT 项目公司按一个递增的比例分享待建项目建成后的经营收益。

6.4.5 停车产业基金

资管新规于 2018 年 4 月正式发布，从投资范围、杠杆约束、信息披露等多个方面做了要求，旨在防范金融风险、增强金融服务实体经济的能力、最大限度消除监管套利空间和推动金融供给侧结构性改革。资管计划、信托计划等模式由于资管新规的影响在操作模式上无法落实。同时停车场项目本身的产权分散、停车费低、供需不均、空置率高等因素也是困扰停车行业快速发展的主要问题。停车场产业基金投资不同于传统的短期投资思维，产业基金投资看重停车场的现金流情况及未来经营收益，以长期投资加运营的思维进行产业投资。

停车产业基金将重点围绕"汽车生活"消费市场进行立体式产业布局，目标资产涵盖加油站、停车场、智慧出行、智慧交通等领域，围绕重资产收购、互联网技术赋能与增值运营，配套股权投资获取行业战略资源与专业团队，并最终进行整体化资本运作。

实践案例：

停车位融资方式及实操要点

一、产权过户式收购/包销

  1. 操作方式

以一定折扣整体收购/包销停车位资产包，并产权过户，开发商"一次性"回收现金。

2. 底层资产要求

（1）一般要求停车场在正常运营，有产权证，无抵押，商业项目停车位优先；

（2）位置：一、二线城市为主，经济发达核心商圈；已经收费备案的停车场；

（3）年税前利润为 500 万元或以上，较优质资产可以降低为 300 万元左右；

（4）资产包的车位数（指的是正常车位）达到一定规模，比如一线城市不低于 100 个，其他城市不低于 200 个等情形；

（5）收费标准有一定要求，比如 5~8 元/h 或以上。

3. 注意要点

（1）准入条件较高，对底层资产的梳理入库要认真对待且最好能形成规模化资产包；

（2）根据西政投资集团旗下基金公司的操作原则，基金收购时需打折，折扣率主要看整体底层资产的优质程度，一般在市场价格（市场价格可以参考周边同类项目，也可以评估机构的评估价格做参考）的 6~8 折；

（3）除了包销外，收购方式要做综合的税筹考虑，如是否可以考虑以资产入股或者以企业分立的形式把资产包装到另一个干净的公司（也可以考虑设在税收优惠地），然后收购公司股权的方式。

二、车位租赁权转让/经营权收购

1. 操作方式

资金方（也是停车位运营方）与业主直接签订《车位租赁权转让协议》受让车位租赁权，租赁期限约定为 20 年，20 年期满后车位使用权无偿赠送给资金方，开发商提前一次性回收停车位保底租金，目前行业上的操作一般年折现率在 8%~10%。

2. 底层资产要求

（1）一般要求停车场在正常运营，有产权证，无抵押，商业项目停车位优先；

（2）位置：一、二线城市为主，三、四线城市的经济发达核心商圈；

（3）资产包的车位数（指的是正常车位）达到一定规模，比如一线城市不低于 100 个，其他城市不低于 200 个等情形；

（4）已收费停车场优先，收费标准 3~5 元/h 或以上，年税前利润为 100 万元或以上。

3. 注意要点

（1）车位尽调时要做好车位排查与分类盘点（如安全性、基础设备安装等现状是否符合规划）；

（2）要特别区分带租车位和不带租车位，以及有产权车位和无产权车位的情形，涉及不同的交付标准和权利义务转移的约定；

（3）受让车位时车位交付时间及标准要做详细约定；

（4）要注意，如涉及非正常车位的，要约定已改造完成和未改造完成两种情形的不同处理方式；

（5）因涉及受让车位的整改和在《车位租赁权转让协议》项下的权利义务履行，一般资金方在受让车位租赁权时都要求开发商关联方或实际控制人提供担保。

三、停车位租金池资产证券化

1. 操作方式

通过停车位资产包产生的租金现金池设计成资产证券化产品发行,以达到资金回收。

2. 底层资产

底层资产是指产生租金现金流的停车位资产包,它是该停车位租金池资产证券化的基础资产。

3. 除上述要求的条件外,一般要求租金现金流收入大概在 1.5 亿元或以上,净利润在 3000 万元以上,底层资产现金流覆盖倍数(利息保障倍数)一般在 1.2～1.5。

4. 注意要点

(1)项目尽调时注意核实停车收入(本书指的是开发商关联物业公司)或业委会签的物业合同或有关停车场收费标准的合同,还有停车场收费标准备案文件;

(2)现金流等财务数据除了开发商提供外,资金方尽调人员要前往现场做现场人流测算和停车需求等市场调研。

四、品牌输出式统一承包

1. 操作方式

资金方(也为运营方)提供品牌和专业的运营管理服务,业主将停车场收费备案转移给资金方,资金方支付保底租金+利润分成。

2. 底层资产

在上述要求的条件下针对具体项目做底层资产筛选。

3. 注意要点

(1)承包期限目前行情上一般为 3～5 年,如业主想全面退出并一次性提前变现,这个并不是最优方案;

(2)此融资方式更适用于非带租车位或非产权车位的操作。

五、停车位融资租赁

1. 操作方式

一般是售后回租,即已建成的停车场,融资租赁公司出资整体收购过来后再回租给开发商,按我们的经验,一般资金方都会要求有能力公司做担保,开发商到期以残值回购。

2. 底层资产要求

针对停车位操作融资租赁并不是很多租赁公司能操作的,因此对底层资产的要求目前市场上基本是前 50 强开发商所开发项目对应的停车位。

3. 注意要点

资金方对开发商的资产要求较高,特别是要求有能力公司担保,除非开发商自身是上市公司,否则需要找外部担保公司做增信,成本较高。

- 第 7 章 -

财务评价：蹈矩践墨，遇物持平

首先，财务评价是企业投资决策的重要支撑依据。投资项目的财务分析与评价关系到项目投资的成败，也关系到企业经营与发展。通过对投资项目进行财务评价，可以得出项目的营利水平、清偿能力及抗风险能力。决策者结合企业的战略、财务指标、资金情况等因素进行决策，从财务评价上决定方案是否可行。

其次，财务评价是金融机构授信的重要依据。金融机构对企业进行贷款，一般都需要根据财务评价结果分析项目的营利性和安全性，以确定还款来源和还款能力，最终决定是否贷款。

再次，财务评价是项目制定资金计划的参考。企业根据项目财务评价中的现金流情况，可以提前安排资金，安排合适的筹资计划，确保项目所需资金能够顺利、按时到位。

最后，财务评价是项目立项通过的必要条件。根据我国法律规定，项目建设前必须取得发改委等主管部门的立项批复，而立项批复的重要条件就是看项目财务评价中的营利、风险等财务效益指标是否满足有关部门的要求。

识别企业在投资项目财务分析中存在的问题和不足，通过加强事前控制，遵循必要的原则和步骤，构建合理的分析指标体系，采用科学方法、合理估测，将有助于做出有利于企业的投资决策。本章主要对停车场项目财务评价与分析进行研究，力求介绍一个完整的停车场项目财务评价体系，并给使用者的实践活动提供实际指导意义。

7.1 财务评价的目的、作用、原则和程序

7.1.1 停车场项目财务评价的目的和作用

投资者进行项目投资是出于对投资标的未来营利能力和发展前景的看好。对投资项目进行财务分析与评价主要是为了加强企业项目投资管理效率，规范项目投资的财务评价工作，确保项目投资财务评价质量，为企业投资决策提供可靠的参考意见。

7.1.2 停车场项目财务评价的原则

1. 费用与效益有无对比

有无对比是指"有项目"相对于"无项目"的对比分析。进行费用变化与效益增减的识别能够分清项目投资后的费用变化情况和效益增减情况，用于项目投资前后的效果对比。

2.计算口径范围一致性

为了正确分析投资项目的营利能力、偿债能力和财务生存能力，必须将增量费用与增量效益设定在一个相同范围内并进行有效比较，才能分析得出项目投资的客观效果。

3.收益与风险权衡

项目投资财务评价不仅要关注项目未来可能获得的收益及大小，更要关注项目存在的风险和不确定性，故在项目投资分析时需要权衡得失、利弊，以利做出正确决策。

4.动态与静态结合

不同时点的现金流量对企业来说具有不同的使用价值。由于资金时间价值是客观存在的，故引入动态指标分析更有意义,项目财务评价的核心是现金流量和折现取值,通常运用动态分析计算的结果更能客观反映项目的投资效果和效率，所以主流的评价方法是动静结合、以动为主。

7.1.3 停车场项目财务评价的程序

（1）市场调查：收集停车场项目数据，根据项目财务评价的需要，收集项目相关的各种数据和参数，如项目周围交通指标、土地相关指标、运营数据、销售数据、项目开发计划、国家相关财税法规及优惠鼓励政策等。

（2）预测财务数据：项目财务评价是对一个项目整体经济性的评估，作为一种事前评估财务评价多数是预测性的，主要预测项目收益和成本情况，包括：项目开发周期预测、项目投资及成本费用预测、销售价格及销售收入预测、运营费用预测、税费预测、财务费用预测、现金流预测等。

（3）编制财务基本报表：在收集、预测项目数据基础上汇总、整理形成项目财务基本报表，使各种数据之间形成相互联系。项目财务基本报表包括现金流流量表、利润表、投资计划表、资产负债表等。

（4）分析项目财务指标：运用财务基本报表及基础数据，根据专门的计算方法得出各项财务指标数据，如营利能力指标和还款能力等指标。

（5）提出财务评价结论：将计算出来的有关指标运用前述分析方法进行分析，并从财务角度提出项目可行与否的结论。这一评价结果是整个项目可行性报告中最重要的部分，直接关系到项目的取舍和实施。

7.2 财务评价指标

项目的投资决策需要依据各项财务评价指标。项目投资指标一般会依据货币时间等相关因素分为两类：一类是动态指标，其中包含净现值、内含报酬率、动态回收期等；另一类是静态指标，包括静态投资回收期、预期投资利润、实际回收期、原始投资回收年平均投资报酬率等。停车场类项目作为具有较长运营期的投资项目而言，在投资决策时更看重动态指标。具体而言，指标体系可以细分为以下几类。

7.2.1 非折现指标

非折现相关指数评价指标具有测算较为简单，同时含义相对清晰容易理解等优势，但没有考虑其时间的相关价值成本,这样就有可能导致决策的失败概率加大。指标的静态投资回收期可以比较清楚地反映项目的这部分投资时间,但并不能说明回收收益情况。这部分关于投资利润率的相关优势指标虽然已经考虑了项目所能创造的部分收益,但是却不可以弥补由于没有考虑时间因素所带来的问题。

7.2.2 折现指标

折现评价指标包括净现值(NPV)、净现值率以及财务内部收益率(IRR)。净现值是计算期内根据各年的现金净流量的现值与其期初投资额度的差额,并且以现金的流量反映了投资关于所得关系。如果净现值大于零时,这就意味投资的所得额可以大于对他的投资,那么这个项目就是具有可取性的项目;净现值率作为最为重要的财务净现值指标,弥补了财务净现值指标的缺陷;财务内部收益率是指项目在整个经济寿命期内各年净现值累计为零时的折现率,其主要优点在于它揭示了投资项目所具有的最大获利能力,从而使之成为衡量投资项目收益高低非常有用的财务指标。但财务内部收益率过高或过低,往往都缺乏实际意义,需要配合其他指标进行综合分析研判。

7.3 财务评价方法

7.3.1 停车场项目不确定性

停车场项目的推进是一个动态过程,具有周期较长、资金投入量大、受政策影响多的特点,因此很难在一开始就对开发过程中的有关费用和建成后的收益情况作出精确的估计,主要不确定性和风险因素有以下几方面。

1. 销售单价

停车场项目的现金流入主要是全天的停车收入和充电收入,其单位价格受行政约束环境、供需关系、当地政策等影响。在项目财务评价时,停车单价或售电单价通常采用与现有市场上类似停车场的价格,并未过多考虑项目实际出租或销售时的租金或售价。

2. 建造成本

在停车场项目财务评价时,建造成本基于当时本企业的同类项目平均水平取得,在项目实施过程中由于设计、开发周期、价格等方面因素的变化,从而导致建造成本改变。另外如果有机械车位则相关成本根据厂家不同,单价差异较大。

3. 开发周期

开发周期中的准备期、建设期、营运期发生变化也是项目不确定性因素之一。

4. 基准收益率

基准收益率(折现率)的选择受市场平均利率及企业所设定的目标值变化而变化。货币政策、信贷政策、经济周期等因素的变化会对市场平均利率产生影响;而企业所设定的基准收益率目标值更容易受企业的风险偏好影响。

5. 融资成本

停车场项目的投资开发,企业自有资金投入往往只占项目总投资额的 20%～50%,剩余部分则通过直接或间接融资的方式筹集。利率的高低直接关系到项目的营利水平，而利率是不确定的，与货币发行量、通货膨胀、资金需求、项目安全性有关。除此之外，利率水平也是选择基准收益率的依据。

7.3.2 盈亏平衡分析

投资项目的盈亏平衡分析是指根据投资项目收入、成本和利润之间的关系，计算出投资项目不亏损不营利的产销量及相关指标，从而判断项目的经营风险。盈亏平衡点（Break-Even Point，BEP），是指项目进入正常投产条件，项目收入等于支出的那一点。在这点上，项目既不营利，也不亏损，收支平衡。如果再低于这一点的生产水平，那么项目就产生亏损；相反，则会获得营利。因此，盈亏平衡分析也被称为保本分析或者损益平衡分析以及量本利分析。如果根据货币时间价值考虑盈亏平衡分析，则可以分为静态盈亏平衡分析和动态盈亏平衡分析。

1. 静态盈亏平衡分析

静态盈亏平衡分析，在不考虑货币时间价值的前提下，以项目达到设计生产能力后的一个正常生产年份的经营数据，来进行项目不确定性分析的一种方法。

盈亏平衡分析方法相对简单且常用，具有较好的实用性，但需要满足一定前提条件。第一，分析期的生产量等于销售量；第二，变动成本与销量呈正比关系；第三，分析期的固定成本不随产量的变化而变化；第四，项目的销售收入与销售量呈线性关系；第五，项目所生产的产品和结构在一定时期内不做改变。

为了直观分析项目盈亏平衡的情况，经常会将收入与产量的关系以及成本与产量的关系画在一起，称为盈亏平衡图（图7.3-1）。图7.3-1中点E是项目销售收入与产品成本相等时的盈亏平衡点（BEP）。Q_E表示与盈亏平衡点对应的产销量，Y_E表示与盈亏平衡点对应的收入或成本。在AOE区域，成本大于收入，属于亏损范围；在CED区域，收入大于成本，是营利范围。

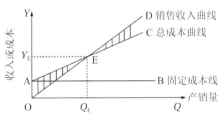

图 7.3-1　盈亏平衡图

静态盈亏平衡分析是企业在投资决策时常用风险分析方法之一，它计算简便、使用方便。因此，静态盈亏平衡分析法在投资决策中被广泛应用。即使在大数据和人工智能如此发达的今天，静态盈亏平衡分析法依旧是企业作为项目风险分析的重要工具。同时，静态盈亏平衡分析法也有明显的缺点，表现为：第一，它没有将生命周期内所产生的现金流量考虑进模型。第二，它并未考虑货币时间价值这一因素对现金流量的影响，从而不能真正评价项目抵御风险的能力，由此也可能导致一些决策失误。静态盈亏平衡分析只是一个会计意义上的保本分析，在反映投资人所关注的营利及运营风险上严重不足。因此，企业在投资决策中应该视其为辅助方法来加以考虑。

2. 动态盈亏平衡分析

动态盈亏平衡分析（图 7.3-2），是将货币时间价值考虑进盈亏平衡模型，计算出项目的盈亏平衡点来进行项目风险分析的一种方法。与静态分析方法所不同的是，这里的盈亏平衡点是项目全生命周期内的现金流入现值等于现金流出现值的那一点。在这一点，项目的净现值为零。如果在平衡点之下，项目就会发生亏损；反之，项目会获得超额利润。动态盈亏平衡分析法与静态盈亏平衡分析法的应用条件相同。

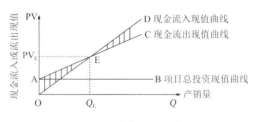

图 7.3-2　动态盈亏平衡图

7.3.3　敏感性分析

敏感性分析是指从众多不确定性因素中找出对投资项目经济效益指标有重要影响的相关因素，并对其进行分析、测算，从而能够使投资者判断其对所要分析项目的经济效益指标的影响程度和敏感程度，进而判断项目的风险承受能力。

根据所要分析因素每次变动数目的多少，将敏感性分析分为单因素分析和多因素分析。每次只有一个因素变动的敏感性分析，称为单因素敏感性分析。多个因素在假定不确定性条件下，计算分析两种或两种以上不确定性因素同时发生变动。多因素敏感性分析一般是在单因素敏感性分析的基础上进行，基本原理与单因素分析基本相同。需要注意的一点是，多因素敏感性分析是建立在几个因素都是相互独立且各因素发生变化概率相同的假设基础上进行的。这一点对于停车场项目的分析要多加重视，因为车位使用率、停车收费单价以及单个车位成本等因素都可能具有一定相关性。

敏感性分析的目的在于找出影响项目收益变动的敏感性因素，进而分析其变动的原因，并为下一步降低项目不确定性提供依据，为投资决策者预测出可能出现的风险程度，提高投资决策合理性。

7.3.4　概率分析

在工程项目经济评价中存在很多不确定性因素，概率分析的评价方法能够解决许多传统经济评价方法在理论上存在的缺陷。

这里介绍一款很好用的小软件，"Crystalball" 称为水晶球软件，是一种用于投资项目风险分析的工具。水晶球作为 Excel 的插件使用，给用户带来了很大便利性。水晶球可以让用户在不确定性模型变量上定义概率分布，然后通过模拟，在定义的可能范围内产生随机数值。通过产生和分析大量可选方案，量化指定方案的风险水平。水晶球软件的开发应用，使得这种模拟方法在全球得以推广和使用。工程项目经济评价不确定性分析基于蒙特卡罗法，蒙特卡罗模拟法也称为随机模拟方法，是一项已被确认正确并且行之有效的技术。

它的思想并不复杂,是一种很简单的数学方法。首先要建立一个概率模型,确定随机变量及其概率分布,然后使模型的参数等于问题的解,进行观察和抽样试验来计算所求参数的特征,并统计分析得出求解的近似值。蒙特卡罗法的计算十分繁复,而水晶球软件的应用解决了蒙特卡罗法计算繁复的问题。

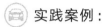 实践案例:

西安某停车场项目财务评价

本项目位于××市新城区西北商贸大厦南侧,现状场地为楼宇间空地,西面邻近兴业路,南侧邻近永乐路,场地整体为长方形,东西方向距离约100m,南北方向距离约55m。总用地面积4998.55m²,总建筑面积23184.50m²,共设计停车位288个(扩容后372个),充电桩67个。

建设项目总投资估算表、项目基础设计表见表1、表2。

表1 建设项目总投资估算表

序号	名称	类别	单位	基数	比例	估算投资金额(万元)	占比	备注
一		建设投资 (1+2+3)	万元			5872	97.61%	
1	工程费用	1.1 建安工程费	万元			3000	49.87%	税率9%
		1.2 设备购置费	万元			2000	33.25%	税率13%
2	工程建设其他费用	2.1 建设用地费	万元			200	3.32%	
		2.2 与项目有关的费用	万元			50	0.83%	
		2.3 与未来生产经营有关的费用	万元			10	0.17%	
3	预备费	3.1 基本预备费	万元	5260	10%	526	8.74%	以工程费用和工程其他费的合计的10%暂估
		3.2 涨价预备费	万元	5786	3%	86	1.43%	价格上涨率3%
二		工程造价(固定资产投资) (1+2+3+4)				6015.86	100.00%	
4		建设期利息	万元	5872	4.90%	143.36	2.39%	建设期利息当年按照半年利息4.9%
三		建设总投资 (1+2+3+4+5)	万元			6015.86	100.00%	
5		流动资金	万元			0	0.00%	
四		进项税额	万元			477.8	7.94%	只考虑工程费用的税额
6	对应投资	1.1 建安工程费	万元	3000	9%	247.71	4.12%	
7		1.2 设备购置费	万元	2000	13%	3.82%	3.82%	

表 2 项目基础数据表

序号	基础数据	单位	数量	序号	分析数据	单位	数量
一	基础数据						
1	建设投资	万元	5872.00				
1.1	建筑工程费	万元	3000.00				
1.2	设备购置费	万元	2000.00				
2	工程造价	万元	6015.86				
3	建设总投资	万元	6015.86				
4	建成规模（车位数）	个	288.00		单车建设成本	万元/车位	20.89
5	设备价格	万元	8.00				
6	项目总周期（含一年建设期）	年	25.00				
7	工程建设期	年	1.00				
8	运营天数（年）	天	360.00				
二	融资数据						
（一）	可用资金						
1	资本金	%	20.00		资本金	万元	1174.4
2	西安市补贴	万元/个	3.00		补贴总额	万元	864
（二）	可融资金						
1	长期贷款利率	%	4.90		建设期贷款	万元	143.86
2	长期贷款期限	年	10		银行贷款	万元	4697.6
3	折现率	%	4.90		利息总额	万元	1398.01
4	法定盈余公积金率	%	10.00				
三	税务数据						
（一）	增值税进项税额				进项增值税合计		477.8
1	增值税率（设备）	%	13.00		1.1 建安工程费	万元	247.71
2	增值税率（建筑）	%	9.00		1.2 设备购置费	万元	230.09
（二）	运营期税额						
1	运营期销项税税率	%	6.00				
2	运营期进项税税率	%	4.50		年经营进项税	万元	1.04
（三）	所得税及附加						
1	所得税	%	25.00				
2	营业税	%	0				
3	消费税	%	0				
4	城建税	%	7.00				

续表

序号	基础数据	单位	数量	序号	分析数据	单位	数量
5	教育费附加及地方教育费附加	%	5.00				
四	其他数据						
1	保险费率	%	0.25				
2	价格上涨率	%	3.00				

注：补贴分三年发，第一年20%，第二年和第三年各40%。

表3 营业收入表

项目年份	主营业务收入		其他业务收入	收入合计	销项税	不含税收入合计	备注
	白天收入	夜晚收入	广告费				
1	0	0	0	0	0	0	建设期
2	274.96	51.84	10	336.8	19.06	317.74	
3	274.96	51.84	10	336.8	19.06	317.74	
4	274.96	51.84	10	336.8	19.06	317.74	
5	274.96	51.84	10	336.8	19.06	317.74	
6	274.96	51.84	10	336.8	19.06	317.74	
7	404.35	93.31	12	509.66	28.85	480.81	
8	404.35	93.31	12	509.66	28.85	480.81	
9	404.35	93.31	12	509.66	28.85	480.81	
10	404.35	93.31	12	509.66	28.85	480.81	
11	404.35	93.31	12	509.66	28.85	480.81	
12	606.53	145.15	14	765.68	43.34	722.34	
13	606.53	145.15	14	765.68	43.34	722.34	
14	606.53	145.15	14	765.68	43.34	722.34	
15	606.53	145.15	14	765.68	43.34	722.34	
16	606.53	145.15	14	765.68	43.34	722.34	
17	808.7	181.44	16	1006.14	56.95	949.19	
18	808.7	181.44	16	1006.14	56.95	949.19	
19	808.7	181.44	16	1006.14	56.95	949.19	
20	808.7	181.44	16	1006.14	56.95	949.19	
21	808.7	181.44	16	1006.14	56.95	949.19	
22	1010.88	217.73	18	1246.61	70.56	1176.05	
23	1010.88	217.73	18	1246.61	70.56	1176.05	
24	1010.88	217.73	18	1246.61	70.56	1176.05	
25	1010.88	217.73	18	1246.61	70.56	1176.05	

表 4 经营数据表

序号	经营年数	使用年期				
		1~5	6~10	11~15	16~20	21~30
1	使用率（白天）	0.68	0.75	0.75	0.75	0.75
2	白天小时数	13.00	13.00	13.00	13.00	13.00
3	收费价格（元）	3.00	4.00	6.00	8.00	10.00
4	使用率（夜晚）	0.50	0.60	0.70	0.70	0.70
5	夜晚收费（每次）	10.00	15.00	20.00	25.00	30.00
6	广告费收入（万元）	10	12	14	16	18

表 5 基础信息表

1	车位数	个	288.00
2	运营天数	天	360.00
3	运营期销项税税率	%	6.00

运营成本见表 6。

表 6 运营成本

序号	费用项目	费用单价（万元）	年运维期费用	备注
一	公司日常支出（管理费用）		37.17	
1	职工薪酬	6.00	18.00	人均年工资按 6 万/年，配置 3 人。
2	设备检修检测费			
	其中：（1）防霉检测费		0.12	根据市场调研，建筑防霉按 0.8 元/m^2 进行预算，检验周期每年一次。暂估场地 1500m^2
	（2）特种设备检测费		0.02	根据市场调研，首年移交时检测由厂家负责，运营期内每 2 年检测一次，单个车位约 300 元
3	保养维护费用			根据市场调研，本次预算按后期维保采用小保养(小包)加主设备更换维修方式进行保养维护。目前市场上小保养包含的内容有：设备责任险、零配件更换维修（500 元及以下零配件）、24h 驻场维护服务、每月定期维保等。采用小保养模式不需再储存备品备件

续表

序号	费用项目	费用单价（万元）	年运维期费用	备注
	其中小保养	0.01	0.12	根据市场调研,小保养每月约100元/车位
	其中主设备:(1)旋转盘电机(回转)		0.80	按照设备使用周期,30年运营期内按全面更换一次预算,折合每台年分摊费用为0.1万元。按设计提供方案,需旋转盘电机8台,年更换费用总计0.19万元
	(2)提升电机		0.80	按照设备使用周期,30年运营期内按全面更换一次预算,折合每台年分摊费用为0.2万元。按设计提供方案,需提升电机4台,年更换费用总计0.8万元
	(3)横移电机		5.76	按照设备使用周期,30年运营期内按全面更换一次预算,折合每台年分摊费用为0.02万元。按设计提供方案,需旋提升电机96台,年更换费用总计1.92万元
4	电费		9.60	考虑曳引方式及梳齿式较多电机,综合存取一辆车耗电量0.15度,西安市商业用电0.7546元/度(1kV以下),按每车位日均存取8次计算,按全年365天计算,96个年位使用电费约3.2万元
5	水费			西安市非居民用水价3.38元/m³,污水处理价1.42元/m³。消防充水补充不多,暂不计入
6	关口计量表校验费	0.25	1.50	年校验费按主副表单价0.25万元预算
7	物料消耗			手提式灭火器年检及充装费用(单价80元)、应急灯更换费用(单价50元)等列入安全生产费
	其中:(1)业油	0.10	0.30	
	(2)视频系统易损件	0.05	0.15	视频系统易损件按每年500元预算
二	设备保险费		5.00	设备购置费为基数计算
三	进项税		1.04	
	运营期进项税税率	%	4.50	数据来源:基础数据表H12
	不含税年经营成本		41.13	
	含税年经营成本		42.17	

还本利息见表 7。

表 7 还本利息表

	建设期借款情况						
1	建设投资	万元	5872	长期贷款利率	%		4.90
2	资本金比例	%	20	长期贷款期限	年		10
3	资本金	万元	1174.4	银行贷款	万元		4697.6
4	建设期利息	万元	143.86	借款本息	万元		4841.46
	运营期还款方式						
	方式一：等额本息分期付款（万元）				方式二：等额还本利息照付（万元）		
	计息基数	还本付息	还本	付息	计息基数	还本付息	还本	付息
1	4841.46	623.95	386.72	237.23	4841.46	721.38	484.15	237.23
2	4454.74	623.95	405.67	218.28	4357.31	697.66	484.15	213.51
3	4049.07	623.95	425.55	198.4	3873.16	673.93	484.15	189.78
4	3623.52	623.95	446.4	177.55	3389.01	650.21	484.15	166.06
5	3177.12	623.95	468.27	155.68	2904.86	626.49	484.15	142.34
6	2708.85	623.95	491.22	132.73	2420.71	602.76	484.15	118.61
7	2217.63	623.95	515.29	108.66	1936.56	579.04	484.15	94.89
8	1702.34	623.95	540.54	83.41	1452.41	555.32	484.15	71.17
9	1161.8	623.95	567.02	56.93	968.26	531.59	484.15	47.44
10	594.78	623.95	594.81	29.14	484.11	507.87	484.15	23.72
	分析成果						
1	合计	万元	4841.49	1398.01		4841.5	1304.75
2	利息占比	%		28.88			26.95
3	差额	万元					−93.26
4	差比	%					−1.93

总成本见表8。

表8 总成本表

项目	1 运营成本（不含税）	2 折旧	3 摊销	4 利息支出	5 投资成本 (1+2+3)	6 资金总成本 (1+2+3+4)	备注
1			—				建设期
2	41.13	83.33		237.23	124.46	361.69	设备在全寿命期内全额折旧，不计残值
3	41.13	83.33		218.28	124.46	342.74	利息按照等额本息计算
4	41.13	83.33		198.4	124.46	322.86	
5	41.13	83.33		177.55	124.46	302.01	
6	41.13	83.33		155.68	124.46	280.14	
7	41.13	83.33		132.73	124.46	257.19	
8	41.13	83.33		108.66	124.46	233.12	
9	41.13	83.33		83.41	124.46	207.87	
10	41.13	83.33		56.93	124.46	181.39	
11	41.13	83.33		29.14	124.46	153.6	
12	41.13	83.33			124.46	124.46	
13	41.13	83.33			124.46	124.46	
14	41.13	83.33			124.46	124.46	
15	41.13	83.33			124.46	124.46	
16	41.13	83.33			124.46	124.46	
17	41.13	83.33			124.46	124.46	
18	41.13	83.33			124.46	124.46	
19	41.13	83.33			124.46	124.46	
20	41.13	83.33			124.46	124.46	
21	41.13	83.33			124.46	124.46	
22	41.13	83.33			124.46	124.46	
23	41.13	83.33			124.46	124.46	
24	41.13	83.33			124.46	124.46	
25	41.13	83.33			124.46	124.46	
合计	987.12	1999.92		1398.01		4385.05	

表9 建设运营表

序号	名称	单位	数量	备注
1	运营成本（年）	万元	42.17	数据来源：运营成本表E23
2	折旧（年）	万元	83.33	（为何只有设备折旧，没有建筑折旧）
3	设备投资	万元	2000	数据来源：建设投资表H5
4	工程建设期	年	1.00	数据来源：基础数据表D8
5	项目总周期（含建设期）	年	25.00	数据来源：基础数据表D9

利润表见表10。

表10 利润表

项目\年份	1 营业收入(不含税)	2 成本	3.1 销项税	3.2 进项税(累减)	3.3 可抵扣税额	3.4 增值税	4 增值税附加	5 收入补贴	6 利润总额(1−2−3−4+5)	7 利润累计	8 所得税	9 净利润	10 两种净利润比较
表头						项目投资利润表(对应成本为投资成本)							
合计	17054.6	2987.04	1023.24		494.44	528.8	63.45	864	14339.31		3584.85	10754.46	
1													
2	317.74	124.46	19.06	478.84	19.06			172.8	366.08	366.08	91.52	274.56	
3	317.74	124.46	19.06	460.82	19.06			345.6	538.88	904.96	134.72	404.16	
4	317.74	124.46	19.06	442.8	19.06			345.6	538.88	1443.84	134.72	404.16	
5	317.74	124.46	19.06	424.78	19.06				193.28	1637.12	48.32	144.96	
6	317.74	124.46	19.06	406.76	19.06				193.28	1830.4	48.32	144.96	
7	480.81	124.46	28.85	388.74	28.85				356.35	2186.75	89.09	267.26	
8	480.81	124.46	28.85	360.93	28.85				356.35	2543.1	89.09	267.26	
9	480.81	124.46	28.85	333.12	28.85				356.35	2899.45	89.09	267.26	
10	480.81	124.46	28.85	305.31	28.85				356.35	3255.8	89.09	267.26	
11	480.81	124.46	28.85	277.5	28.85				356.35	3612.15	89.09	267.26	
12	722.34	124.46	43.34	249.69	43.34				597.88	4210.03	149.47	448.41	
13	722.34	124.46	43.34	207.39	43.34				597.88	4807.91	149.47	448.41	
14	722.34	124.46	43.34	165.09	43.34				597.88	5405.79	149.47	448.41	
15	722.34	124.46	43.34	122.79	43.34				597.88	6003.67	149.47	448.41	
16	722.34	124.46	43.34	80.49	43.34				597.88	6601.55	149.47	448.41	
17	949.19	124.46	56.95	38.19	38.19	18.76	2.25		803.72	7405.27	200.93	602.79	
18	949.19	124.46	56.95		56.95	56.95	6.83		760.95	8166.22	190.24	570.71	
19	949.19	124.46	56.95		56.95	56.95	6.83		760.95	8927.17	190.24	570.71	
20	949.19	124.46	56.95		56.95	56.95	6.83		760.95	9688.12	190.24	570.71	
21	949.19	124.46	56.95		56.95	56.95	6.83		760.95	10449.07	190.24	570.71	
22	1176.05	124.46	70.56		70.56	70.56	8.47		972.56	11421.63	243.14	729.42	
23	1176.05	124.46	70.56		70.56	70.56	8.47		972.56	12394.19	243.14	729.42	
24	1176.05	124.46	70.56		70.56	70.56	8.47		972.56	13366.75	243.14	729.42	
25	1176.05	124.46	70.56		70.56	70.56	8.47		972.56	14339.31	243.14	729.42	
表头						项目资本金利润表(对应成本为总成本)							
合计	17054.6	4385.05	1023.24		494.44	528.8	63.45	864	12941.3		3235.34	9705.96	−1048.5
1													
2	317.74	361.69	19.06	478.84	19.06			172.8	128.85	128.85	32.21	96.64	−177.92
3	317.74	342.74	19.06	460.82	19.06			345.6	320.6	449.45	80.15	240.45	−163.71
4	317.74	322.86	19.06	442.8	19.06			345.6	340.48	789.93	85.12	255.36	−148.8
5	317.74	302.01	19.06	424.78	19.06				15.73	805.66	3.93	11.8	−133.16
6	317.74	280.14	19.06	406.76	19.06				37.6	843.26	9.4	28.2	−116.76
7	480.81	257.19	28.85	388.74	28.85				223.62	1066.88	55.91	167.71	−99.55
8	480.81	233.12	28.85	360.93	28.85				247.69	1314.57	61.92	185.77	−81.49
9	480.81	207.87	28.85	333.12	28.85				272.94	1587.51	68.24	204.7	−62.56
10	480.81	181.39	28.85	305.31	28.85				299.42	1886.93	74.86	224.56	−42.7
11	480.81	153.6	28.85	277.5	28.85				327.21	2214.14	81.8	245.41	−21.85
12	722.34	124.46	43.34	249.69	43.34				597.88	2812.02	149.47	448.41	
13	722.34	124.46	43.34	207.39	43.34				597.88	3409.9	149.47	448.41	
14	722.34	124.46	43.34	165.09	43.34				597.88	4007.78	149.47	448.41	
15	722.34	124.46	43.34	122.79	43.34				597.88	4605.66	149.47	448.41	
16	722.34	124.46	43.34	80.49	43.34				597.88	5203.54	149.47	448.41	
17	949.19	124.46	56.95	38.19	38.19	18.76	2.25		803.72	6007.26	200.93	602.79	
18	949.19	124.46	56.95		56.95	56.95	6.83		760.95	6768.21	190.24	570.71	
19	949.19	124.46	56.95		56.95	56.95	6.83		760.95	7529.16	190.24	570.71	
20	949.19	124.46	56.95		56.95	56.95	6.83		760.95	8290.11	190.24	570.71	
21	949.19	124.46	56.95		56.95	56.95	6.83		760.95	9051.06	190.24	570.71	
22	1176.05	124.46	70.56		70.56	70.56	8.47		972.56	10023.62	243.14	729.42	
23	1176.05	124.46	70.56		70.56	70.56	8.47		972.56	10996.18	243.14	729.42	
24	1176.05	124.46	70.56		70.56	70.56	8.47		972.56	11968.74	243.14	729.42	
25	1176.05	124.46	70.56		70.56	70.56	8.47		972.56	12941.3	243.14	729.42	

表11 数据分析表

基础数据					分析数据					
序号	项目名称	单位	数值	数据来源	序号	项目名称	项目投资利润表	资本金利润表	两者相差	相差幅度
1	建设期进项税额	万元	477.8	建设投资 H15	1	利润总额	14339.31	12941.3	1398.01	9.75%
2	运营期进项税额	万元	1.04	运营成本 E21	2	所得税	3584.85	3235.34	349.51	9.75%

续表

基础数据					分析数据					
序号	项目名称	单位	数值	数据来源	序号	项目名称	项目投资利润表	资本金利润表	两者相差	相差幅度
3	城建税	%	7.00	基础数据 H7	3	净利润	10754.46	9705.96	1048.5	9.75%
4	教育费及附加	%	5.00	基础数据 H8	4	营业收入	17054.6	17054.6		
5	所得税	%	25.00	基础数据 H9	5	成本	2987.04	4385.05	−1398.01	−46.80%

现金流量见表 12。

表 12　现金流量表

项目	现金流入					现金流出										现金流量（折现前后）					评价财务可行性				
	1.1	1.2	1.3	1.4	1.5	2.1	2.2	2.3	2.4	2.5	2.6	2.7	2.8	2.9	2.1	3	4	5	6	7	8	9	10	11	12
	营业收入（不含销项税）	销项税额	补贴收入	回收固定资产	回收流动资金	建设投资（资本金）	借款本金偿还	借款利息支付	流动资金投资	经营成本（不含进项税）	进项税额	应纳增值税	增值税附加	维持运营投资	调整所得税	所得税后净现金流量	累计税后净现金流量	折现系数	折现后净现金流	累计折现后净现金流量	静态回收期（年）	动态回收期（年）	净现值（万元）	内部收益率	备注
建设投资现金流量表																									
合计	17055		864			5872				987.1		528.8	63.45		3585			4.90%			15.38	21.9	803	6.08%	
1		—		—	—	5872			—		—			—		−5872	−5872	0.953	−5597.71	−5597.7121					
2	317.74		172.8							41.13					91.52	357.89	−5514.11	0.909	325.24	−5272.48					
3	317.74		345.6							41.13					134.72	487.49	−5026.62	0.866	422.32	−4850.16					
4	317.74		345.6							41.13					134.72	487.49	−4539.13	0.826	402.59	−4447.57					
5	317.74									41.13					48.32	228.29	−4310.84	0.787	179.73	−4267.84					
6	317.74									41.13					48.32	228.29	−4082.55	0.750	171.33	−4096.51					
7	480.81									41.13					89.09	350.59	−3731.96	0.715	250.83	−3845.68					
8	480.81									41.13					89.09	350.59	−3381.37	0.682	239.11	−3606.57					
9	480.81									41.13					89.09	350.59	−3030.78	0.650	227.94	−3378.63					
10	480.81									41.13					89.09	350.59	−2680.19	0.620	217.29	−3161.34					
11	480.81									41.13					89.09	350.59	−2329.6	0.591	207.14	−2954.2					
12	722.34									41.13					149.47	531.74	−1797.86	0.563	299.50	−2654.7					
13	722.34									41.13					149.47	531.74	−1266.12	0.537	285.51	−2369.19					
14	722.34									41.13					149.47	531.74	−734.38	0.512	272.17	−2097.02					
15	722.34									41.13					149.47	531.74	−202.64	0.488	259.46	−1837.56	15.38				
16	722.34									41.13					149.47	531.74	329.1	0.465	247.34	−1590.32					
17	949.19									41.13		18.76	2.25		200.93	686.12	1015.22	0.443	304.24	−1285.98					
18	949.19									41.13		56.95	6.83		190.24	654.04	1669.26	0.423	276.47	−1009.51					
19	949.19									41.13		56.95	6.83		190.24	654.04	2323.3	0.403	263.55	−745.96					
20	949.19									41.13		56.95	6.83		190.24	654.04	2977.34	0.384	251.24	−494.72					
21	949.19									41.13		56.95	6.83		190.24	654.04	3631.38	0.366	239.51	−255.21		21.9			
22	1176.1									41.13		70.56	8.47		243.14	812.75	4444.13	0.349	283.72	28.51					
23	1176.1									41.13		70.56	8.47		243.14	812.75	5256.88	0.333	270.47	298.98					
24	1176.1									41.13		70.56	8.47		243.14	812.75	6069.63	0.317	257.84	556.82					
25	1176.1									41.13		70.56	8.47		243.14	812.75	6882.38	0.302	245.79	802.61					
项目资本金现金流量表																									
合计	17055		864			1174.4	4841	1398		987.1		528.8	63.45		3235			4.90%			17.27	21.41	940.71	7.09%	
1		—		—	—	1174.4			—		—			—		−1174.4	−1174.4	0.953	−1119.54	−1119.5424					
2	317.74		172.8				386.7	237.2		41.13					32.21	−206.75	−1381.15	0.909	−187.89	−1307.43					
3	317.74		345.6				405.7	218.3		41.13					80.15	−81.89	−1463.04	0.866	−70.94	−1378.37					
4	317.74		345.6				425.6	198.4		41.13					85.12	−86.86	−1549.9	0.826	−71.73	−1450.1					
5	317.74						446.4	177.6		41.13					3.93	−351.27	−1901.17	0.787	−276.54	−1726.64					
6	317.74						468.3	155.7		41.13					9.4	−356.74	−2257.91	0.750	−267.73	−1994.37					
7	480.81						491.2	132.7		41.13					55.91	−240.18	−2498.09	0.715	−171.83	−2166.2					
8	480.81						515.3	108.7		41.13					61.92	−246.19	−2744.28	0.682	−167.91	−2334.11					
9	480.81						540.5	83.41		41.13					68.24	−252.51	−2996.79	0.650	−164.17	−2498.28					
10	480.81						567	56.93		41.13					74.86	−259.13	−3255.92	0.620	−160.61	−2658.89					
11	480.81						594.8	29.14		41.13					81.8	−266.07	−3521.99	0.591	−157.20	−2816.09					
12	722.34									41.13					149.47	531.74	−2990.25	0.563	299.50	−2516.59					
13	722.34									41.13					149.47	531.74	−2458.51	0.537	285.51	−2231.08					
14	722.34									41.13					149.47	531.74	−1926.77	0.512	272.17	−1958.91					
15	722.34									41.13					149.47	531.74	−1395.03	0.488	259.46	−1699.45					
16	722.34									41.13					149.47	531.74	−863.29	0.465	247.34	−1452.11					
17	949.19									41.13		18.76	2.25		200.93	686.12	−177.17	0.443	304.24	−1147.87	17.27				
18	949.19									41.13		56.95	6.83		190.24	654.04	476.87	0.423	276.47	−871.4					
19	949.19									41.13		56.95	6.83		190.24	654.04	1130.91	0.403	263.55	−607.85					
20	949.19									41.13		56.95	6.83		190.24	654.04	1784.95	0.384	251.24	−356.61					
21	949.19									41.13		56.95	6.83		190.24	654.04	2438.99	0.366	239.51	−117.1		21.41			
22	1176.1									41.13		70.56	8.47		243.14	812.75	3251.74	0.349	283.72	166.62					
23	1176.1									41.13		70.56	8.47		243.14	812.75	4064.49	0.333	270.47	437.09					
24	1176.1									41.13		70.56	8.47		243.14	812.75	4877.24	0.317	257.84	694.93					
25	1176.1									41.13		70.56	8.47		243.14	812.75	5689.99	0.302	245.79	940.72					
比较						−4698	4841	1398							−350						1.89	−0.49	138.1	1.01%	

下 篇
运 营 实 践
精益求精，从容不迫

随着国家经济的日趋向好，政府各项消费政策的持续鼓励，以及人们物质生活的日渐丰富，私家车已基本实现"一户一车"。城市机动车数量的快速增长，产生大量的停车需求，而我国大中城市的公共停车设施供给量严重不足，导致停车供需矛盾日益突出，衍生出了"停车难""行路难"等多种交通疑难杂症。机动车违法占道的行为阻碍道路的通行能力，交通事故发生率被迫上升，加重城市的运行成本，影响城市空气质量和居民生活品质，制约城市运行效率，影响市民生活质量，阻碍城市经济发展。

因停车难、行路难，出现车辆目的地"怠速""绕圈"现象加剧，导致额外的尾气排放。从国家战略角度而言，停车难问题成为"碳达峰，碳中和"之路的绊脚石。

为了缓解停车难这个"顽疾"，各地政府正在努力扩建各种停车场，包括通过深挖形成的地下多层停车场，在商场楼顶建设的多层停车场，以及商业、学校、医院、老旧小区等人流密集区域的立体停车场。

"创业容易，守业难"，我们建设一个停车场并不难，但如何进行日常的安全运维；如何进行商业停车场的客源引流，实现较高的投资收益率；面对雨后春笋般的新能源车辆，我们又该如何面对。目前国内鲜有专著加以论述，本篇愿做一些努力，和大家一起探索停车场运维的那些事。

- 第 8 章 -

停车场引流：多措并举，门庭若市

　　据统计，在互联网经济的冲击下，国内大部分商场流量惨淡，其所属的停车场更是长期大量闲置。与此同时，周边道路车辆乱停乱放的现象却日益严重。即司乘人员与停车场之间存在着"隔阂"，我们需要构建起一道桥梁，打通两者之间的通道，平衡停车场与司乘人员之间的关系。在互联网发展日益成熟的今天，我们引入O2O的概念，以期能够事半功倍，实现高效引流。O2O（Online To Offline）即在线离线/线上到线下，是指将线下的商务机会与互联网结合，让互联网成为线下交易的平台。

　　21世纪是一个信息爆炸的时代，互联网技术逐渐成为社会经济发展的重要保障。互联网的高速发展，不仅给居民的生活带来了翻天覆地的变化，也使得企业的营销管理技术和手段发生改变。随着我国市场经济体制改革的逐渐深入，企业面临的市场竞争压力越来越大。在互联网经济时代，如何有效运用网络进行营销，进而增加市场竞争力获得更好发展，是每一个企业都要考虑的问题。2015年以后，微博、微信等互联网移动终端的营销开始被民众所接受，并开始成长为市场营销的重要方向，很多企业开始改变传统的营销观念，纷纷进驻互联网终端来扩展自身的营销渠道。企业注册微信、微博等账号，利用快速、及时的网络来掌握项目的最新动态、了解行业信息、并与消费者进行互动。但是在这个过程中，有不少企业只是形式上开展了O2O引流，并没有建立起相配套的人才队伍，在品牌推广上也缺乏经验，O2O引流效果不佳。如何更好地进行O2O引流，利用发达的互联网技术来改善企业效率，进而促进企业的经营发展，已经成为企业营销实践中亟待解决的课题。

　　在O2O迅速发展的背景下，越来越多的企业开始尝试O2O引流渠道，但是面临的现实问题是，众多企业O2O引流效率不高，制约了O2O引流的提升。随着信息技术的深入发展，网络已经进入千家万户，为了扩大市场营销的效率，很多企业已经开始注重O2O引流，以补充传统营销渠道的不足。然而目前的企业，以房地产企业为例（停车场依附于房地产），网络渠道的营销市场竞争日趋激烈，缺乏对客户的精准定位，营销产品的切入也较为单一，影响了营销效率的进一步提升。自2008年金融危机爆发，各行业的经济疲软纷至沓来，地产业也真切地感受到了寒意。2012年传统地产行业受到电商的强烈冲击，业绩和利润双重下滑。专家分析，接下来几年连锁地产业仍将处于慢增长期，整个地产行业都感到了前所未有的挑战和压力，截至2022年，房地产行业已经需要国家政策和地方政策的多方面扶持。部分地产企业谋求转型之路，但是鲜有成功案例，不少折戟沉沙。"转型是找死，不转型是等死"的悖论困扰着绝大多数地产企业。到了2015年关店潮袭来，全国近半数的地产企业效益下滑出现负增长。手机和4G的出现彻底颠覆消费者的购买渠道和消费习惯，移动O2O引流大行其道，移动电子商务销售大幅增长。同时亚马逊、京东、天猫发力布局线下，打造新地产的体验店，而传统地产商由于整体产能过剩，加上电子商务冲击和房地产商的跨业打劫，作为地产行业只能面对困难自力更生，及时实行O2O引流策略进行转型。

A网络科技公司（简称"A公司"）属于地产网络运营商内的行业翘楚，其在2012年3月上市后毛利率始终保持在90%以上，营利能力令人叹服。A公司以电商为主要营利点，其业绩增长中电商贡献是主力，但是随着市场竞争者越来越多，其营利能力也受到威胁。在2014年的大环境下，O2O模式成为A公司下一步要迈入的新领域。

实际上A公司现在已经在打造房产O2O、家居O2O和社区O2O三驾马车，着力占领新的入口，最近A公司正在着力进军互联网金融领域，完善O2O闭环。由于O2O在2014年才逐渐开始兴起，因此对O2O的管理研究尚属领先，本书针对地产网络运营商的O2O管理模式进行研究，力图为该行业开展O2O模式运营管理开拓出一定的依据供该行业参考，具有一定的研究价值与意义。

本章通过A公司这个案例，研讨传统地产业（停车场）如何利用好互联网这个工具，实施O2O引流策略，融合线上和线下，整合内部资源，实现精细化、数字化管理，同时构建消费场景，实现原有渠道的升级和变革，最终帮助企业实现效益提升。通过对O2O引流理论的研究，结合A公司O2O引流策略的实践经验，来探索O2O停车场引流发展的道路，希望能为同行从业人员提供一些借鉴。

8.1　引流界定、特征与模式

8.1.1　引流的界定

O2O引流一词的首次提出是在20世纪末，指的是在传统营销技术中加入电子技术以及通信技术，实现由现实中的产品和服务营销转到网络虚拟世界中的产品和服务营销。O2O引流作为一门年轻学科，一经提出便得到学术界的广泛重视，众多学者开始投入到此方面的研究。与传统营销相比，O2O引流具有传播速度快、传播范围广、传播对象更精准的特点，营销的效率也更高。

8.1.2　引流特征

根据前文的叙述，可以总结出O2O引流具有跨时空性、多媒体性和交互性。

跨时空性：O2O引流的载体是互联网，而互联网能在一定程度上突破时间和空间的限制，因此O2O引流具有跨时空性。O2O引流中引入的互联网技术，能够很大程度提高企业的营销速度以及营销覆盖，使得企业能够突破地域限制，将生产的产品和服务销往全球。

多媒体性：互联网信息的传播依附于很多载体，如音频、图像、文字等，互联网信息具有共享性，营销人员能够充分获取互联网上的多媒体信息，进而根据市场消费者的需求进行针对性营销。

交互性：在互联网上，企业能够展示自身产品和服务信息，通过构建资料库来方便消费者查询，消费者可以在网络上向企业反馈产品的评价和建议，企业与消费者之间能通过互联网完成互动。互联网营销的交互性能够很大程度地提升营销效率，减少推销人员之间的互相干扰。

8.1.3 引流模式

O2O引流的传播模式主要有双向互动模式、多媒体模式和信息模式。

双向互动模式：在互联网营销中，企业与消费者之间可以进行双向交互。相对于传统营销模式下的单向交互，双向交互能够让企业更好地满足市场营销的需要。因为只有更好的了解消费者的需求，企业才能采取有针对性的销售模式，而消费者也能够根据互联网发布的信息找到自己所需的信息以及信息发布者。

多媒体模式：互联网载体的多媒体性，使得其能够成为发布广告、产品营销的平台。互联网作为一个信息载体，最终的落脚点是网站，因此网站的发展是互联网发展的重点，也是O2O引流发展的关键。良好、健全的网站才能更好地吸引消费者的光顾，网站的商业价值也得到提升，才能更好地成为营销的工具以及商务活动的平台。

信息模式：21世纪是信息爆炸的时代，信息的收集、整理和分析日益成为企业发展的关键。O2O引流也是如此，要想获得良好的营销效果，企业必须要做好信息收集、整理、处理工作，通过收集到的信息了解市场的最新动向以及消费者的需求，企业基于信息来采取最及时、最正确的举措。

8.1.4 引流渠道

在企业家眼中，营销渠道就是销售网络；但是在学者眼中，营销渠道却包含了很多含义。学者菲利浦·科特勒（美）的研究认为营销渠道是企业的内部组织为消费者提供商品和服务而相互依存合作的总和。美国市场营销理论认为营销渠道是企业内外部实现产品推广的所有组织合作的总和。著名经济学家斯特恩指出，营销渠道是产品从走出企业到最终被消费的整个过程所有相互依存的组织活动。从以上三个定义中可以看到，学者们对于销售渠道的理解角度不同，学术界对于营销渠道概念的研究非常深入。

O2O引流的渠道主要包括网上直销、中间商销售以及新媒体销售三种。

网上直销：与传统销售一样，网络直销强调的是由产品和服务的生产企业直接销售给消费者，不经过中间商周转，网上直销也需要完善的订货功能、支付功能和配送功能。不同的是，传统直接销售主要通过现实中的门店订货，而网上直销则可以通过企业的网络站点进行订货。网上直销采用的网上支付功能，能够大大简化资金的周转流程；网上直销还能够在发达的互联网技术基础上构建完善的物流系统，提高产品的配送效率。

中间商销售：网络资源的数量庞大，信息传播速度快，网络销售对于企业市场销售的要求更高，很多传统产品生产企业无法胜任。于是，在市场上出现了很多基于网络提供信息中介服务的新型中间商，这些中间商又被称为电子中间商。

新媒体销售：随着智能手机等互联网移动端的快速普及，以及网络技术的迅速发展，依托新媒体的应用软件大量出现，这些都为企业进行新媒体营销提供了基础。以"微信"

和"支付宝"为平台接口的新媒体技术,已经走入绝大部分日常生活中,这些都为市场营销提供了新渠道。如图 8.1-1、图 8.1-2 所示,即为微信小程序中的"e 智慧停车"和"行呗"的应用界面。

图 8.1-1　e 智慧停车　　　图 8.1-2　"行呗"应用界面

8.1.5　引流的价值

O2O 的优势在于把网上和网下的优势完美结合。通过线上平台将互联网与线下实体无缝对接,使得消费者可以通过线上平台足不出户获取线上优惠和较为全面的商品信息,同时又可以享受到线下提供的优质服务。其应用价值体现在以下方面:

(1) O2O 模式充分利用了互联网跨地域、无边界、海量信息、海量用户的优势,同时充分挖掘线下资源,进而促成线上用户与线下商品和服务的交易,团购就是 O2O 的典型代表。

(2) O2O 模式可以对商家的营销效果进行直观的统计和追踪评估,规避了传统营销模式的推广效果不可预测性,O2O 将线上订单和线下消费结合,所有的消费行为均可以准确统计,进而吸引更多的商家进来,为消费者提供更多优质的产品和服务。

(3) O2O 在服务业中具有优势,价格便宜,购买方便,且折扣信息等能及时获知。O2O 模式打通了线上线下的信息和体验环节,让线下消费者避免了因信息不对称而遭受的"价格蒙蔽",同时实现线上消费者"售前体验"。

8.2　O2O 电子商务模式价值网的因素阐述

8.2.1　消费者

商家的利润主要产生于销售环节,在商品的生产、运输、销售三个环节中企业产品的销售量和销售价格决定企业的营利程度,而企业的销售对象是消费者,消费者的存在是电子商务的销售核心，同时消费者也是电子商务价值网的构建基础。

8.2.2 线下运营商

信息技术的快速发展带动了运营商的分类。依托网络进行各种商业行为，比如线上交易和线上推广等。而线下运营商指的是传统贸易进行的各项行为，如线下交易和线下推广等。通过O2O电子商务模式提高了线上和线下运营商的营利能力，比如线上运营商通过网络与消费者进行直接沟通，从而直接为消费者提供产品服务，实现了销售与消费的零距离接触。

8.2.3 O2O电子商务运营平台

O2O电子商务运营平台的存在不仅是构建了电子商务价值网，更是为消费者提供了大量的服务保障，提高了服务质量，吸引了大量客户。随着国民经济的不断发展，民众的消费能力不断提升，这些都使得更多服务商开始投身于影响力更广的线上消费领域，这些都带动了O2O电子商务平台的发展，其品牌价值也在不断上升。O2O电子商品平台的收费手段主要为交易中介费和广告费用，这些为O2O电商平台的竞争力提升打下坚实的基础。

8.2.4 第三方支付服务平台

第三方支付平台的存在使得线上线下运营商和消费者之间的交易安全得到保障，不仅提高了产品质量和服务水平，更提高了用户体验感。

8.3 客户关系理论

8.3.1 客户价值理论

目前，"客户价值理论"被广泛使用，主要从两个方面进行深入阐述：一是从客户的角度，其表现为产品供给方通过提供产品或服务向客户提供价值，即客户从企业的产品和服务中得到需求的满足；二是从企业的角度，其表现为客户通过长期利润为公司创造价值，企业从客户购买中实现企业收益。

由20世纪60年代提出的客户价值概念可知，那些在公司所在地对于产品有大量需求的已有或潜在的客户价值一般包含潜在型、重要型、经济型等客户。企业要想培养出客户价值，就必须满足客户的特殊需求，在针对性开发产品的同时，也要提供专业性服务。由于企业对于客户的管理涉及面广，所以无论是寻找、建立客户关系，还是提供售后服务等诸多环节，它们都只是企业对于客户管理中的一些方面。当然，虽然环节有所不同，但是他们的最终目的却是相同的，都是通过提供专业性的服务，满足客户的特殊需求，从而建立长期合作关系，促进企业的发展，增强企业的竞争优势。

实现客户价值的必要措施便是对客户进行管理，而对于客户的管理也并不是一个单独的环节或流程，它是管理企业长期投资的一种战略，也是企业竞争的一种方式。故而，对于客户的管理，专业部门及相关部门在努力工作的过程中，不仅要根据客户经营、业务等管理战略进行客户管理，还要关注客户中的组织人员，关注他们的个性特征与生活习惯。用战略性思想进行系统化管理，使客户的管理与企业经营战略相结合，从而对客户市场进行有效开发。

8.3.2 客户关系管理（Customer Relationship Management，CRM）理论

"客户关系"是与90后一起在新时代新生的新型概念。从概念产生至今，对企业经营管理方面的影响最大。此概念最初由 Gartant Group 提出，核心是企业所面对的客户，一切活动围绕客户展开。从客户的思想角度出发，增大客户所需利益，更好地与客户进行沟通交流，了解他们的喜好，使得企业的管理视角得到扩大。随着学者们研究的深入，看法也不尽相同，得出的定义也大不一样。Hurwitz group 觉得客户关系可以看作在市场竞争中，企业为了留住客户所使用的方法，是一种商业发展的技术手段，同时也是在发展过程中不可缺少的环节，和流程制度地位同等。Crslson Marketing Group 则认为客户关系的本质是一种营销策略，服务于企业的销售利益。具体方法是通过问卷访谈等方法深入了解客户的偏好，准确记录并告知公司的工作人员。分门别类，针对性地做出措施，留下老顾客，发展新顾客。而 IBM 更偏向于整体。为了更好地销售产品，先在大众人群中大体选出适合自己的顾客，例如年龄；接下来进行更细致的挑选，更具体要求，例如利用收入排除不适合的人群；最后便是获得留下来的客户资料，贴心服务，发展这类人群成为自己的客户。通过管理与客户的关系，使其成为常在客户。

客户关系的本质就是企业为了自身产品的销售，市场的扩大，保证自身利益从而主动和消费者建立起一种长期的消费关系。首先，建立客户关系后，客户对产品的信任加强，大大缩减了买卖时间，增加了买卖数量，同时也能通过老客户发展新客户。其次，在产品市场调查和信息反馈方面，良好的客户关系有助于调查的真实性。此外，好的关系就会获得好的口碑，企业在业界形象的建立直接影响企业的发展。同时，客户关系也有其时代性作用。

CRM 关系特征主要体现在：第一，层次性。在80∶20定律中指出，一个企业总的销售利润统计中，仅仅20%的老客户所达到的是80%的销售利润，剩下的部分便是通过新客户消费所得。足见老客户在企业中的地位举足轻重，保留老客户的信任与喜爱对企业至关重要。对客户进行分层分类，年龄、收入、职位、婚姻状况、生活态度等都可以作为分层依据，从而对不同层次的客户做出针对性的产品销售策略。第二，多样性。不同的人对同种产品的看法不同，要求的高低不同，所能负担的价格也不同。企业要致力于产品的开发与创新用多样化的产品去满足多样化的顾客，留住客户，建立客户关系。第三，重复性。现代多数企业都拥有一套很完善的服务体系，各种企业之间都会有重复和不同的部分。为了更好地留住客户，与其他企业重复的部分尽力完善，做到更好，与其他企业不同的部分要重点突出，夺人眼球。第四，服务性。要想客户被企业全心全意地"收买"，体贴周到的服务必不可少。客户便是上帝，对于客户要的承诺说到做到，对于客户的问题要彻底解决，

对于客户的利益要大力维护。第五，竞争性。企业的发展越来越全面，无论是产品样式还是市场销售，无论是营销手段还是客户关系都面临着极大的竞争压力。竞争在客户方面体现得尤为明显，关于客户关系的管理决定着竞争优劣和成败。第六，双赢性。企业为了好的销售业绩和利润发展客户关系，与此同时，客户消费了自己需要的产品，有的得到了切实优惠。对企业和消费者而言，两者双赢。

8.4 客户引流的主要做法

8.4.1 利用各种媒介将潜在停车用户引领至线上

充分利用各种媒介将潜在的停车用户引导至线上。停车场在某种环境中属于稀缺资源，运维方市场为主。此时，作为停车场的运维方，就需要利用好周边的线下媒介，如停车场指示、各种地图软件导航的停车场推荐等；将潜在消费者引至目标位置。当消费者进入停车场后，就需要运维人员通过会员注册、车牌绑定、APP下载、建立积分制等方式，将该停车场想方设法演化成用户在该片区的潜在停车场。

8.4.2 提供完善的资讯服务培养用户黏度

当前消费者对于消费的需求千变万化，尤其是随着人民生活水平的提高，对于商场的不同类型需求、功能需求、位置需求等可谓千变万化。应充分抓住用户对于不同商场需求的心理特征，提供完善的资讯服务，让用户能够在自己的APP或小程序上就能够找出不同类型、不同位置、不同功能的商场。当某合作的商场有新品入市或促销打折活动等时，该APP或小程序都应在第一时间向潜在消费者推送，并通过完善的咨询服务，有效地提升用户的忠诚度，用户黏度大幅提升，提升了推广效率。

8.4.3 利用多种营销手段将用户引流至线下

当前的消费自驾出行群体主要集中在80后、90后这一代群体，与60后、70后相比，其特征主要体现在对网络信息的获取能力和认知能力，他们获取信息的方式已经不再局限于传统的报刊等传统媒体，而是通过互联网等新兴媒体获得资讯，在商场信息的获取上，同样具有网络信息获得消费信息的生活习惯。所以传统的营销模式不再适用于80后以及90后等新生代消费群体，如何利用好网络实现客户引流，是每一个商场管理者、停车场运营者所必须要解决的重要问题。具体而言，应充分利用新媒体，例如微信等公众平台将线上的客户引流至线下，通过发放消费券、停车券等方式，让用户知晓停车场的具体信息。并且应建立接受客户对于任何负面信息的反馈通道，尤其是对于片区停车功能的反馈以及在整个营销过程中所存在的各种问题的反馈都应进行一一搜集并且加以完善。从整个过程来看，要实现互联网营销闭环的几个环节是客户引流—客户体验—客户反馈等几个环节。通过线下媒体和线上媒体加以结合，实现客户引流，再将多种营销手段结合，将用户引流至线下，最后完成用户反馈，整个互联网营销的闭环得以实现。

8.4.4 网络运营模式实践案例

以某知名停车场运营商为例，其在某具体项目中采取的营销措施主要有：

1. 推行包月车政策

经过市场调研，发现周围的小区车位数比较紧张，不能满足小区业主的停放需要，对此部分客户会宣传包月车政策，同时对周围商户也推行包月车政策，这两部分的客户停车需求是呈现长期且稳定的态势，所以包月车对他们是一种很有吸引力的优惠政策。

2. 资源引流，提高营收

通过多年以来在停车行业的运营与发展，凭借丰富的运营管理经验获得业界一致好评认可，塑造了不俗的品牌价值与影响力，能够帮助委托方在后期运营管理期间增强对周边项目的吸引，发挥重要的引流作用支撑。如西安市某停车场，与该项目毗邻的西安某医院当前遭遇车流量负荷过大的情况，医院所提供的车位资源无法满足现有车辆停放需求，平日致使数量车在路边乱停乱放，既让车主倍感停车困扰，同时又严重扰乱正常交通秩序。基于现状情况，包括将此医院、周边商超在内的其他商业、医疗机构车辆资源引流到本项目停车场，从而促进该车库日常收益的稳步提升。

3. 停车场增值服务

在日常车场管理服务中，凭借专业的服务管理理念，秉承用户体验至上原则，运用人性化服务方式为车主用户提供车辆停泊、清洗保养以及维修等增值服务项目，通过线上与线下相结合的互联网服务理念，赋予场景化体验，为用户打造全新智慧生活。

第 9 章

停车场运营全景剖析：提纲挈领，一应俱全

9.1 运营单位进场

"术业有专攻"，在停车场运维行业，我们推崇专业的事交给专业的人干，目前我国大多数商业性质停车场也正是遵循此项准则。因此，下文主要针对专业运维团队展开论述。

项目入驻及承接检查

本着为投资方和车主负责的态度，一般以"突出重点、保障安全、平稳入驻、超前完成"为指导思想，结合每一个具体项目本身，遵循"专业化运作、全面接管与正常工作并行、重点项目重点关注"的原则，确定采取各项保障措施，确保项目运营管理的各项工作顺利开展。

1. 项目入驻计划

（1）组建项目组

一个专业的运维团队在接收到一个停车场运维项目时，第一件要做的事就是组建项目管理团队。团队各成员将按拟定的管理流程、计划，创造性地开展相关工作。团队成员应来源于公司在运营的其他项目在职一年以上优秀员工，迅速上岗，对于机械车位上手快、操作娴熟，确保项目安全运营。

（2）制定项目运维计划

项目团队组建后，应对合同内容进行认真分析、解读，必要时应邀请市场经营人员进行合同交底。认真研究合同条款，尤其是专用合同条款的边界条件。根据合同约束条件，结合项目运维团队的人员组成编制项目运维计划。计划应包含拟采取的管理模式、管理制度、人员管理、财务管理、机械设备管理等内容。

2. 项目的承接查验

在运营团队进场前，无论是面对新建的停车场，还是从别的运营团队接手的已运营停车场，皆需要开展项目的承接查验工作。其目的主要是厘清责任，避免运维人员进场后发生不必要的纠纷，进而影响与甲方的合作关系，影响整体服务质量。

3. 承接查验工作组职责

承接查验的工作职责应包含但不限于以下内容：

(1)编制承接查验计划、方案。

根据承接查验要求与合同甲方一一进行现场查验,对查验中发现的问题进行详细记录、汇总,并及时跟进整改建议的采纳情况,现场改善状况。

(2)对项目进行现状接收并提供优质的停车场服务。

4. 查验内容

现场查验的内容包含但不限于以下内容:

(1)排水、公共照明等市政公用设施设备的建设情况及使用情况。

(2)道路、绿地等公共配套设施的现有状态,并评估满足使用功能要求情况。

(3)临时停车区域与周边市政主道路、村委道路的交叉重合情况。

(4)针对可能出现的停车点进出不畅的情况,对可能采取的疏导方案及路线进行规划,形成具备可操作性的方案,便于停车点管理工作。

5. 承接检查的实施步骤

承接检查的实施步骤包含但不限于以下内容:

(1)确定停车场承接查验方案及工作计划。

(2)移交相关物资及资料。

(3)现场查验。

(4)解决查验发现的问题。

(5)办理交接手续。

承接查验应形成的材料清单主要有:《资料移交书》《物资及设备移交清单》《承接查验问题汇总表》。

承接查验工作流程见图 9.1-1。

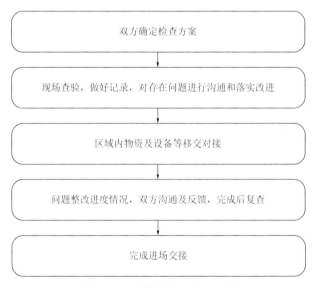

图 9.1-1 承接查验工作流程图

综上所述,在新入驻一个停车场运营项目时,应按照表 9.1-1 所列事项逐步完成,以便能够提供更优质的运维服务。

入驻工作计划表　　　　　　　　　　　　　　　　　　表 9.1-1

序号	工作项目	具体工作内容	时间
1	合同签订	签订《项目合同》	中标后规定期限内
2	项目入驻方案	制定入驻期限并如期进驻	按照合同要求
3	公共关系建立	与项目周边社区、街道及相关政府主管，建立良好关系	入驻方案得到审批后
4	人员配备、进驻	根据合同要求，结合项目实际情况，以经济高效为目的，配备项目组成员	按甲方需求进驻
5	物资及设备的移交	与合同甲方一起对现有的物资及设备投入进行查验移交，做好记录	按合同要求开展
6	档案资料的建立	按照合同甲方要求制定停车管理的各类档案资料，并按规定做好日常记录	按合同要求开展
7	服务需求征集	在日常管理过程中，不断收集及征询客户需求，不断改进服务质量	持续开展
8	人员的培训、选拔	1. 新招聘人员，主要培训：企业文化、停车场专业知识、服务技能及礼仪培训等； 2. 选拔核心管理骨干，主要明确各岗位的工作职责及要求，做好后续综合素养提升培训工作	进驻后开展
9	修订完善制度及方案	根据项目具体情况，建立、完善相关规章制度及管理方案，确保符合实际工作需要	进驻后开展
10	日常管理运作	进入正常管理服务期	接管移交开始

9.2 管理制度建立

9.2.1 周例会制度

周例会作为日常管理中最常见、最实用的一种会议形式，能够对一周工作进行复盘总结、及时纠偏，同时对下周任务提出工作思路，列出工作计划。因此，在停车场运维的日常管理中，应建立严格的周例会制度。以某专业停车场运营单位为例，周例会可以下主要内容进行固化：

1. 会议时间

每周二早 7:30。

2. 参会人员

集团公司代表、实业公司副总经理、各部门经理、管控平台主任、技术运维部代表、大队长、各项目经理、20%的项目主管、5%员工代表。

3. 会议流程

（1）点名、报告；

（2）各项目经理汇报上周工作完成情况及项目运营中存在的问题；

（3）员工代表提出对工作好的意见或建议；

（4）督导监察部通报项目督导情况；

（5）管控平台主任通报异常放行情况；

（6）财务部会计通报上周任务完成情况；

（7）根据各项目存在的问题，现场讨论制定解决方案；

（8）副总经理总结工作并安排下周工作；

（9）集团公司代表发言；

（10）朗读企业宣言结束会议。

4. 要求

（1）汇报工作简明扼要，重点反映问题；

（2）督导监察部只通报项目巡检情况，对项目发现的违纪问题由项目经理跟进解决，重复出现的问题将进行相应的处理；

（3）管控平台通报特殊放行情况，全部做登记，汇报有问题数据，由项目经理跟进解决处理；

（4）每周形成问题检查跟进表，由督导检查部进行跟进解决，对未及时解决的个人或部门进行处理，所有整改项目由落实人确定时间，2d 以内的由项目经理确定，5d 以内的由分管副总确定，超过 5d 的上报总经理，超过 10d 的上报董事长。

9.2.2 交接班管理制度

为促进项目日常管理，明确交接班过程中应注意的事项，应制定《交接班管理制度》，此制度应根据现场运营情况适时修订，使规章制度能够发挥实质性的作用，真正起到帮助现场运营的作用。此处以一份制度示例做以说明。

实践案例：

《停车场交接班管理制度》

一、适用范围

公司所有停车场项目。

二、组织办法

（一）项目主管组织召开班前、班后会议

班前会内容：

1. 严明工作纪律及注意事项；

2. 岗位安排，岗位到人分工明确；

3. 带队换岗，逐岗交接。

班后会内容：

1. 评讲当班工作中存在的问题；

2. 对表现优秀或违纪员工进行实时通报；
3. 班后会做通报及奖惩。

（二）物品交接

1. 做好物资交接（电动车、对讲机、肩灯、指挥棒等使用物品）；
2. 检查物品完好性，如有损坏明确责任人；
3. 财务交接每日由项目主管完成对接，并将财务交回公司；
4. 做好交接班记录，明确当班人数、当班重点工作、突发事件处理、遗留事件等。

三、注意事项

1. 提前 15min 组织召开班前会；
2. 要求着装整齐，如公司统一配发制服时，应着干净整洁的制服；
3. 交接班记录本现场完成签收，不允许后补；
4. 项目主管休假期间由项目经理完成各项工作；
5. 每月底将记录本交回公司本部。

四、汇报要求

项目主管将每次交接班的内容拍照发至相关工作群内（可以为企业微信群、钉钉工作群等），发送内容如下：

1. 交接班人员集合到位；
2. 工作安排部署、讲评当日工作；
3. 带队交接岗。

9.2.3 收费岗服务保障管理要求

收费岗是停车场管理中的中心枢纽岗位，是停车场收入的最主要来源，因此需要建立标准化的管理制度对其进行规范。在制定管理办法时，以下内容应被充分考虑：

1. 目的

为了保障项目停车费用正常收缴，维护公司利益，提高服务品质，规范停车场费用收缴程序，防范各类风险，使其更加科学化、制度化，特制订本管理办法。

2. 范围

本办法适用于各项目停车场收费岗管理，所有停车场收费岗均需按此流程开展工作。

3. 内容

本办法应包含职责权限、收费员工作细则、收费监管、突发事件处理等内容。

4. 职责权限

停车场系统账号实行一人一号制度，收费员账号增加、删除由项目经理提上报名单，财务部系统管理员在后台进行录入并授权开通，收费员首次登录后必须修改登录密码，上岗期间使用自己专用账号登录系统，交班后及时退出账号。

停车场收费系统仅允许经过培训和授权的管理员进行操作，严禁闲杂人员进入收费岗进行收费操作，严禁收费员将账号借与他人使用；项目经理负责停车场收费岗的日常监督管理、业务培训，每日对收费岗管理员操作记录进行抽查，并对每日交接班记录表进行签字确认。

财务部门负责每日停车场营业款项的收缴清点，与停车管理系统后台进行核对，并负责停车发票的申领和发放，同时会同督导监察部、管控平台及时出具项目运营数据审计报告。

上述制度在停车场运维项目部应正式印发，必要时应做到"制度上墙"。

9.3 人员管理

人员是停车场运维管理的灵魂，人员管理高效、规范了，停车场管理质量自然就得以提升，因此必须高度重视人员管理。人员管理包含人员规划、人员招聘、人员培训、绩效考核等内容。

9.3.1 人员规划

依据企业战略定位，结合项目实际需求，以安全生产为底线，以成本管控为目标，从人员年龄、性别、学历、性格等多维度考虑，编制人员规划，以进一步指导后续的人员招聘、培训、管理、人才晋升等工作。

9.3.2 人员招聘

首选要明确人员招聘的定位。避免盲目的以学历为主，有些停车场运维管理公司在人员招聘选拔过程中，甚至连秩序员、清洁工都要求选用大专以上毕业生，结果导致大材小用，公司成本增加，且人员思想易出现波动，人心不稳，工作缺乏冲劲。因此公司招聘人员时，应严格按照工种要求选用人才，同时通过岗前规章制度培训、专业培训机构技能培训使每个员工都明确自己的岗位职责，在岗期间应该做到什么，怎么去做一名合格的停车场运维管理人员。

其次是人员招聘方式。人员招聘主要分为社会招聘和校园招聘。其各有优缺点，社会招聘的潜在对象具有丰富的工作经验，岗位胜任能力较强，但其对企业文化的认同感较难建立；校园招聘的潜在对象，学习能力较强，容易树立企业价值观，但其工作经验较为缺乏。我们应结合项目的实际情况，按照一定比例搭配进行招聘。

最后是人员面试与录用。停车场运维人员的面试环节应根据岗位性质不同，制定不同的面试、录用标准。如收费类服务岗，应要求五官端正、思维清晰；保安巡查岗，应要求身体健康、行为端正、责任心强等。

9.3.3 人员培训

1. 培训原则

全员性：培训的目的在于提高公司全体员工的综合素质与工作能力，所有人员应充分认识培训工作的重要性，不断学习进步。

针对性：培训要有目的，针对实际培训需求进行。

计划性：培训工作要根据培训需求制定培训计划，并按计划严格执行。

全程性：培训工作要贯穿岗前、在岗、转岗、晋升等全过程。

全面性：培训内容应把基础培训、素质培训、技能培训结合起来，培训形式应将讲授、讨论、参观、会议、实操等多种方式综合运用。

跟踪性：培训结束后要对培训内容进行考核，并对考核结果进行奖惩。

2. 岗前培训

招聘人员报道后，由用人单位统一进行岗前培训，包括但不限于内部设备设施的位置及操作、收费系统的使用、消防设施的位置及使用方法、各类物料的功用及摆放位置等；同时应对现场人员开展《岗位职责》《岗位操作规程》《岗位工作标准》《岗位服务要求》等相关制度文件以及岗位实操的培训。项目经理应组织现场人员集中对停车场现场的运营方案、甲方需求及周边交通重点、节点部位进行交底。

3. 培训组织

人力资源部负责培训组织体系的领导与管理、公司培训计划的制定、组织与协调、监督与实施、培训效果的考核考评以及各部门、各项目培训工作的指导与管控等。人力资源部每年年底根据公司发展计划，拟订公司下年度培训计划，制定年度培训大纲。人力资源部负责组织建立企业培训资源体系，完善培训教材、案例和试题。

4. 培训种类和内容

（1）新员工培训：是对新员工入职前进行的上岗培训，包括军事训练、基础理论知识学习和实际操作训练三个部分。军事训练一般可聘请外部专业人员负责，理论知识培训由人力资源部负责，实操训练由经验丰富的专业人员培训。基础理论知识包含企业文化、公司规章制度培训。实际操作训练主要由优秀老员工按照公司员工"传、帮、带"责任制度，到项目跟班定向操作训练，通过运用和实践，巩固提高专业技能。培训后进行考核，分为理论考核和实践考核，结合平时的学习态度、学习纪律和学习成绩综合进行。对于补考不合格者，公司不予以录用。

（2）专业培训：是对从业人员就某一专题进行的培训，目的是提高从业人员的综合素质及能力，内容为行业新动态、新知识、新技能等。

（3）管理培训：是对公司现有管理层及储备管理岗的培训，目的是根据工作实际情况所需求的系统管理理论、知识和应用能力，使培训对象学习和掌握现代管理理论和技术。

（4）心态培训：是定期对员工思维意识以及价值观的提升培训，引导员工以积极向上的心态对待工作生活，树立正确的人生观、价值观。

5. 培训方法

以自主培训为主，外部聘请为辅，采取讲师授课与各部门、各项目的专项培训相结合的方式进行。授课人以公司内部讲师为主，亦可邀请公司优秀员工、专业能力强的资深老员工。聘请外部的相关机构、老师到公司为员工讲课或组织训练。各部门、各项目的专项培训由公司自行组织，以内训形式进行。

6. 新员工试岗

（1）所有新员工，均需通过试岗期才可正式进入试用。

（2）人事部门应在两个工作日内下达试岗通知书。

（3）试岗报到时，需要向人事部提交身份证复印件、学位证书复印件、技能证书复印件等。

（4）试岗时间一般为 3~6d，具体时间长短根据部门岗位的不同性质适当增减。

（5）试岗期间，新成员应遵守公司各项管理制度，此项会作为试岗考核标准之一。

（6）试岗通过后公司人事部和用人部门经理应和试岗人员进行面谈，包括后续工作安排以及薪酬面谈。

7. 绩效考核

绩效考核由人事部门牵头组织，对考核对象的工作能力、工作态度、工作绩效等编制制式试岗考核表，根据考核表内容对试岗员工一一考核，各运维项目部负责过程资料收集。

9.4 财务费用管理

9.4.1 现金与票据管理

（1）停车场收费管理员必须按照停车场规定的收费标准收取停车费，不得随意更改收费标准，多收或少收客户停车费，不得因私免收停车费，不得私自挪用或侵占公司钱款，如发现此情况并被证实属实，视为严重违反公司规定，予以立即开除处理，当事人移交公安机关处理，并赔偿公司相应的经济损失。

（2）收费岗管理员负责当班当值期间现金、电子收费台账、发票的报管与核对工作。每班下班前清点本班的现金、临停车《人工收费单》、优免凭证、发票根，并填写《停车场交接班记录表》，进行下班岗位交接核对，签收接班。

（3）每个收费岗管理员对本人领用的发票、收回的票款应妥善保管，每日与项目主管当面点清和清缴，登记清楚发票号码和领用人。

（4）每个班发票数量不足时，应由项目经理到财务处领取，财务部发放发票时填写《停车场发票收发台账》。

（5）停车发票作为有价票证，收费管理员必须妥善保管和使用，开具停车费发票必须真实准确，不得虚开多付，不能随意丢弃，更不能随意涂画污损，违者将按照票面金额价值进行十倍罚款处罚。

9.4.2 收费员管理制度

（1）收费员收取现金过程应遵循快、准、不错收、不漏收的基本原则，对于各种钞票必须验明真伪，对于电子支付的客户，严禁出示个人收付款码及账号。

（2）工作期间原则上不允许携带私人款项上岗，备用金必须班班交接，天天核对，并在班前班后准备足够零钞，不得将公款挪作私用。

（3）收费岗亭禁止闲杂人员进入，如因工作需要进入收费亭必须作登记，小心保管现金，防止罪案发生。

（4）严格遵守收费的操作规范，若发现违规行为，等同于贪污舞弊处理，并按照相关制度进行奖罚。

（5）当顾客对停车场收费情况提出异议或疑问时，须耐心解答，做到文明热情；当对顾客问题无法准确回答或不清楚时，不可直接回绝顾客，应主动联系上级主管或客服部门，予以处理。

9.4.3 收费核对

（1）停车场项目经理有责任督促当班收费员及时交款，当班收费员有义务做到及时交款，签字确认，起到相互监管的作用，钱款应及时收缴，岗亭内不允许存放非本班次之外的收费款项。

（2）各环节在收取现金时，做到认真清点金额、辨别假钞，收款人确认无误后，签字认可为准，如从中发现金额不符或有假钞等情况，由交款人负全部责任，切实执行"长缴短补"的规定，不得以长补短，交款人按照差异金额进行赔偿，或在当月工资中予以扣除。

（3）项目经理对于所管辖项目收费岗的收费情况负有监管责任，每日核对系统内优免放行记录和特殊发行记录，并核查收费员填写的《停车场出口异常情况核查登记表》进行核对，对于合规放行的记录由值班人和带班负责人及甲方负责人共同进行签字确认，报财务部复核。对于核对放行原因不清楚的，由值班人出具情况说明，主管领导签字确认报财务核销，值班人无法说明原因的记录，根据具体免费金额由当班值班收费员负责补齐款项。

（4）项目经理应加强对于收费岗人员操作流程的监察管理，杜绝收费员违规操作现象的发生。对于发现存在异常或错误的应及时进行纠正和处理。

（5）财务部负责对项目每日交回的营业款进行清点，根据系统后台台账报表核对款项是否一致，对收费岗特殊放行操作记录与《停车场出口异常情况核查登记表》进行复核，发现存在差异的退回项目经理进行调查处理。

（6）管控平台会同财务部、督导监察部每周对各项目岗亭操作及异常放行记录进行核查并出具审计报告，指出各项目收费岗存在的问题，项目经理负责根据报告进行专项整改，督导监察部全程对整改进行考核监督，并依据相关规定进行处罚。

9.4.4 特别注意事项

（1）严格遵守岗位职责及纪律，脱岗、擅离职守等行为应按照规章制度进行处理。

（2）严禁将停车收费系统账号向他人透漏，严禁相互交换账号使用权限。

（3）任何车辆未经上级主管部门同意，禁止不缴费离场。

（4）遇到特殊事件或者特殊投诉时，须第一时间报告。

（5）如有外界单位、媒体、政府部门访问，应注意措辞，不得隐私泄愤，表达对公司不利的言论。

（6）收费管理员严禁将经营收入等相关公司机密泄漏给外单位人员,违者将严肃追责。

9.5 科技赋能管理

伴随着科技的进步，数字化赋能在管理工作中的角色越来越重要，如何拥抱数字化使停车场运营事半功倍，将是各运营单位核心竞争力的最佳体现。我们以国内某先进运维单位推出的静态交通管控平台为例，进行一些探讨。

城市级静态交通管控平台

静态交通管控平台是 24h 云值守平台。作为项目运营管理的补充和增进，它将停车数据、值班人员、安保、车场管理团队作为资源，统一调度管理，最终实现停车引导、远程视频协助，24h 视频巡检，远程排障，集中调度等日常运营管理工作。具备以下功能：

（1）从停车场前端采集实时停车数据；

（2）对实时停车数据进行分析；

（3）向 APP 端实时推送停车数据，引导用户到对应车场快速停车；

（4）与前端管家机器人进行视频、语音互联，提供远程指导和极速协助服务；

（5）24h 远程视频巡检，对停车场管理死角进行监控，及时处理安全隐患；

（6）提供详细的出入场记录查询，并具备车辆进出图片查询功能，便于核对停车信息；

（7）依托物联网技术，与各通道闸机实时互联，支持云端远程抬杆和落杆，供远程排障使用；

（8）提供数据中心模块，实现在线查看日营收统计、月营收统计、车流量分析、车辆来源地分析、停车高峰时段数据分析等功能。

以某中央商务区起步区停车场对接城市级交通管控平台为实例，表现出以下优点：

（1）与管家机器人、APP 形成闭环，实现停车场的高效运转，提升车位周转率；

（2）基于管控平台的机器视觉 + 人工视觉组合 24h 云服务，有效提升停车场的物业形象；

（3）通过对车辆、车主、车位、停车场、支付、消费等多维度信息归集、数据挖掘，形成分析报表，为停车场运营决策提供数据支撑；

（4）停车场联网管理，收费账目实时报表统计，电子支付实时到账，收费岗亭值守，降低运营成本；

（5）发生突发事件时，平台立即调度巡逻人员进行处理，提升客户满意度；

（6）基于管控平台实时车流分析，车场饱和度预警，可及时将车流警情上传交通警察管理支队，利于交警快速准确出警，实现中央商务区起步区的社会责任；

（7）运营数据可视化，以图形化报表形式向物业管理人员直观展示停车场运营状况，如当天停车频次及费用收缴情况等信息。

突发情况应急处理：

当停车场遇到车流量巨大的高峰时段，需要人员紧急支援时，城市级静态交通管控平台的工作人员在后台通过车场全视频巡检影像功能展开现场情况勘察，根据实时情况迅速调度安保特勤大队人员，在10min内到达现场展开应急支援。停车场在值守状态下，倘若发生突发意外事件，城市级静态交通管控平台的工作人员也会立即派遣安保特勤大队前往车场进行突发处理。

9.6 标准化服务管理

9.6.1 收费岗服务流程

1. 传统收费岗服务流程

车辆驶入车道→注目礼→车辆停稳后放下手→自然面向司机讲"您好"（同时点头示意）→核对电脑收费信息→唱收（您好，请付××元，收您××元）→撕发票→面向司机→唱找（找您××元，发票拿好）→发票及零钱交付司机·同时讲"请慢走"→抬杆→打送车手势→目送司机离开（车辆驾驶室窗口离开收费口窗口）。

1）收费手势标准

（1）迎车手势

肘关节不低于窗台或衬板，指尖不低于眉毛，小臂与地面垂直，手掌与小臂成一线，五指并拢，掌心面向司机，肘关节放在窗台上，大小臂夹角约90°，与身体处于同一平面。

（2）接递钱、票、卡

接收钱、票、卡时，收费员左手小臂外旋，掌心向上，四指并拢，大拇指配合将钱、卡握牢收回。递送钱、票、卡时将钱、票、卡置于并拢的四指上，拇指压住，掌心向上，稳准递送于司机手中，禁止"二指夹"反手接递等散漫操作。

（3）送车手势

钱、票、卡交与司机后，五指并拢，自然作"请走好"手势，约两秒后收回，作自然迎车手势（无车时收回做自然状态）。

2）收费文明用语

（1）使用普通话，声音适度、语速适中、吐字清晰、亲切自然。以1m内能听到语音为准。

（2）入口文明用语：您好，欢迎光临。

（3）出口文明用语：您好！请付××元，找您××元；送别语：请慢走。

（4）业务用语：您好，请您配合一下；请出示优惠券，谢谢，对不起，麻烦您，需要我帮忙吗，我们正联系，请您稍等。

（5）节日问候语：元旦、春节：新年好！五一、十一等：节日好！

2. 自动收费管理

传统收费模式工作效率低下，伴随着数字化技术的日益发展，引入视频免取卡收费系统，通过停车场云平台提高视频识别技术能力，使项目在运营中，通过收费模式的演进，运维收支的对比分析，能够提高效率、节约成本，增加运营收入。

目前应用比较成熟的收费模式，主要依赖于支付宝和微信等交互平台进行自动扫码支付离场，值班人员仅需做特殊情况处理。离场前提前扫码支付也是一种比较高效的收费方式，司乘人员可通过电梯间、车库立柱等地的二维码或公众号绑定车牌等方式，提前

15~30min 支付，直接离场。部分城市联合部分商业体，推出了 ETC 自动扣费方式，使得车辆离场时间进一步缩短，大大提升了停车场的使用效率。

9.6.2 收费岗管理员工作细则

1. 上岗前准备

（1）保障各收费岗正常收费，公司财务部应为每个有人值守收费岗配备现金备用金，收费岗管理员每次上班前需对本岗备用金进行清点，并在交接班记录表中进行登记，做到钱款交接清楚。

（2）检查收费岗设备是否运转正常，系统有无异常。

2. 岗位交接

（1）交接班双方对岗亭设备、现金备用金、遗留移交事项进行清点交接，签署交接班记录表并在停车收费系统内进行交接班操作。

（2）停车场项目收费岗系统登录账号实行实名登记制，每名收费管理员在后台开通绑定专属账号，收费管理员在上岗期间必须登录自己的账号进行收费，交接班时必须在系统内切换登录收费员绑定的账号，严禁使用他人账号登录系统进行收费操作。

3. 车辆进场管理

1）临停车管理

（1）系统正常情况下，车辆自动识别号牌入场。

（2）系统正常情况下，车辆因跟车太近未识别或识别错误，由收费员通过收费系统输入车牌进行入场放行（手动入场）。

（3）系统正常情况下，车辆因未悬挂号牌或号牌污损造成系统无法识别，收费员指导车主通过面部识别、微信扫码或收费系统内操作匹配放行入场（手动入场）。

（4）系统正常情况下，不允许管理员直接使用道闸遥控器进行抬杆放行操作。

（5）系统正常情况下，入口道闸杆出现机械故障，无法正常起、落时，收费员及时报告主管故障简要情况，通知运维人员进行维修。在现场允许的情况下手动抬起道闸杆并在通道放置隔离锥桶，系统识别车辆号牌登记后，手动移除隔离锥桶放行。

（6）系统故障情况下，无法识别记录车辆入场信息时，收费管理员及时报告主管故障简要情况（夜间通知当值负责人），联系运维人员进行维修，现场填写《人工收费单》后放行入场。

2）月租车辆管理

（1）月租车辆系统自动识别入场。

（2）月租车入场识别错误时，收费管理员人工输入车牌匹配放行入场。

（3）月租车辆过期、无效，按照临时车进行计费。

4. 车场出口收费管理

临停车辆管理

系统正常情况下，自动识别车辆号牌匹配计费，收费管理员按照系统计费提醒驾驶员通过现金或手机扫码进行收费。

系统正常情况下，驾驶员持电子优惠券出场，系统自动识别匹配计算费用，在优免额度内的直接自动抬杆放行；超出免费额度的，系统计算应补缴费用，收费管理员通过收取现金或提示驾驶员扫码缴费离场。

系统正常情况下，特殊车辆以及甲方通知需要免费放行的车辆，收费管理员在请示带班领导同意或接到上级通知后，通过系统【特殊放行】选取相应条件进行人工放行，在《停车场出口异常情况登记表》上做好相关记录。

系统正常情况下，出现无入场记录车辆，停车管理员查看系统界面显示信息判断原因：

（1）系统界面提示"无入场记录"，出口车牌识别信息与实际车牌不符，判断为出场识别错误，收费管理员通过【出口车牌放行】人工输入正确车牌匹配收费放行。

（2）系统界面提示"无入场记录"，出口车牌识别信息与实际车牌一致，判断为入场车牌识别错误，收费管理员必须通过场内车牌修正对入场车牌进行更正，然后再使用【出口车牌放行】重新匹配收费放行。

（3）以上两种方式全部尝试后仍无法匹配到正确的停车记录信息，收费管理员可请示主管，经同意后按照最低收费标准收费或通过【特殊放行】无入场记录原因放行，在《停车场出口异常情况核查登记表》上做好相关记录。

驾驶员持《人工收款单》出场，收费管理员核对时间、车牌无误后，人工计时收费。

无牌车辆出场，引导驾驶员通过人脸识别、出口微信扫码等方式自动匹配入场信息，或管理员通过【出口车牌放行】无牌车管理，人工查找当前出场车辆入场图片进行匹配，根据系统提示进行收费放行。

出口收费系统瘫痪，报告项目经理同意后启动停车场应急预案，按照最低标准收取停车费用后放行。

出口收费系统故障处理办法，参照入口系统、设备故障处理方法。

9.6.3 固定岗/巡视岗服务流程

1. 寻找车位

巡视岗人员应熟悉掌握哪里有空车位，并第一时间将找车位的司机准确引导入位。

2. 寻找汽车

巡视岗人员应熟知车场的分区原则、特殊标志等，按照客人的描绘能够及时准确地指引客人找到车辆。

3. 寻找出口

熟悉行车路线，尽量完善车场硬件不足，利用服务弥补，在关键节点指明出场方向。

9.7 停车场应急管理

9.7.1 停车场日常安全管理方案

1. 日常巡查制度

1）巡查路线

停车场运维人员进场后，应第一时间熟悉停车场地并根据现场情况制定合理的巡查路线，路线必须覆盖所有重要节点和整个车场范围。

2）巡查频率及要求

（1）各班组每两小时巡查一次；

（2）巡查岗人员要采取多看、多听、多嗅的方法发现问题，确保完成车辆管理的工作任务；

（3）按要求做好岗位巡查工作记录，及时将有关情况反映给当班主管。

3）巡查主要事项

（1）对车辆的外观、车况进行检查，发现异常情况及时上报当班主管，并定点守候；

（2）检查车场的治安、防火、防水浸等设备的运转情况，发现问题及时处理，并上报当班主管；

（3）防火卷帘下是否长期站人或堆放杂物，防火门是否损坏；

（4）对停车场内的违规施工、动火作业、现场吸烟等隐患情况及时制止；

（5）停车场各项标识等设施及应急器材是否完好；

（6）停车场发现可疑人员，应及时前往盘问，确认身份，如属于三无人员、推销人员等，应及时劝离现场；

（7）巡逻结束后认真填写巡逻记录（表9.7-1～表9.7-3）。

日常检查登记表　　　　　　　　　　　　　　　　　　　　　表9.7-1

年　月　日

序号	时间	现场问题	复查结果	责任人	复查人	备注
1						
2						
3						
4						
5						
6						

车场巡检情况记录表　　　　　　　　　　　　　　　　　　　　表9.7-2

巡检人		时间	年　月　日　时　分
检查人：			
巡查情况			
处理结果			

注：每两小时定期巡检一次。

特殊车辆放行登记表　　　　　　　　　　　　　　　　　　　　表9.7-3

序号	车牌号	进场时间	出场时间	应收金额	值班人	确认人	备注
1							
2							
3							

9.7.2 停车场应急预案

1. 火灾应急方案

为保障车库区域内的车辆和公共设施安全，快速处置地下停车场车辆自燃等各种突发事故，最大限度地预防和减少火灾可能造成的重大人员伤亡和财产损失，应依据《中华人民共和国安全生产法》《中华人民共和国消防法》等法律、法规和规范文件等，制定火灾应急方案。可参考如下：

1）原则

对于突发的火灾事故，所有管理人员要坚持统一指挥、分级负责、科学决策、反应迅速、有效应对的原则。

2）职责

（1）发现火灾或接到火灾报警后，应立即赶赴火灾现场，对火灾进行评估。

（2）由项目经理组织、指挥地下停车场突发事故现场应急救援工作。

（3）相关单位、部门按照应急预案要求，迅速开展救援工作，采取有效措施防止事故的进一步扩大，把事故损失降低到最低限度。

（4）调动停车场应急救援所需的抢险人员、各类物资、设备等。

（5）了解掌握停车场突发事故的发生原因和应急救援的实施情况，依据需要向上级汇报突发事故的救援情况。

3）火灾应急演习

编制完成火灾应急方案后，应报经相关部门审批，审批通过后应按照演习方案，定期组织火灾应急演习，并对方案进行后评价和进一步完善。

2. 防汛应急方案

停车场防汛工作是车场运营管理中的重要环节，尤其是针对地下停车场，在实际运维工作中，每个项目都应结合现场实际情况，编制各自的防汛应急方案。可参考如下：

（1）原则

认真贯彻执行上级各部门关于防汛排水的指示精神，全面指挥停车场防汛工作。快速、及时、有效地处置各项防汛工作中出现的各类突发性灾害事故，确保全年汛期安全。

（2）职责

各停车场项目经理作为防汛的第一责任人，应在汛期来临之前准备充足的防汛物资。根据出现的险情，提出排险、抢险方案。及时分析汇总汛期中水情和灾情，为防汛工作提供科学依据。

上级督导巡查部门和项目经理一起负责检查、监督防汛措施的落实情况，检查、监督防汛物品的准备工作，确保车辆财产安全，杜绝漫水现象。

（3）要求及措施

成立防汛领导小组和抢险队，确保安全度汛，确保客户和公司财产不受损失。

及时收集雨情、汛情等情报。做好防汛宣传工作，提高全体员工的防汛意识，确保无事故发生。

防汛期间要保障通信畅通，防汛成员和值班人员做到二十四小时电话畅通。值班人员要坚守岗位，不离岗、脱岗，如遇大雨，经理、管理员必须在岗。

建立安全责任制，停车场运维项目部项目经理一般为第一责任人。与车辆停放客户建立联系制度，了解有关客户的通信联系方式，必要时通知客户配合做好安全疏散工作。

物资准备，根据停车场实际情况，应检查各排水泵的安全和应急使用情况；应常备铁锹、沙袋等常规防汛物资及设备，以备不时之需。

（4）按不同等级情况启动相应预案

第一预案：

当气象台发布暴雨警报时，防汛工作领导组成员应全部到位。及时汇总防汛信息，通报风情、水情、雨情。根据各自职责，加强值班，进一步检查落实各项防汛应急措施，组建防汛抢险队伍，落实抢险物资。

第二预案：

当暴雨袭击或有关部门发布紧急警报时，防汛领导小组立即召开防汛紧急会议进行部署。把防汛作为压倒一切工作的头等大事来抓。

第三预案：

遇暴雨突发性灾害天气时，应迅速组织人员及时检查疏通排水管道，做到排水畅通；组织专门力量，对车场进水情况进行监测，及时报告灾情，监督有关人员到位、到岗，必要时及时投入足够的临时排涝设施进行强排，确保公司正常秩序和财产安全。

3.车场内故意或醉酒滋事事件应急方案

在停车场日常运营管理中，难以避免会遇到各种原因导致的"寻衅滋事"。我们需要提前做好应急预案，并对在岗人员进行岗前培训。具体措施主要包含：进行劝阻或拦阻，使其离开车场管理区域；及时通知醉酒者和精神病人家属或工作单位将其领回；如有危害保安人员或危害社会安全的行为，应及时进行控制并立即报告项目经理，并视情况拨打110报警。

人员受伤情况处理：首先稳定伤员伤势，利用培训中学习的急救知识对伤员进行抢救，视情况送往就近医院或拨打120急救电话。在日常的运营过程中应常备紧急医疗箱，以应对特殊情况的发生。

4.车辆纠纷事件处理

（1）车辆事故

车辆事故在所难免，发现时，现场巡查人员应立即通知带班负责人，了解是否须要报警。带班负责人应立即安排管理员及保安员紧盯车场出入口，并安排员工疏通车辆，避免阻塞。如轻微损坏，车主要求无需报警而自行处理，应劝车辆尽快离开车场物业范围。如已报警，应尽量控制所需时间，车场范围内的交通应尽快恢复。同时详细记录事件经过并拍照，上报上级管理单位。

（2）车辆被损坏

当管理人员发现停车场里的车辆发生损坏时，应立即通知车主，并报告主管和上级单位。属撞车事故的，管理员不得放行肇事车辆，应保护现场，并做好记录及拍照等工作。

发现楼上抛物砸车事故，管理员应立即制止，并通知肇事者对造成的事故进行确认。

管理员应根据实际情况认真填写"交接班记录"，如实写明车辆进场时间、停放地点、发生事故的时间以及发现后报告有关人员的情况。发生事故后需要保险理赔的，被保险人（车主、停车场）双方应立即通知保险公司，现场管理员、车主应配合公安交警部门和保险公司做好调查处理。

（3）出现偷车

如发现车场中出现偷车情况，应立即通知监控中心摄像留存证据并报警，关闭车场进出口闸门，以免窃贼逃逸。同时记录被盗车辆牌号、颜色、型号，记录窃贼人数和体表特征，及是否有凶器，如意闯关逃逸，勿强行阻拦，但应及时记录车辆行驶路线。至警方人员到场后，将以上情况向其提供，并协助警方人员处理，记录警方到达人员情况，以备后查。

第 10 章

运营成本的管理：春风化雨，润物无声

停车场运营成本主要是指停车场建成运营之后，在通车期间发生的与运营停车场相关的各类费用的总和。运营成本主要包括停车场运营产生的人员、社保、办公等管理费用；收费业务、监控业务、停车场运行等产生的各类费用；停车场养护检查产生的各类费用。停车场企业收入较为单一，主要是停车费收入，为了实现企业利益最大化，必须合理控制运营成本。

10.1 运营成本的构成

停车场运营成本的构成主要包括 4 类：现场管理费、运行费用、养护费用、税费。

10.1.1 现场管理费

（1）人员费用。管理人员费用指从事停车场运营和养护各项业务综合管理的人员费用。管理人员费用包括工资、社保、奖金、福利、年金和补贴等，其中工资包括基本工资、职务（岗位）工资、星级工资、绩效工资等。

（2）设备费用。设备费用指构成固定资产标准的通用办公设备的购置费用和使用费用，但不包含专业系统设备、建筑物附属设备、运行各业务设备、养护作业车辆和机械设备费用。设备费用分为设备购置费和设备使用费。

（3）车辆费用。车辆费用指发生的车辆购置和使用费用。车辆费用不包括运行各业务车辆费用和养护作业车辆费用。车辆使用费包括油料费、通行费、车辆修理费等。

（4）办公费用。办公费用包括综合办公费、管理事务费、劳务费和公务接待费。

（5）燃料动力费。燃料动力费指支付的水费、电费、燃气费、取暖费、环保排污费等。

（6）后勤保障费。后勤保障费指停车场直接管理机构和经营管理单位支付给第三方后勤保障机构的服务费用。

（7）管理专项费用。管理专项费用指停车场管理费用中除前述各项费用外，停车场直接管理机构和经营管理单位为提高管理效率和水平，需委托专业机构开展专项工作的费用。

10.1.2 运行费用

运行费用是指在停车场运营过程中收费岗亭、监控中心等产生的人员、设备、车辆、业务、燃料动力、后勤保障等费用。

10.1.3 养护费用

（1）养护检查费。养护检查费指对停车场及其附属设施可视范围内是否发生早期缺损、显著破坏或其他异常情况进行的定期或不定期的巡查和一般性检查所需要的费用。

（2）日常养护费。日常养护费指为保证停车场及附属设施的服务质量和水平而进行定期或不定期的清洁、维护等日常保养，以及不按项目进行管理实施的对轻微损坏或缺陷等一般病害的修复、拆除和更换等养护作业所需要的费用。日常养护费包括停车场路面日常养护费、机电工程日常养护费、房建工程日常养护费。

10.1.4 税费

企业按规定缴纳的增值税、企业所得税、城市维护建设税、教育费附加、地方教育附件、房产税、车船使用税、土地使用税、印花税等。

10.2 运营体系标准化建设

10.2.1 分类管理标准化

1）按用地性质建筑类别分类

考虑以运营管理为出发点，根据各类停车场库停车特征及开放程度，本书研究场库为经营类配建停车场库。停车基本特征为早上和夜间停车需求少，节假日为停车高峰时间，购物停车时间有限，车主要求停车距离较近。

2）分类管理标准化

按照经营类配建停车场库用地属性以及规模属性不同，管理手段也有所区别，主要的分类有：

（1）智慧停车场：指在停车出入、泊位管理、支付收费等方面采取了智能化模式并联入后台统一的云端软件进行管理的停车场。

（2）无人值守停车场：不专门配置收费管理工作人员的智慧停车场。

（3）传统停车场：有基本的智能化设施，如自动道闸、本地停车收费软件等，并在每个出入口设置人工收费岗亭的停车场。

10.2.2 设施设备配置标准化

经营类配建停车场由于车流量吸引较大，出行方式机动化比例高，停车便利化程度要求要高，而来车到达时段集中。根据泊位分类标准，提出各等级停车场库设施设备配备标准。

10.2.3 分区管理标准化

经营类配建商业类停车场库出入口多，楼梯间路径较为复杂，不论是在设施引导上，还是在秩序管理上，都需要进行分区管理，以防止拥堵的蔓延与影响其他出入口的正常交通。

10.2.4　人员配置标准化

经营类配建停车场库人员配置基本标准为一个场库配置一名项目经理以及一名项目主管的基本架构。具体人员安排主要参照智慧、传统、无人值守三种分类标准，以及停车场库的出入口数量，可在分区管理基础上实行基本人员 + 动态管理措施。

10.2.5　多种经营标准化

经营类配建停车场应尽量加大推广，分类经营，提高收入来源的多样化，主要内容包括：充分利用资源，开展线下商务合作；结合智慧停车系统，丰富线上经营业态；打造充电服务的生态系统；盘活场库资源，拓展停车产业上下游业务。

10.2.6　停车收费流程标准化

智能停车系统在线支付标准化渠道为 APP 支付（支付宝、微信、银行卡）、微信服务号及支付宝生活号支付、自助缴费机支付（现金、市民卡、银联、微信、支付宝）、窗口支付（市民卡、现金），支付系统管理流程与标准包括统计、核对、清分、提现、退款、发票管理等。

10.3　运营成本的管理模式

国内停车管理模式主要有劳务派遣（劳务输出）、委托管理、承包经营和盈余分配 4 种模式。

10.3.1　劳务派遣

业主向停车管理公司提供一定的费用，由停车管理公司派遣人员向业主提供停车管理服务，人员交由业主管理，盈亏由业主独立承担，对业主来说是最便宜的一种运营管理模式。

劳务派遣减少业主由于专业问题所产生的运营困扰，降低人员管理风险，增强运营管理知识。由于业主承担所有运营成本，并且自负盈亏，因此人员成本及其他发生成本较不易掌控。

10.3.2　委托管理

委托管理即业主委托停车管理公司负责对停车场进行运营管理，运营所产生的成本费用由业主独立承担，业主除了向停车公司提供一定的劳务费用之外，同时还向停车管理公司支付一定的管理酬金。

委托管理展现了业主对停车管理公司专业化程度的认可，同时也是业主提升自身品质的一种做法，是一种在停车管理界档次较高的停车管理模式。由于业主独立承担所有运营管理成本及风险，同时停车管理公司未与绩效挂钩，不易提升停车场的运营效益。

10.3.3　承包经营

停车场整体被停车管理公司承租后运营，在租期内停车管理公司每年向业主交纳固定的承包费用,由停车管理公司进行自主经营、管理、收费,并自负盈亏,是一种利润率较大、风险较低、成熟度较高的停车管理模式。

业主收取固定租金并不负盈亏,可有效减少业主方的管理成本支出。业主向停车管理公司收取的租金过低或过高,都将不利于停车产业的良性发展。如过低,业主利益无法得到最大化;反之,则可能造成停车运营管理服务品质大大下降,最终仍将造成业主方利益无法保证。

10.3.4 盈余分配

停车管理公司独立运营停车场,期间经营如果营利,将所产生的成本费用从收入中扣除,剩余利润由业主及停车管理公司分配,如果亏损,同样等额分配。

盈余分配有利于带动停车管理公司的积极性,提高管理水平,有效减少业主管理成本支出。业主与停车管理公司双方共负盈亏,并共同承担运营风险,业主利益无法得到保证。

10.4 运营成本管理存在的问题

(1)对运营期成本管理的认识和观念未转变,管理方法老旧。在运营管理过程中,未对整个运营成本进行全盘综合考虑,只注重单纯的降低成本,未对可能影响成本的其他方面制约因素进行研究、分析,未结合新形势下的成本核算进行统管。

(2)成本意识不强,对成本监管不严。因各运营企业的管理体系不同,对成本指标控制的要求不一致。缺少对成本指标控制的监管和考核,没有把成本执行、节约与工作人员的奖励等真正结合起来,这也是造成工作人员成本控制意识、观念等淡薄的原因。

(3)成本开支范围和内容相关模糊。随运营年限及车流量的增加,停车场的维护就可能是从开始的日常维护到小修保养、大中修等,日常养护费和大中修费用如何开支,预防性养护如何开支,如何核算,将成为运营管理单位深思的问题,如果全部纳入运营成本的开支核算,将增加企业的运营成本

(4)成本控制策略不符合运营实际,维护成本控制缺乏有效措施。成本控制策略制订不符合运营管理的实际情况,控制措施不到位,导致养护成本增加。例如,没有维修计划,损坏一处维修一处;没有预防或提前维修;没有进行日常检查、保养等,导致设施受损增加维修成本;维修后没有做好台账记录等。

10.5 成本管理控制措施

1)提高认识,转变成本管理的惯性思维模式

充分分析运营成本的因素,用发展的眼光构建全过程目标成本管理控制模式。完善成本控制的制度和措施,建立责任清单,通过考核、过程监管、奖励等措施和手段,形成人人参与的管理大局。

2）严格预算管理，从源头上控制成本

充分发挥预算管理的约束作用，通过上一年的实际执行情况与下一年的计划结合，采用"粗线条、略宽松"的方针编制预算计划，同时制定与节约相挂钩的奖励机制，引导各单位节约经费、控制成本，避免出现预算定高导致突击花钱和预算定低导致正常运转难以保证的情况发生。通过确定年度预算方案并严格执行，确保做到有预算不超支，无预算不开支，专项申报，专项审批的原则，对各项预算进行分析计算，制定考核指标，不断深化和细化成本控制。

3）加强养护巡查，降低维护维修费

加强对停车场设施设备的巡查维护保养力度，掌握设施的运行情况，及时发现和处理"小问题"，避免"因小失大"的维护项目。

（1）加强监管，堵塞漏洞

加强对运营管理企业的监管，建立健全成本管理制度，明确各岗位的职责和权限，明确审批流程，规范管理，通过自查内审与互查交叉检查的形式，对管理过程进行监管，堵塞管理漏洞。建立各部门的成本管理目标，汇总收集数据，对过程的成本管理进行监控，及时调整措施，使管理弊端得到改善和解决。

（2）实行规模化管理、降低成本

运营管理单位之间应统一实现规模化的管理，降低企业成本和管理费用。

（3）树立全寿命周期成本集成化管理的理念

主要是将停车场的规划设计、投资建设、运营、管养等环节的寿命周期进行无缝衔接，充分结合、体现管理优势，创造最大的经济效益及社会效益。

- 第 11 章 -

新能源汽车那些事：谋局布篇，展望未来

11.1 充电桩管理

政策红利的到来，让电动汽车充电设施企业都享受到了国家福利。除了政策外，市场也对推动充电基础设施发展起着不可替代的作用，新能源汽车保有量的增加带来了更多的充电需求，拉动了配套充电基础设施的建设。在政策和市场的双重推动下，充电桩发展迅速，尽管从有关机构公布的数据来看，我国新能源汽车保有量一直在增长，充电需求不断增加，充电桩保有量也再创新高，但对充电桩这个行业来说，营利困难却是一个挥之不去的魔咒。在此背景下，研究如何结合实际运维现状优化电动汽车充电设施企业的运维方式，达到降本增效使企业营利乃是当务之急，这既有利于电动汽车充电设施企业的生存发展，同时也对新能源汽车的生产、销售具有积极推动作用，最终促进当前新能源产业链的健康持续发展。本节就以国内 A 市城快高速充电桩的运维管理现状为例进行研讨。

A 市国网城快高速充电设施运维现状

国网 A 市电力电动汽车充电设施运维工作贯彻"安全第一、预防为主、综合治理"的方针，严格执行国家及公司安全管理的相关规定。目前设立了 13 个电动汽车充电设施运维巡检基地，对全市范围内的国网充电设施就近进行运维职责划分，方便监测充电设施故障报警信息，执行充电设施的日检、周检制度，出现影响用户充电服务的事件 15min 进行上报。设立了 3 个充电设施备品备件库，保证库内备品备件和站内易损配件充足。通过运营监控中心进行充电设施线上监控，借助智慧车联网平台对 A 市范围内国网充电设施实行 7×24h 运行监控和统一调度，并为电动汽车用户提供 7×24h 充电服务电话、充电桩抢修服务和工单诉求处理服务。

目前 A 市国网电动汽车充电设施的运维工作采用标准化作业手段，主要是从电动汽车充电设施巡视检查、电动汽车充电设施检修维护、电动汽车充电设施抢修服务三个方面开展。

1. 电动汽车充电设施巡视检查

电动汽车充电设施巡视检查是指运维单位在实际运维过程中结合充电设施的运行情况、天气、环境变化以及公司安全管理的相关要求，制定巡视检查计划、合理安排并开展标准化的巡视检查任务。在实际巡视检查中，运维工作人员会随身携带常用工具、充电设

施备品备件以及安全帽、手电筒、绝缘手套等个人安全防护用品，同时使用电动汽车作为工作用车或者携带具有充电功能的检测设备开展巡视检查，以便用于充电实测。同时为了满足安全规程的相关要求，也为了确保运维人员安全，巡视检查人员每组应不少于两人开展工作。

运维人员巡视检查的主要范围如下：

（1）充电设施，包括充电机、充电连接装置、进线及出线电缆、断路器等；

（2）依据实际运维分界点的划分，属于运维单位承担职责内的配电设施；

（3）通信系统，包括通信柜、硬盘刻录机、线缆、终端、直流电源等；

（4）充电桩的建筑物及辅助设备；

（5）防雷设备与接地设施；

（6）电动汽车充电站的周边环境，包括是否有站内外挖沟、修路等影响安全运行的施工作业等。

充电设施日常巡视检查的主要内容包括充电桩、配电设施、通信设施和附属设施四个方面，具体内容如下。

1）充电桩的巡视检查内容包括但不限于：

（1）充电站点的现场信息，包括充电桩 GPS 信息、数量、状态、电价、停车费、对外开放时间等；

（2）充电桩的充电方式是否可用（充电卡、扫描二维码和用户账号密码三种充电方式）；

（3）充电桩的充电模块有无变形、锈蚀及破损；

（4）充电桩的充电控制器有无脱落、松动及缺失；

（5）充电桩各部件接触点是否合格，有无放电声，有无过热变色及烧熔；

（6）接地装置有无严重锈蚀和损坏；

（7）充电桩显示屏是否可正常工作，无花屏、死屏，无触点不灵敏等现象；

（8）充电桩及整流柜柜体有无锈蚀、变形；

（9）充电枪接触是否良好、接头无过热，接触锁止机构是否完好，充电枪是否可以正常归位；

（10）急停按钮是否处于"按下"状态，护板是否完好；

（11）充电桩防尘网是否洁净，通风是否良好。

2）配电设施巡视检查的工作内容包括但不限于：

（1）配电设施周围的环境有无杂物，有没有可能威胁配电设施安全运行的杂草等；

（2）充电桩的基础有无下沉和开裂，站内有无漏水、积水等情况；配电设施的门、窗是否有破损；

（3）配电设施的箱体是否有锈蚀、变形，箱体门锁是否完好；

（4）电缆盖板有无破损或者缺失，进出管沟的封堵是否良好，防小动物设施是否齐备；

（5）变压器是否出现超载或者重载现象，是否有异常声音；

（6）设备的各部件连接点的接触是否完好，有无过热出现变色或者烧熔现象；

（7）设备的加热器、除湿装置是否处于良好状态；

（8）接地装置是否良好，有无严重锈蚀或者损坏现象；

（9）各种的信号装置、仪表、保护装置等是否运行正常。

3）通信设施的巡视检查内容包括但不限于：

（1）通信设施的柜体有无锈蚀、破损或者变形等；

（2）通信设备的通风、散热等运行环境是否良好；

（3）通信设施的各部件连接点的接触是否完好，是否出现过热变色、烧熔现象；

（4）接地装置是否有严重的锈蚀或者损坏；

（5）监控摄像头是否能正常工作，通信机柜内硬盘刻录机的录像、存储功能是否正常。

4）附属设施的巡视检查内容包括但不限于：

（1）充电站的站内环境是否整洁，有无杂物、垃圾、易燃易爆物等堆积，进出通道是否能够畅通出入；

（2）接地装置是否完好，接地线是否出现丢失或者破损，接地体是否外露或者锈蚀；

（3）避雷器的外观是否被破坏或者出现开裂现象，避雷器的表面是否脏污，接线的连接是否正常；

（4）车辆的限位器是否完好；

（5）充电的车位有无出现塌陷或者开裂现象；

（6）充电站内的消防器材有无按照相关消防标准进行配置，灭火器是否在有效期内，烟感器等消防设施是否可正常使用，站内的消防道路是否畅通；

（7）防雨淋、防积水设施是否齐全，罩棚整体是否出现风化、露筋、开裂等不安全因素；

（8）充电站内的充电区域以及站内的电缆沟内是否有做防积水处理，排水设施是否可以正常使用；

（9）充电站内进出管沟的封堵是否良好，防小动物设施是否完好；

（10）附属设施的铭牌、标识的标示是否做到了齐备、清楚并且准确，安装的位置是否适宜。

目前A市国网城快高速充电站实施的电动汽车充电设施的巡视检查主要分为以下两类：

一是定期巡视，是指由现场运维人员进行，通过对充电设施的运行状况、充电设施周围的环境情况等进行现场查看，以便能够及时发现充电站内充电桩的缺陷和存在威胁充电桩安全运行的情况。

定期巡视的周期如下：

由表11.1-1可以看出，目前城快高速充电站每个站点每周至少须巡视检查一次，对有重点要求的充电站巡视检查频次更高。

定期巡视周期 表11.1-1

序号	站点属性	周期
1	服务于省部级及以上党政机关等重要单位的充电站	一周至少3次
2	充电量和充电次数较高的充电站（如位于商业中心，居民住宅区、风景区的站点）	一周至少2次
3	其他站点	一周至少1次

二是特殊巡视,是指在有重要保电任务、恶劣天气突发、重要节假日期间、设备带缺陷运行等其他特殊情况下,由运维单位组织对充电设施进行的全部或部分巡视。特殊巡视是没有固定巡视周期的,但是在恶劣天气前后、充电设备新投入使用后、设备刚刚经过检修和改造重新投入使用后、法定节假日期间、有重要保电任务期间等都必须进行特殊巡视。

2. 电动汽车充电设施检修维护

电动汽车充电设施检修维护在本书中指的是一般性检修,即检修过程需要较长的时间,运维人员需要申请停电对充电设施进行的例行试验、一般性消缺、检查、维护和清扫。现场运维人员必须采用在检验有效期内的检修工器具,工器具的使用、保管、检查及试验应符合有关规定要求。电动汽车充电设施检修维护工作要以防止故障扩大、快速恢复为导向,做好抢修进度、抢修质量、抢修安全管理,不发生违章指挥、违章操作等行为,保证人身和设备安全。同时,为了满足安全规程的相关要求,也为了在现场运维期间确保运维人员安全,检修维护人员每组应不少于两人开展工作。

由于城快高速充电站中直流充电桩使用率较高,本节主要介绍直流充电桩的检修维护。直流充电桩的检修维护范围为充电桩体、充电连接装置、液晶显示屏、TCU 模块、通信 SIM 卡、充电读卡器、充电控制器、充电模块、交直流电表、泄放电阻、熔断器、温度感应器、ESAM、急停按钮、断路器、接触器、进线和出线电缆、接地装置等设备。

直流充电桩检修维护的主要内容包括但不限于表 11.1-2 中的内容。

直流充电桩检修维护主要内容 表 11.1-2

序号	项目名称	检修内容	检修技术要求
1	充电柜体检查	(1) 检查站内的充电设施进出线孔是否用堵泥封堵好。 (2) 检查充电设施的线缆安装是否符合安全管理规定。 (3) 检查充电设施的线缆绝缘性能,是否出现了老化、腐蚀和损伤的痕迹,接线端子是否有过热痕迹或者放电痕迹。 (4) 检查充电桩的内部是否存在异物等	(1) 检查站内的充电桩是否用堵泥已经封堵好所有线孔,应该包含所有的不用使用专用的工具就可卸除的门或者外壳的进出线孔,这些进出线孔均应封堵严密,并且不存在肉眼可见的缝隙。 (2) 检查充电线缆的安装是否符合相关要求,充电设备内部的电源进出线应该排列规整,确保表皮无破损,并牢固固定。 (3) 充电设施的输入输出线缆的绝缘性能良好,没有出现老化、腐蚀和损伤痕迹,接线端子没有过热痕迹或者放电痕迹。 (4) 检查充电桩的内部是否存在异物等,主要是检查充电机的散热口是否有灰积的异物
2	接地试验	检查充电桩的柜体外壳是否正确接地	(1) 检查充电桩的金属柜体外壳用螺栓接入地下,且其直径不应小于6mm,并且桩体上的接地标志应在明显位置。 (2) 检查充电桩的门、盖板等部件,且这些部件应该通过保护导体与充电桩的主体架构连接,使用的保护导体的截面积不应小于 2.5mm²。 (3) 借助接地电阻试验仪等仪器进行测量,假如柜体外壳涂有防腐漆等,则需要把防腐漆去除后,测量露出的非绝缘材料的部分。规定充电桩的任意一个接地点到总接地之间的电阻不应大于 0.1Ω,且这是测量点不少于 3 个的结果。 (4) 检查充电桩内部的工作接地应该是独立的,应该分别直接连接到接地铜排上,不允许在同一个接地排中把多个有接地需求的电气装置连接

续表

序号	项目名称	检修内容	检修技术要求
3	显示功能测试	检查充电设备的指示灯、液晶显示屏等的显示内容是否正常	（1）充电桩的指示灯有绿色、红色、黄色三种颜色，分别代表：待机、充电、告警的意思。 （2）充电桩如果有手动的设定功能，手动输入信息应该被显示。 （3）针对对外开放使用的充电桩，液晶显示屏应该可以显示当前的充电电压、充电电流、已充电时间、已充电电量、已充电金额等信息。 （4）充电桩各状态下的相关信息应该可以被显示，同时显示的应清晰、完整、无缺损，正常情况下即使不依靠光源也可以分辨出
4	急停功能测试	检查充电桩的急停功能是否可以正常使用	（1）检查充电桩是否具有急停功能，同时还应有防止误操作的预防措施。 （2）对于一体式的直流充电桩，应该在直流充电桩充电的过程中，进行急停装置的模拟启动，在该检查中直流充电桩的电源输入和直流电能输出应能被同时切断。 （3）对于分体式的直流充电桩，应该在直流充电桩充电的过程中，进行急停装置的模拟启动，在该检查中应能确保充电桩的直流电能输出能被切断
5	TCU控制充电功能试验	检查充电桩是否可以使用电动汽车充电卡、充电账号或充电二维码三种充电方式正确启动充电，并且检查在充电过程中充电桩的所有显示界面的数据是否正常，电费单价、充电量等数据是否符合充电桩计费模块与充电控制器之间的通信协议	检查使用电动汽车充电卡、充电账号、二维码方式均可以正常开始充电，同时应检查在充电过程中充电桩的液晶显示屏各界面的显示数据是否正常，是否符合TCU计费单元、充电控制器的通信协议

目前 A 市国网城快高速充电站实施的电动汽车充电设施检修维护频次为：直流充电桩一年两次，交流充电桩一年一次。

3.电动汽车充电设施抢修服务

电动汽车充电设施的抢修服务是指通过运维人员的充电设施巡视检查、电动汽车用户充电拨打专用客服电话报修、运营监控中心智慧车联网平台后台监控三种途径发现充电桩故障后，车联网平台均会发起抢修工单至充电桩所属区域检修管理员，检修管理员须在 15min 内接单并转派给运维检修人员，运维检修人员必须在规定的 45min 内到达故障报修现场，并在 2h 之内完成充电桩的故障修复。对于 2h 内不能完成处理的复杂故障，运维检修人员应申请停运，并在停运时限内完成检修和复投。

总之，A 市国网城快高速充电设施运维为了运维人员人身和充电设施设备安全，电动汽车充电设施巡视检查、电动汽车充电设施检修维护、电动汽车充电设施抢修服务每组都应不少于两人开展工作。电动汽车充电设施巡视检查要求每周对所有电动汽车充电设施巡视检查至少一次，不论充电设施运营情况是否良好，不论是否影响到电动汽车充电用户的使用，这大大增加了人员成本、用车成本以及时间成本。电动汽车充电设施抢修服务要求充电桩有故障后，不论距离远近，不论是否影响用户到电动汽车充电，运维检修人员必须在规定的 45min 内到达故障报修现场，并在 2h 之内完成充电桩的故障修复，这同样增加了充电设施运维的成本。不难看出，在充电设施数量很大且较为分散的基础上采用单一的运维要求和方式是很耗费运维人力及物力成本的，后续随着电动汽车市场保有量的不断增加，充电桩的逐步扩大，在形成规模化运营时，必将产生更经济、高效的运维方式，让我们拭目以待。

11.2 电动汽车充电调度与车位共享

随着电动汽车的不断发展，与其配套的停车位和充电设施的建设步伐远远跟不上电动汽车数量的增长速度，刚性的停车和充电需求决定了电动汽车的服务质量，如何有效地解决"停车难"和"充电难"问题成为世界各国共同关注的话题。针对解决"停车难"和"充电难"问题的方法层出不穷，归根结底为两个主要措施：一是不断地改建和扩建停车位和充电设施，二是充分利用现有的停车位和充电设施资源。一味地扩建停车位和充电设施已经无法适应城市电动汽车数量的持续增长状态，如何盘活现有的停车位和充电设施资源是解决城市"停车难"和"充电难"问题最为有效的方法。现有停车场的车位分布不均匀，导致其利用率低的主要原因是闲置停车位和充电设施的信息难以传播和共享。为此不少专业研究机构进行了努力探索，目前已经取得了理论上的验证。如西安电子科技大学，以城市小区等停车场为研究对象，围绕电动汽车用户预约充电与停车场车位共享的协同策略进行研究。其主要目标是通过对电动汽车预约停车场停车位进行数学建模，利用双边匹配理论及相关算法实现电动汽车与停车位的最优匹配，从而使停车场利润最大化。为了提高停车场的收益，在以后包含充电桩的停车场运维创新管理中，可参考研究进行科技成果转化。

11.2.1 电动汽车充电和停车概述

随着电动汽车的快速发展，全球汽车产业和学术界开始深入研究电动汽车技术。其中，电动汽车的充电控制是最重要的课题之一。按照控制方式，目前主要有集中式、分布式和联合式三种充电控制策略。

集中式是最早的控制策略，所有电动汽车共用一个中心控制器来预约和安排充电。这种方法主要用于电动汽车初始发展阶段，研究目标是建立充电调度模型、电价模型和停车场负荷模型，以实现电网和充电站的协调运作。集中式思路清晰，但适用面较窄。

分布式是目前应用最广的策略。它通过多个控制单元来管理部分电动汽车的充电，单元之间保持数据一致。每个控制单元结合中心控制器的指令和本地数据进行决策。这种分权方式减轻了中心控制器的负荷，但单元之间也存在利益关系需要协调。

联合式则集集中式与分布式的优点于一体，通过分层处理实现控制中心与控制单元的协同。下层根据上层指令本地化处理，上层则根据下层反馈进行优化。随着电池和充电技术进步，充电方式更加多元化，信息处理难度加大，联合式控制的重要性日益凸显。

放眼未来，电动汽车充电调度与停车场控制的结合也十分关键。传统研究主要基于电动汽车主体或停车场主体的经济目标，利用需求响应理论或博弈论寻找最优充电策略。但随着电动汽车大幅增加，停车位和充电设施建设严重滞后，"停充难"问题已是大城市治理的当务之急。此时仅依赖基础设施扩容已难以应对，有效利用现有资源势在必行。

由于信息共享不畅，现有停车场利用率普遍偏低。因此，电动汽车共享模式（车位共享与车辆共享)应运而生。国外学者已开展了电动汽车共享系统的建模优化研究,以及车位共享充电站的可行性分析和充电调度设计。总体而言,电动汽车充电与车位共享的协同策略还有很大的发展空间。

我国私家车比重高,车辆共享模式难以推广,而车位共享却具有现实可行性。因为空间和时间分布不均匀,城市中心的公共停车场难以覆盖庞大的停充需求。如果私人停车场能够共享闲置车位给需要的电动汽车用户,既能缓解公共资源压力,也能优化城市停车资源配置。由此可见,电动汽车充电与车位共享的深度融合,不仅满足更多用户的停充需求,也是高效利用城市时空资源的重要途径,是解决未来城市电动汽车"停充难"问题的重要方向。

11.2.2 电动汽车调度的相关技术

电动汽车以其能源多样化和排放清洁化的优势受到世界各国和汽车企业的青睐。世界各国对电动汽车的推广相继给出了支持政策,各大汽车企业也开始把电动汽车的发展作为汽车行业的重点工作。随着电动汽车的不断发展,世界各国的车辆保有量迅速增加。这种趋势不仅加重了停车场充电负荷的负担,还增加了城市"停车难"和"充电难"的压力。

影响电动汽车充电行为的因素较多,包括其组成类型、充电方式、出行规律以及功率特性等。基于此,西安电子科技大学在研究中引入了双边匹配理论及其相关算法,并根据电动汽车充电调度的影响因素和双边匹配理论构造了随机匹配充电模型,对蒙特卡罗模拟方法、电动汽车的荷电状态、随机匹配充电模型等进行了探讨。

影响电动汽车充电调度的因素

1)电动汽车的组成

电动汽车是部分或全部以电能作为驱动能源,通过电动机把电能转化为机械能的交通工具。现阶段电动汽车生产商纷繁复杂,不同生产商所生产的电动汽车类型也不尽相同。下面分别根据驱动能源和用途的不同对电动汽车进行阐述。

根据驱动能源的不同,电动汽车由燃料电池电动汽车、混合动力电动汽车和纯电动汽车三种构成。首先,燃料电池电动汽车指的是以化学燃料作为驱动能源的交通工具。首先,燃料电池电动汽车在行驶过程中,其电池组内部发生的化学反应基本不会产生有害废物,并且其能效转换率远远比传统燃油汽车高。因此,燃料电池电动汽车是一种比较理想的零污染交通工具,其发展前景也被人们看好。其次,混合动力电动汽车指的是以电动机储存的电能和内燃机产生的热能作为驱动能源的交通工具。根据混合动力电动汽车构造的不同,其动力系统可分为串联式、并联式和混联式三种。混合动力电动汽车的驱动力通常与传统燃油汽车的驱动力相当。然而,如果混合动力电动汽车长时间行驶,则达不到节能减排的目标。最后,纯电动汽车指的是完全以电动机储存的电能作为驱动能源的交通工具。纯电动汽车最大的优势是其采用的技术相对成熟简单,但其储存电能比较少,导致一次性行驶里程较短。

根据用途的不同,电动汽车可分为私家电动汽车(PEV)、出租电动汽车(REV)和公交电动汽车三种(BEV)。首先,私家电动汽车指的是满足用户自身出行的交通工具,是数量最多的电动汽车。其最大的特点是停泊时间和地点具有很大的随机性，从而使其充电行为具有不固定性。然而，私家电动汽车的日行驶距离较短，加上停泊时间较长，所以其充电时间较为充足，适合停车场的慢充方式。其次，出租电动汽车指的是为少数人服务的交通工具，是为数不多的电动汽车。最大的特点是停泊时间较短，停泊地点随机性大，加上其运营性质，从而使其充电时间较短，适合快速充电站的快充方式。最后，公交电动汽车指的是为多数人服务的交通工具，也是为数不多的电动汽车。最大的特点是停泊时间较短，停泊地点比较固定，加上其运营性质，所以其充电时间较短，适合快速充电站的快充方式和公交车站的换电充电方式。整体而言，各种类型电动汽车的特征如表 11.2-1 所示。私家电动汽车是数量最多的电动汽车，在电动汽车行业中占主导地位，且适合在大多数停车场内补充电能。本节基于电动汽车充电调度与停车位共享的协同策略，主要对私家电动汽车的充电行为进行研究。

各种类型电动汽车的特征　　　　　　表 11.2-1

车型	数量	充电地点	充电方式
PEV	多	停车场	慢充
REV	少	快速充电站	快充
BEV	少	快速充电站和公交车站	快充和换电

2）电动汽车的充电方式

由于电动汽车的驱动能源和用途不同，其充电方式也不相同。按照充电时间长短的不同，电动汽车的充电方式分为慢充、快充、换电和无线充电四种。下面分别对每种充电方式进行详细阐述。

（1）慢充方式

慢充方式是充电桩利用低充电功率给电动汽车补充电能，是一种使用最多的充电方式。其最大的特点是充电电流低、充电功率小。充电电流低可以对电动汽车电池组起到保护作用，充电功率小能够对停车场电力系统起到保护作用。同时，慢充方式对充电设备的要求较低，适用的场景更为广阔，比如小区停车场。慢充方式对充电时间没有严格要求，适用于停泊时间较长的电动汽车充电。慢充方式也存在一些缺陷，由于其充电功率小，电动汽车需要花费更多的充电时间，一般需要 5~10h，无法满足 REV、BEV 和少部分 PEV 的紧急充电需求，使其便捷性较差。总体而言，日行驶距离较短、停泊时间较长的电动汽车适合使用慢充的方式补充电能。

（2）快充方式

快充方式是充电桩使用高充电功率给电动汽车补充电能，是一种应急型的充电方式。其最大的特点是充电功率大、充电时间短。充电功率大能够使电动汽车在短时间内充满电能，满足用户在紧急情况下的充电需求。快充方式的充电时间通常为 1~2h，大大提高了电动汽车的使用效率。然而，快充方式也存在一些缺陷，其充电功率大增加停车场和充电站的充电电流，从而使充电设备元件容易烧坏，降低电池组的使用寿命。其充电功率大也加重电网的电力负荷，降低电网的电能质量。此外，快速充电站的建设成本较高，导致其充电价格比慢充方式昂贵。所以，快速充电站通常会向电动汽车用户收取部分服务费。总而言之，日行驶距离较长、停泊时间较短的电动汽车适合使用快充的方式补充电能。

（3）换电方式

换电方式是停车场或公交站利用更换电池的方式给电动汽车补充电能，是一种机械型的充电方式。根据机械程度的不同，换电方式可分为手工、半自动和全自动三种。其最大的特点是换电时间短，如果使用全自动方式给电动汽车更换电池，整个操作所花费的时间为20min左右。停车场和充电站可以利用实时电价的差值为换下来的电池补充电能，降低其充电成本，减少电力系统的损害。换电方式也可以对电池组进行专业保养，延长其使用时间。换电方式也存在一些缺陷，电池组标准的统一是换电方式的最大难题。现阶段电动汽车生产商较多，统一电池组的标准是个棘手的难题。此外，更换电池也会损坏电动汽车与电池组的接口，不利于电动汽车的长期使用。

（4）无线充电方式

无线充电方式是馈电车辆或充电站利用电池感应、无线电波等技术给电动汽车补充电能。其最大的特点是电动汽车与充电设备不需要接触，降低彼此损耗，使用比较方便快捷。然而，现阶段的无线充电技术处于探索阶段，并不太成熟。其充电功率相对较低，通常需要6~9h。随着电动汽车充电技术的不断完善，无线充电方式将会成为重要的充电方式。

综上所述，对电动汽车的充电方式进行归纳，如表11.2-2所示。慢充方式与无线充电方式的充电时间较长，换电方式的充电时间较短。近年来换电方式在政府大力支持下得到了发展，但是统一的电池组标准仍然是其发展的瓶颈。所以换电方式在电动汽车的实际应用中仍然比较艰难。由于现阶段技术和设备的局限性，无线充电方式处于探索阶段，也不适合大规模投放市场。因此，现阶段电动汽车的主要充电方式是慢充和快充两种。慢充方式主要适用于小区停车场和充电站，快充方式通常适用于大型快速充电站。本书内容主要围绕电动汽车充电调度与车位共享的关系展开讨论，因此后续仅考虑电动汽车在停车场慢充方式下的充电调度行为。

电动汽车的充电方式　　　　　　　　　表 11.2-2

充电方式	充电时间	优势	缺陷
慢充	5~10h	充电功率小，充电电流低	充电时间长
快充	1~2h	充电功率大，充电时间短	充电电流高
换电	0.33h	换电时间短	统一电池标准难
无线充电	6~9h	非接触式，方便充电	技术不成熟

3）电动汽车的出行规律

根据电动汽车用途的不同，其行驶的距离和时间也不相同。停车场和充电站只有掌握了这些因素，才能对电动汽车的到达时间和需求电量进行准确预测，从而为每个停车位寻找合适的电动汽车，提高停车场或充电站的利润。电动汽车用途不同，其出行规律也不相同。公交电动汽车的行驶路线和停车时间相对固定，然而私家电动汽车主要用于满足用户自身出行需求，所以其行驶路线和停车时间与公交电动汽车的情况差异较大。私家电动汽车是数量最多的电动汽车,在汽车行业中占主导地位。因此,主要对私家电动汽车的出行规律进行探讨。

私家电动汽车是一种满足用户自身出行的交通工具,其行驶时间较短,行驶路线不固定,而且大部分时间处于停泊状态。根据用户上下班时间信息,私家电动汽车到达停车场的充电时间主要是其到达公司的时间和到达家的时间。根据北京市汽车出行数据,私家电动汽车到达公司的时间分布情况如图 11.2-1 所示。

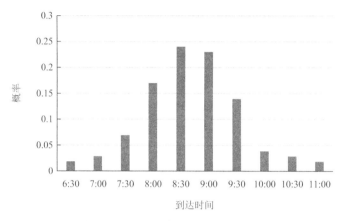

图 11.2-1　PEV 到达公司的时间概率

大部分私家电动汽车到达公司的时间为 8:30 左右,从图 11.2-1 可以看出,其服从正态分布。

私家电动汽车回到家里的时间分布情况如图 11.2-2 所示。

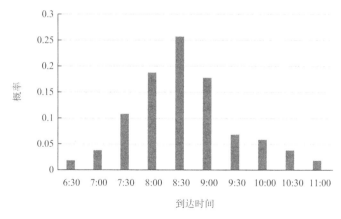

图 11.2-2　PEV 回到家里的时间概率

从图 11.2-2 可以看出,大部分四驾电动汽车到达家的时间为 18:30 左右,其数据也符合正态分布。

由图 11.2-2 和图 11.2-3 可以推算出,私家电动汽车日行驶距离的分布情况服从对数正态分布。

4)电动汽车的功率特性

根据电动汽车电池组类型的不同,其充电功率也不相同。锂电池组以其体积小、储能好和使用时间长的优势广泛应用于电动汽车行业。虽然不同类型的电动汽车的充电功率大小不相同,但是其充电过程的曲线走势基本相同。当电动汽车开始充电时,无论是停车场的慢充方式还是快速充电站的快充方式,其电量都会经过恒流和恒压两个主要过程。当电动汽车处于恒流过程时,其电流两端的电压在预充电过程会持续增加。当电动汽车处于恒压过程时,其充电电流会快速下降,从而使其充电功率降低。图11.2-3是电动汽车在220V额定电压和32A额定电流环境下利用慢充方式进行充电的功率变化情况。

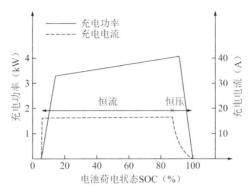

图 11.2-3 电动汽车的功率特性

电动汽车的预充电过程和恒压过程较小,主要在恒流过程进行充电。当电动汽车处于恒流充电过程中时,电动汽车的充电功率变化幅度较小,可以忽略不计,其充电功率约为3.5kW。因此,在后续的研究中利用恒定充电功率模型来分析电动汽车的功率特性。

5)预测算法概述

根据电动汽车预约的历史数据,利用相关算法对电动汽车的充电行为进行预测,可以得到电动汽车未来某一时刻的预测值,有助于停车场为电动汽车分配停车位。现阶段常用于电动汽车充电行为的预测算法主要有算术平均预测算法和人工神经网络预测算法两种。

(1)算术平均预测算法

算术平均预测算法的核心思想是基于多个历史时间的电动汽车预约数据,将其平均值作为未来某一时刻的预测值。根据历史数据构造的不同,该预测算法可分为静态算术平均预测算法和动态算术平均预测算法两种。静态算术预测算法指的是基于若干个历史横向时间的电动汽车预约数据,把其平均值作为未来相应时间的预测值。

(2)人工神经网络预测算法

人工神经网络的概念起源于生物神经网络的信号传输过程。人工神经网络由多个神经元连接构成,神经元与神经元之间存在边权值。神经元具有强大的并行处理数据能力、储存信息能力和自学习能力,可以通过学习训练建立数学模型,通过对数学模型的求解来解决实际问题。根据其信息处理单元连接方式的不同,人工神经网络可分为前向神经网络和反向神经网络两种。前向神经网络由多个子层构造而成,每个子层按照信号传输的先后顺序依次排列,对上一层的输出信息进行处理。前向神经网络的神经元与神经元之间不存在反馈信息。反向神经网络中的节点不但能够接收上一节点的输入信息,而且能够接收其他节点的反馈信息,甚至是自身节点的反馈信息。

BP（Back Propagation）神经网络是一种目前应用最广泛的神经网络，是基于误差逆向传播算法的神经网络，主要通过误差反向传播的方式寻找误差原因，调整参数，优化输出结果。其前向神经网络的传播行为是：首先用户输入样本数据到输入层，接着输入层把处理完成的数据传递给隐藏层，其次隐藏层把处理完成的数据传递给输出层，最后输出层输出结果。其反向神经网络的传播行为是：首先输出层根据输出结果得到误差，接着输出层将误差反向传递给隐藏层，其次隐藏层把处理完成的误差信息传递给上一层，最后直到寻找到误差产生的原因，并且修改参数纠正误差为止。

人工神经网络的预测算法指的是基于人工神经网络概念及其原理，进行大规模的数据训练和调整参数，找到最优输出结果的过程。利用该预测算法可以使数学模型具有更强大的自适应能力和自组织能力，进而使研究对象快速地融合到周围环境。

在考虑停车预约用户与充电车位关联情况时，利用预测算法对后续充电预约用户的到来情况进行预测。根据预测结果，判断当前停车预约用户与充电车位关联成功的可能性。

6）随机匹配充电模型

大部分电动汽车到达停车场后，才申请停车服务或充电服务。停车场则根据电动汽车用户的预约请求信息和当前停车位的闲置信息，按照到来时间的顺序为电动汽车用户随机分配合适的停车位。当电动汽车用户停车时长结束时，停车场更新相应停车位的可用时间信息。我们将这种及时型的停车充电过程称为电动汽车用户的随机匹配充电过程。为模拟电动汽车的随机充电行为，首先电动汽车需要向停车场提供开始停车时间、需求电量以及充电功率等原始数据，这些数据主要根据电动汽车出行规律的分布函数产生。然后停车场利用蒙特卡罗模拟方法对原始数据进行抽样。最后停车场对电动汽车用户数据进行预处理，利用随机匹配充电算法给电动汽车用户分配合适的停车位，并得到停车场利润。

7）基于停车场利润最大的协同策略

基于以上内容的介绍，我们对电动车的一些基本概念和调度涉及的相关因素有了较为全面的认识。然而，电动汽车用户根据自身需求进行及时型的停车和充电服务。这通常让停车场的车位闲置时间过长，导致后续符合停车位条件的预约用户不能及时地享有停车位的服务，从而降低停车场的利润。因此，电动汽车的随机匹配充电策略不利于停车场优化车位的使用价值。研究表明，电动汽车通过预约型的业务方式向停车场申请停车和充电服务，停车场可以根据当前停车位的空闲情况和电动汽车的预约信息，做出综合决策，能够让闲置的停车位发挥最大价值，从而增加停车场利润。因此，电动汽车预约停车和充电服务的协同策略对停车场具有深远的理论价值和实际意义。

11.3 电动汽车接入智能电网概述

11.3.1 V2G（Vehicle-to-Grid）概念和结构

据相关数据统计，超过90%的电动汽车日均行驶时间约为1h，大部分时间处于停泊状态，这实际上是资源的闲置浪费。如果能够将停泊状态的电动汽车接入电网，当电动汽车数量足够多时，它们不仅可以在低谷电价时从电网中补充电能，还可以在高峰电价时将电能回馈给电网，从而降低充电负荷的峰谷差。这种方法实际上是电动汽车接入智能电网的思想。通过 V2G 技术，智能电网充电负荷不足、效率低下以及电动汽车充馈电不方便等问题可以得到不同程度的改善。对于电动汽车用户而言，可以依靠 V2G 技术获得一定收益从而降低购买电网电能的成本。在该研究背景下，V2G 技术成为世界各国研究的热点。

V2G 技术的主要目标是将大规模电动汽车用户的电池集中起来，为电网和可再生能源提供电能存储，V2G 结构示意如图 11.3-1 所示。

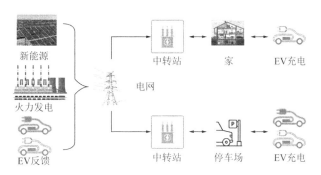

图 11.3-1　V2G 结构示意图

电动汽车通过个体或群体的方式接入到电网进行充馈电。智能电网的能量来源以火力发电为主，以新能源发电和电动汽车馈电为辅。V2G 技术最大的特点是电动汽车可以根据智能电网的能量情况进行充电或馈电。当智能电网处于充电高峰时期，电动汽车将多余的电能回馈给智能电网；当智能电网处于充电低谷时期，电动汽车从智能电网中补充电能，从而对智能电网负荷进行"削峰填谷"，使智能电网能够更加高效地运行，并且电动汽车可以从中获取一定的收益。

11.3.2　V2G 业务特征

随着电动汽车的不断发展，人们开始对 V2G 技术的业务进行研究。按照业务类型的不同，V2G 业务可分为及时型业务和预约型业务两种。下面分别对两种业务进行阐述。

（1）及时型业务

及时型业务指的是电动汽车到达停车场并申请停车服务或充电服务，停车场为申请用户随机分配合适的停车位。在这种场景下，电动汽车通常会根据就近原则选择停车场，从而弱化了其充电偏好。此外，电动汽车按照到来的时间顺序进行停车和充电，这种方式使每个停车位得不到充分利用，降低停车场利润。

（2）预约型业务

预约型业务指的是电动汽车通过预约方式向停车场申请停车服务或充电服务，停车场根据电动汽车的申请情况，利用相关算法为电动汽车分配合适的停车位。在这种场景下，电动汽车可以根据自身充电偏好预约停车位，从而提高停车场的服务质量。此外，停车场也有相对宽裕的时间为电动汽车分配停车位，使停车位得到充分利用，提高停车场利润。

一般地，及时型业务必须设置有效延时时间，以便电动汽车快速作出决策；预约型业务则不需要设置有效延时时间。因为电动汽车的预约时刻与停车时刻之间通常存在空闲时间，停车场有充足的时间处理预约信息。然而无论是及时型业务还是预约型业务均有相对严格的可靠性要求。因为电动汽车与停车场之间的信息传输成功与否直接影响电动汽车预约成功与否。因此，必须保证V2G业务的可靠性。

据相关数据统计，截至2023年3月，我国机动车保有量约3.66亿辆，其中新能源汽车保有量约2900万辆，占比约7.9%。新能源汽车的保有量和渗透率持续快速增长。

2022年，新能源汽车销量占机动车总销量的比重超过26%，比2021年提高近12个百分点。具体来看，2022年我国新能源汽车销量约736万辆，同比增长93.4%，占机动车总销量的27.6%。

行业预测，2023年新能源汽车销量有望突破900万辆，渗透率将进一步提升至30%左右。未来几年，新能源汽车在我国的市场份额仍将保持高速增长态势，对传统燃油车形成进一步替代。

消费者对新能源汽车认可度持续提升、产品质量和性能不断改善、充电设施持续完善等，将成为拉动新能源汽车市场高速增长的主要驱动力。国家产业政策的大力支持也将助推新能源汽车加速渗透。

未来新能源汽车的保有量将持续上升，谁能够更好地将新能源汽车的充放电技术与传统停车场运营管理进行充分融合，得到一加一大于二的效果，谁就将占领市场份额，赢得未来。受制于当前技术的发展，本书仅起到抛砖引玉的效果，愿更多感兴趣的朋友投入更多的研究，一起谋划新能源汽车与停车场运营深度融合的未来。

结　语

经过一年多的准备，终于到了最后结尾的部分。这里怀着期待和不舍与大家进行最后一点内容的沟通。

本书旨在为停车场投资者和管理者提供实用的财务管理和运营实践指南，帮助他们在这个快速发展的行业中做出正确的决策，并提高项目的投资回报率和效益。

在本书的编写过程中，我们深刻意识到停车场项目的复杂性和多变性。不同的城市、不同的环境、不同的投资方、不同的使用者需求等，都会给项目的运营和管理带来各种挑战和难题。因此，在编写本书时，力求从多个角度对停车场项目进行全面深入的分析和探讨，以期能够为广大读者提供更为全面、实用的指导和建议。

停车场产业作为城市交通领域的重要组成部分，具有广阔的市场前景和巨大的发展潜力。但是，停车场项目的投资决策和运营管理也面临着复杂的市场环境、激烈的竞争压力和各种风险挑战。因此，投资者和管理者必须具备全面的知识和实践经验，才能更好地应对市场变化和风险挑战，实现项目的长期稳定和可持续发展。

在本书中，详细介绍了停车场项目的投资准备、投资决策和投资评价等方面的实践经验和管理方法。通过对成本控制、资金筹措和财务评价等重要环节的深入分析和研究，读者将能够更好地了解和把握停车场项目的投资风险和收益情况，减少投资风险和提高投资效益。同时，本书还着重介绍了停车场项目的运营实践和管理方法，包括停车场引流、运营全景剖析、新能源汽车管理和运营成本管理等方面的内容。通过对这些方面的深入探讨和案例分析，读者将能够更好地了解停车场项目的实际运营情况和管理方法，提高项目的管理水平和运营效率。

总而言之，停车场项目的投资决策和运营管理需要综合考虑市场需求、投资回报率、成本控制、资金筹措、财务评价和运营管理等多个方面的因素，需要投资者和管理者具备丰富的实践经验和深刻的市场洞察力。希望读者能够理论联系实践，敏锐地把握市场机会，做出明智的决策，实现项目的长期稳定和可持续发展。

最后，我们衷心地感谢所有参与本书编写和出版的专家、学者和出版机构，以及所有关注和支持停车场产业发展的读者们。没有你们的支持和鼓励，我们无法完成这本书的出版。希望本书能够对广大读者有所启发和帮助，为停车场项目的发展和进步做出一份贡献。我们相信，在大家的共同努力下，停车场产业将蓬勃、健康、可持续的发展。

参考文献

[1] 温海珍, 曾辉, 张凌. 房地产经济学[M]. 杭州: 浙江大学出版社, 2014.

[2] 陈桂福, 陈丹妮. 城市停车政策研究综述[J]. 四川建材, 2019, 1(1): 220-221.

[3] 曾涛. 基于推进产业化发展的停车新政策研究[J]. 城乡规划设计, 2020, 2(17): 56-58.

[4] 王学勇, 袁泉, 刘志明, 等. 停车改革促进老城复兴[J]. 城市交通, 2020, 18(6): 58-60.

[5] Rose J Moore. Parking Rates Broadly Up Worldwide[R]. Seattle: Colliers International, 2011.

[6] 李俊秀. 财务机器人在企业财务决策中的应用现状研究[J]. 山西大同大学学报 (社会科学版) , 2021, 35(3): 121-123.

[7] 程平, 王晓江. 大数据、云会计时代的企业财务决策研究[J]. 会计之友, 2015(2): 134-135.

[8] 李红杰. 房地产企业项目投资决策管理的优化[J]. 山西财经大学学报, 2021, 43(2): 50-52.

[9] 黄桂花, 程德兴. 项目投资决策方法及其应用研究[J]. 金融天地, 2018, 25(3): 10-12.

[10] 江华波. 房地产项目投资决策要点分析及建议[J]. 中国集体经济, 2020, 4(2): 61-63.

[11] 李俊秀. "十四五" 时期 ESG 愿景与展望[J]. 现代金融导刊, 2021(9): 3-9.

[12] 段钢. ESG 投资与可持续发展[J]. 中国商界, 2021(12): 114-117.

[13] 姚莉, 陈水银, 罗凌睿, 等. 建立投资项目后评价管理体系构想[J]. 天然气技术与经济 2014, 8(6): 70-72.

[14] 黄德春. 投资项目后评价理论、方法及应用研究[D]. 南京: 河海大学, 2003.

[15] 张珉, 孙中栋. A 市立体停车场项目融资渠道扩展[D]. 湘潭: 湘潭大学, 2018.

[16] 王雨绮. PPP 项目专项债券融资模式研究[D]. 北京: 北京交通大学, 2019.

[17] 陈桂福, 陈丹妮. NPV 和 IRR 指标在项目投资决策中的应用比较[J]. 现代商贸工业, 2019, 36: 93-94.

[18] 胡春林. 房地产投资项目财务评价与分析研究[D]. 成都: 西南财经大学, 2013.

[19] 杨劲秋. 工程项目投资决策的财务评价与风险分析[J]. 中小企业管理与科技, 2021(12): 100-102.

[20] 全国一级建造师执业资格考试用书编写委员会. 建设工程项目管理[M]. 北京: 中国建筑工业出版社, 2021.

[21] 谢志明, 陈先龙. 城市停车场建设投资的综合成本比较分析[J]. 华中科技大学学报, 2005, 22(1): 102-107.

[22] 史永帅, 李艳萍, 胡涛, 等. 基于 ZigBee 技术的停车场区域导引系统设计[J]. 智能城市, 2017(4): 66-71.

[23] 武东旭, 赵文深. 室内停车场区域定位系统[J]. 2015.

[24] 巴康华. 多层停车场区位引导系统的设计与实现[D]. 西安: 西安科技大学, 2014.

[25] 彭炜. 对地铁运营成本控制的探索[J]. 商业观察, 2022, 147(17): 48-51.

[26] 谢覃禹. 考虑区位和环境影响因素的城市大型停车场选型研究[D]. 南京: 东南大学, 2016.

[27] 杨玲, 卫庄仪, 尹航. 地下停车场工程全过程工程造价管控研究[J]. 建设监理, 2021, 269(10): 41-43.

[28] 黄嬷. 高速公路运营公司成本管控[J]. 云南水力发电, 2022, 38(3): 116-119.

[29] 周晔, 钱敏光. 停车场库运营管理标准化体系建设及案例研究[J]. 企业改革与管理, 2019, 343(2): 52-53.

[30] 聂紫龙, 游克思, 赖辉辉, 等. 浅析停车产业投资[J]. 交通与运输, 2018, 34(3): 26-27.

[31] 夏泱. SF 网 (地产网络运营商) O2O 模式客户引流问题分析[D]. 南京: 南京师范大学, 2018.